노무현의
민주주의

노무현의 민주주의

김종철 · 조기숙 외 지음

인간사랑

차례

5

『노무현의 민주주의』는 〈민주주의·리더십연구회〉 회원 중 일부 교수들이 공동으로 출간한 책이다. 〈민주주의·리더십연구회〉는 노무현 대통령이 퇴임을 앞두고 설립을 준비했던 한국미래발전연구원(이하 미래연)의 연구회 중 가장 먼저 만들어져 지난 8년간 한국 민주주의의 건실한 발전을 위한 대안을 제시하기 위해 월례세미나를 지속해왔다고 한다. 노대통령이 퇴임을 앞두고 미래연의 설립을 준비했던 가장 큰 이유는 재임 중 정책 수립과 실행 과정에서 어려움에 봉착했기 때문이다.

노 대통령은 정부, 국회, 시민사회, 연구소가 하나가 되어 창의적인 정책적 대안을 찾아 우리 사회가 직면한 문제를 풀기 위해 협치(거버넌스)를 실천했다. 국민의 목소리는 점점 더 다양해지고 욕구는 커지면서 정부에 대한 기대수준이 높아짐에 따라 점점 더 복잡해지는 사회적 갈등과 문제를 전문적으로 해결하기 위해 현대 선진 민주국가가 도입한 방법이 협치이다. 통치가 정부에 의한 일방적 지배라면, 협치는 다양한 행위자가 대화와 타협을 통해 문제를 해결하는 방법을 의미한다. 참여정부는 보수언론으로부터 위원회공화국이라는 비판을 들을 만큼 위원회를 중심으로 많은 정책결정을 내렸는데 위원회야말로 협치를 상징적으로 보여주는 제도라고 할 수 있다.

정책의 결정과 집행에 시간이 더 걸렸지만 참여정부의 정책적 성과가 좋았고 또 지금까지 일부 정책적 효과가 지속되는 이유는 다양한 사회 세력의 목소리를 담아 협치를 실천했기 때문이다. 하지만 노 대통령이 마음먹은 만큼 잘 진행되지 못한 부분도 적지 않았다. 우리 시민사회가 과거의 진보-보수의 대립 구도에 머물러 있었기 때문에 협치에 소극적이었고, 시민단체는 정부와 정책을 결정하고 실행하는 파트너로서 인식하기보다는 정부를 견제하는 것이 주요 기능이라고 생각해 정부 정책에 반대를 하는 경우가 더 많았다. 새로운 시각으로 문제 해결을 시도하는 정책에 대한 연구 노력도 미약했고 담론 형성도 미미했다. 노 대통령은 향후 진보정부가 다시 집권하더라도 연구기능이 향상되지 않으면 차기 대통령도 자신과 같은 어려움에 처할 것이라 생각했다. 그래서 진보의 미래를 위해 대통령으로서의 경험을 되돌아보고 학자들과 함께 학습하고 토론할 생각으로 연구원의 설립을 준비했던 것이다.

노 대통령이 퇴임 즈음에만 하더라도 인기가 별로 없어서 미래연과 함께하려는 학자들이 많지 않았다. 하지만 조기숙 교수는 홍보수석 재임 시에 참여정부와 노 대통령의 가치를 인정하고 이를 지지하는 칼럼을 지면에 기고했던 교수들을 중심으로 〈민주주의·리더십연구회〉를 가

노무현의 민주주의

장 먼저 구성했다. 정치인도 친노를 주홍글씨로 생각해 노 대통령을 비판하고 차별화를 하던 시기에, 보수적인 학계에서 어려운 시기에 미래연에 합류한 〈민주주의·리더십연구회〉 소속 교수들의 용기와 당당함에 고마울 따름이다. 게다가 지난 8년간 월례세미나를 지속해온 결과 김영삼 정부부터 이명박 정부까지 민주주의의 공과를 평가한 『한국민주주의 어디까지 왔나?』라는 첫 번째 저작물에 이어 이번에 『노무현의 민주주의』를 펴내게 된 것을 축하드린다. 앞으로도 지속적으로 좋은 연구성과를 내주기를 기대한다.

노무현 대통령은 어떤 학자보다도 해박한 민주주의 이론가이자 실천가였다. 참여정부 평가포럼에서나 원광대학교에서 명예박사학위를 받을 때에도 민주주의론을 설파하는 강의를 할 만큼 민주주의에 대한 높은 식견을 보여주었다. 노 대통령은 보다 나은 민주주의를 위해 끊임없이 제도 혁신을 주장했고 또 실천했다. 노무현 대통령은 최초로 헌법을 준수한 대통령으로 평가될 만큼 정부의 과도한 권력의 오남용을 경계했다. 이 책은 노무현의 민주주의에 대한 생각과 실천을 담담하게 평가하고 있다. 이 책의 저자들은 노 대통령을 무조건 미화하지도 않았지만 일방적인 비난 여론에 편승하지도 않았다. 한 걸음 떨어져 학자적 시선으로 이론과 증거에 기초해 가능하면 객관적으로 노 대통령의 주장과 행동을 평가하려고 노력했다.

노무현재단의 시민학교에서는 노무현 대통령의 사상과 업적을 알리기 위해 다양한 강좌를 개설해왔다. 기초 강좌를 여러 번 수강한 회원들을 중심으로 좀 더 심화된 강좌를 듣고 싶다는 요구가 증가하고 있다. 〈민주주의·리더십연구회〉 교수들은 이 책을 출간하기 전에 이미 서울과 대구의 노무현시민학교에서 『노무현의 민주주의』에 대한 심화 강좌를 개설해 회원들과 만난 바 있다. 그때 교재로 사용되었던 내용이 이제 책으로 나오게 된 것이다. 전국의 노무현재단 회원뿐만 아니라 노무현 대통령에 대해 조금이라도 관심을 가진 분들이라면 누구나 이 책을 통해 또 다른 시각으로 노무현의 민주주의를 만나게 될 것이다.

이 책을 통해 독자들은 언론에 의해 가공되거나 비판자에 의해 왜곡되지 않은 있는 그대로의 노무현의 민주주의 철학을 그의 육성을 통해 만나게 될 것이다. 또한 노무현의 민주주의에 대한 생각이 언론이나 정치인들에 의해 어떻게 오해되고 곡해되었는지도 발견하게 될 것이다. 양자의 시각에 대한 학자들의 객관적 평가와 해석은 덤으로 얻게 될 것이다. 모쪼록 이 책이 노무현의 민주주의 철학과 실천에 대한 이해를 높이는 한편, 그것이 향후 한국 민주주의 발전을 위해서도 꼭 되새겨볼만한 것이라는 점을 많은 이들에게 알리는 데 도움이 되기를 바란다.

노무현재단 이사장 이해찬

서문

한국미래발전연구원(이하 '미래연')의 민주주의·리더십연구회(이하 '연구회') 회원들이 한국 민주주의에 관한 두 번째 연구성과를 책으로 엮게 되었다. 미래연은 2008년 한국 민주주의의 현실에 대한 우려와 희망이 뒤섞인 어수선한 상황 가운데 노무현 대통령의 진보적 정치철학을 계승하기 위한 싱크탱크로 구상되었으나 한국 민주주의의 퇴행을 알리는 노 대통령의 서거와 함께 원래의 구상만큼은 활성화되지 못하고 있는 형편이다. 그런 와중에도 연구회는 지난 8년여 동안 꾸준히 월례발표회를 통해 어슬픈 진영논리를 떠나 학문적 자세에 충실하게 한국 민주주의의 과거와 현재를 분석하고 미래를 전망하는 노력을 지속하여 왔다. 그 첫 번째 결실로 연구회 활동 4년 만에 『한국 민주주의 어디까지 왔나』(2012, 인간사랑)를 출간한 바 있다.

이후 연구회는 이 책의 후속작업으로 한국 민주주의의 발전을 위한 전망적 가치와 조건 혹은 요인들이 무엇일지에 대하여 고민하던 차에 노 대통령의 정치적 비전이 반영된 다양한 시도들이 현실화되지 못한 것은 정치적 이유 등으로 그 진정성을 의심하거나 민주적 헌정에 대한 이해가 부족한 사회적 환경에 그 원인이 있었다는데 공감하고 정치인 노무현의 정치적 시도들을 객관적으로 규명하여 대중의 이해를 돕는 책을 준비해 보기로 하였다. 이 책은 지난 4년여의 월례회 토론 과정에서 마무리된 총 여섯 편의 글을 모아 부족한대로 독자들에게 내어놓게 된 것이다.

이 책의 마지막 편집 과정 동안 치러진 4·13 제20대 국회의원 선거(이하 '4·13 총선')의 결과는 여러 가지 측면에서 노무현의 정치적 비전이 한국 민주주의의 발전에 미치는 긍정적 의미를 성찰할 수 있는 기회를 제공해 주고 있다. 4·13 총선에서 박근혜 대통령이 소속된 집권 여당인 새누리당은 지역구 105석, 전국구 17석, 총 122석을 얻어 제2당으로 전락하였다. 제1야당이었던 더불어민주당은 지역구 110석, 전국구 13석, 총 123석을 획득하여 원내 제1당이 되는 성과를 얻었다. 한편 더불어민주당에서 분당하여 급조된 국민의당도 지역구 25석, 전국구 13석, 총 38석을 얻어 일약 제3당으로 도약하였다.

다양한 분석이 가능하겠지만 4·13 총선 결과는 정치세력의 성향을 기준으로 볼 때 노 대통령 재임기에 치러진 제17대 총선과 유사한 점이 있다. 제17대 총선은 제16대 국회에서 제1당이던 한나라당과 제2당이던 새천년민주당이 연합하여 국민 다수의 반대에도 불구하고 헌정 사상 처음으로 현직 대통령을 탄핵소추한 채 치러진 선거였는데, 선거 결과 탄핵 세력은 참패하고 신생 여당격인 열린우리당이 지역구 129석, 전국구 23석, 총 152석으로 원내 과반수를 차지하는 집권 여당이 되었다. 이는 5·16 쿠데타 이후 헌정질서에서 줄곧 한국 의회의 다수파를 장악해온 정치세력(민주공화당-민주정의당-민주자유당-신한국당-한나라당[-새누리당])이 원내 소수파로 전락한 최초의 경우였다. 87년 민주화 이후에도 대통령 직선제를 통해 김대중 정부와 노무현 정부가 출범하여 행정부의 권력교체는 이루어졌지만 입헌적 민주체제에서 국정의 중심을 구성하는 의회의 다수파는 바뀌지 않았던 한국 헌정사에 새 장이 열린 것이었다. 그러나 열린우리당은 이러한 역사적 의미를 감당해내지 못하고 제17대 대선을 둘러싼 정계개편과정에서 연쇄 탈당의 소용돌이를 겪으며 3년 만인 2007년 2월에 원내 제1당의 자리를 한나라당에 다시 내어 주고 이후 제17대 대선을 거치면서 소멸되고 만다.

제17대 총선과 비교하여 이번 4·13 총선은 의회 다수파의 교체라는 점에서 중요한 공통점을 가진다. 친대기업적 보수 성향을 표방해온 새누리당이 집권 여당으로서의 프리미엄과 선거 직전 야권이 분열된 유리한 환경에도 불구하고 원내 제2당으로 전락하고 상대적으로 중산층과 서민층을 위한 정치를 표방하는 더불어민주당이 제1당이 되었을 뿐만 아니라 신생 야당 국민의당이 진보진영의 텃밭이었던 호남지역의 대표성을 확보한 제3당으로 입지를 굳히면서 의회내 다수파 정치세력의 교체를 이루어낸 것이다.

그러나 두 총선은 몇 가지 차이점을 드러내고 있기도 하다. 우선 제3당이 안정적인 원내교섭단체를 구성하고 제1당의 의석수가 과반에 많이 모자랄 뿐만 아니라 그 제1당의 지위마저도 한시적이라는 점이다. 소위 '공천학살 파동'의 결과 새누리당 복당을 공언하는 무소속 의원이 최소 7명이나 당선되었기 때문에 이들의 복당으로 쉽게 원내 제1당의 지위는 변할 수 있다. 제3당인 국민의당이 더불어민주당에서 탈당한 세력이 이합집산한 정당이지만 교섭단체로서의 지위를 안정적으로 확보하고 있다는 점에서도 열린우리당이 불안하지만 원내 과반수를 차지하고 있던 제17대와 구별되는 점이다.

그런데 다른 한편으로 열린우리당이 짧은 기간에 소멸된 과정을 반추해보면 이러한 차이점 또한 상대적임을 알 수 있다. 더불어민주당과 국민의당의 지지기반이나 성향은 과거 제16대 국회 말기의 열린우리당과 새천년민주당의 관계와 상당 부분 유사하다. 따라서 합당까지는 아니더라도 정치연합의 가능성이 다른 어떤 정당 간의 관계보다도 높을 수 있다는 점에서 이 두 당이 합친 의석수 161석은 원내 과반수를 차지하는 정치세력의 등장을 의미할 수 있다. 180석 이상의 안정적 원내 다수파에 의해서만 주요 입법이 가능하도록 한 소위 국회선진화 법체제 때문에 이 정도 원내 다수파의 위력은 기대만큼 대단한 것이 못될 수 있지만 박근혜 정부의 일방통행식 정치행태가 더 이상 작동하지 못하도록 입법권을 장악한 것만은 분명하다. 또한 국회가 동의권을 갖는 국무총리, 대법원장이나 대법관, 헌법재판소장, 감사원장 등 헌법기관의 구성이나 국정 견제권의 행사에서 원내 다수파의 위력은 능히 짐작이 된다.

무엇보다 4·13 총선 결과의 영향력은 그 전망적 효과에서 더 뚜렷이 나타난다. 과도하게 대선에 경도되는 한국 정치의 약점에 비추어 향후 한국 정치의 주요 변수는 대선을 둘러싼 정치세력의 이합집산이 될 것이다. 이번 총선은 새누리당이 정부를 재창출하기 힘들 수 있는 중요한 계기를 마련함으로써 박근혜 새누리당 정부의 분열을 재촉할 가능성이 있다. 제17대 대선에서의 민주 정부 재창출에 이어 제17대 총선에

노무현의 민주주의

의해 처음 의회 내 다수세력의 교체가 이루어진 상황과 유사한 진보의 회-진보정부의 탄생 가능성이 높은 것이다.

그러나 이러한 전망 또한 섣부른 낙관론에 불과할 수 있다. 제17대 국회는 직전 국회에서 소수파의 지지를 받던 노무현 대통령에게 다수파 국회를 만들어 주었지만 실질적으로는 당정분리나 정치적으로 편향된 언론 등의 영향을 통해 여소야대와 다르지 않은 정치환경을 낳았고 급기야 대통령 임기 중반에 연쇄 탈당의 여파로 열린우리당이 제1당으로서의 지위를 상실하고 곧이어 대통령의 탈당까지 강제함으로써 집권여당의 지위마저도 잃고 말았던 아픈 기억이 있다. 공교롭게도 그 열린우리당 연쇄 탈당의 주역들이 이번 국민의당 분당과 민주개혁세력의 분열을 다시 주도했다는 점을 어떻게 받아들여야 할지 평가가 쉽지 않은 상황이다. 또한 호남의 보수적 정치세력이 지역대표성을 내세워 국민의당을 창당하여 전체 민주개혁 정치세력의 분열을 주도하였다는 점에서 이를 두고 새로운 지역주의의 태동인지 아니면 정치세력의 다양화로 받아들여야 할지 섣부른 결론을 허용하지 않는 복합적 상황이 전개되고 있는 것이다.

다소 장황하게 이번 총선을 제17대 총선과 비교하는 것은 제17대 총선 이후의 경험이 4·13 총선 이후 한국 민주주의의 반면교사가 될 수 있기 때문이다. 이 책의 주요한 논제는 제17대 총선 이후의 정국에서 정치인 노무현이 한국 민주주의의 발전을 열망하며 보여준 정치적 비전과 그에 따른 다양한 시도, 그리고 그 슬픈 좌절의 근원이 어디에 있는지를 보여주고 있다. 이 책의 독자들은 노무현의 정치철학에 대한 이해를 통해 이번 4·13 총선으로 구성된 정치지형이 앞으로 어떻게 한국의 민주주의 발전에 긍정적 영향을 발휘할 지에 대한 중요한 시사를 받을 수 있을 것이다.

　제1장의 주제는 노무현의 정치인 대통령론을 다룬다. 이 주제는 바로 제17대 개혁국회의 탄생에 역설적으로 기여한 탄핵사태의 원인이었던 대통령의 선거 관련 발언이 가진 민주주의적 함의를 탐색하고 있다. 시민의 자결을 기초로 하는 민주공화국에서 헌법상 국민대표기관인 대통령을 통치자가 아닌 정치인으로 인식하는 것은 기본이다. 이러한 기본적 당위가 무시되고 왜곡되어 정치를 질식시키고 국민대표기관을 통해 발현되는 시민의 정치적 역량을 왜소하게 만드는 것이 한국 정치 문화가 일시에 퇴행될 수 있는 문화적, 제도적 원인을 제공한다. 노무현은 누구보다 이 점을 깨닫고 스스로 헌법정신에 입각하여 대통령으로서의 정치적 권한과 시민으로서의 정치적 표현의 자유를 행사하려 했다가 탄핵소추되는 운명을 맞았다. 대통령과 정치적 지향을 같이 하는 열린우리당에 대한 지지를 표명하였다는 사실을 들어 선출된 지 갓 1년밖에 되지 않은 대통령을 탄핵하려 한 반민주적 정치세력에 대한 국민적 응징이 제17대 총선의 한 단면이었다는 점을 반추해 볼 필요가 있다. 그런데 이번 4·13 총선에서도 대통령의 선거개입 논란은 퇴행적 양태를 계속해서 드러내 보였다. 박근혜 대통령은 선거기간 중 행정부의 최고 심의기관인 국무회의 중에 국회 심판론을 통해 사실상 야당 심판론을 설파하여 대통령의 측근들이 깊숙이 공천에 관여했던 집권여당 새누리당에 대한 지지를 간접적으로 호소하였다. 지역을 돌며 소위 '진박' 마케팅이라고 오해받기에 충분한 언행과 행동을 반복하기도 하였다. 선거개입으로 탄핵소추되었던 노무현 대통령의 선거관련 언행은 국민과 소통하는 기자회견 자리였다는 점에서 국무회의와 같은 행

정부 내 직무수행과는 본질을 달리한다. 기자회견과 같은 시민사회와의 소통 과정에서 이루어진 선거 관련 표현을 문제 삼아 현직 대통령 탄핵소추를 감행했던 전력을 가진 정치세력이 노골적인 '진박' 공천과 일반적 공무수행 중 '진박' 선거운동을 자행하였다가 다시 한 번 국민의 심판을 받은 것이다. 문제의 본질은 대통령의 선거 관련 정치적 표현이나 활동 자체가 아니라 어떤 조건과 절차에서 어떤 방식으로 그러한 표현과 활동이 있었느냐에 있는 것이다. 나아가 더 근본적인 문제는 탄핵소추와 같은 극단적 조치를 저지른 정치세력이 보여준 대통령직의 본질에 대한 몰이해와 아전인수격 적용에 있다. 이제라도 정략적인 유불리에 따라 대통령의 정치적 활동을 평가할 것이 아니라 민주공화국 헌법의 정신에 맞게 본질적으로 정치인인 대통령직의 본질을 받아들여야 한다. 바로 이 지점에서 국민에 의해 선출된 정치인이자 국정의 책임자로서 국민에게 대통령의 정치노선을 지지하는 정당을 위하여 국가권력을 오남용하는 방식이 아니라 공개적이고 투명한 방식으로 지지를 호소하는 정치인 대통령론을 몸소 실천한 선구적 정치인 노무현이 재조명될 필요가 있다. 독자들은 노무현의 정치인 대통령론을 통하여 대통령직에 대한 헌법적 인식의 전환과 이를 뒷받침하는 정치문화나 제도의 변화 없이 헌법이 지배하는 민주공화국은 공염불이라는 점을 확인할 수 있을 것이다.

　　제2장의 주제인 노무현의 권력기관 정상화론 또한 이명박-박근혜로 이어지는 새누리당 정권이 보여준 권력기관 오남용에 의한 제왕적 행태의 진면목을 성찰할 기회를 제공해 준다. 이명박-박근혜 정부는 선거개입이나 정치공작을 통해 국가 정보기관을 정치의 전면에 배치하는 유신독재 시절의 망령을 되살렸고 통진당 해산 사건이나 검찰총장

찍어내기로 상징되는 공안검찰, 정치검찰의 시대를 복원함으로써 한국 민주주의의 퇴행을 초래한 책임으로부터 자유로울 수 없다. 국정원, 검찰의 정치적 중립성을 확보하고자 하였던 노무현의 권력기관 정상화론에 대한 객관적 조명이야말로 정치공학적 권력구조 개편론으로 위장된 사이비 정치개혁론의 실체를 드러내고 노무현의 선구적 정치개혁론에 대한 재조명을 통해 한국 민주주의 발전의 핵심과제가 어디에 있는지를 성찰하는 기회를 제공해 줄 것이다. 4·13 총선 이후 제19대 대선을 앞두고 중도보수연합을 통한 정치권 재편이 추진될 가능성이 있다. 새누리당과 보수 성향 야권 세력에 의해 추진될 수 있는 이런 움직임에 섣불리 이용당할 수 있는 의제가 정부형태 개헌론이다. 현재의 정부형태를 '제왕적 대통령제'로 단정하고 실질적으로 내각제가 본질인 분권형 대통령제 혹은 이원정부제 개헌론이 대두될 가능성이 있다. 그러나 제3장에서 다루는 원포인트 개헌론과 같이 국정의 효율성과 민주적 정당성을 효과적으로 조화시키려는 의도와 달리 권력기관의 정상화(제2장)나 정당한 대표의 구성에 관한 비례형 선거제도의 개혁(제6장), 나아가 시민의 정치적 자유를 근본적으로 억압하는 선거법, 정당법 등 정치관계법의 개혁이 선행되지 않는 한 섣부른 개헌론은 진보정부로의 정부 교체를 통해 제1단계 민주화[1]를 완성하려는 국민적 열망을 방해

---

1   한국 민주주의는 아직 완성단계에 이르렀다고 보기에 한계가 적지 않다. 무엇보다 선거에 의한 단순한 정부교체의 경험은 있으나 정치세력 간 정부교체가 주기적으로 반복되는, 즉 집권당이 야당에 의해 대체되고 다시 한 번 구집권당이 집권하는 단계까지는 이루었지만 구야당이 재집권하는 첫 번째 순환의 완성을 아직 경험하지 못했다. 그런 의미에서 안정적으로 이러한 정부 교체의 주기성을 확보되지 않는 한, 87년 헌정체제에 의한 제1단계 민주화는 미완성이라

노무현의 민주주의

하고 보수연합의 일본식 장기집권체제를 구축하려는 술수에 불과할 위험성이 있다. 이런 위험하고도 인과관계가 불분명한 정부형태 개헌론보다는 권력기관의 정상화를 통한 민주공화적 견제와 균형의 체제를 회복하는 제도 개혁에 더욱 집중해야 한다. 이것이 제2장에서 논증되듯이 노무현 정부에서 검찰개혁이나 정보기관 개혁이 미완의 상태로 남겨졌던 것이 더욱더 아쉽게 다가오는 이유이다.

　　제3장은 노무현의 정부형태 원포인트 개헌론을 조명한다. 대통령 노무현의 마지막 이니셔티브는 다음 세대를 위한 효율적 정부형태의 구축이었다. 짧은 기간 진보성향의 집권 여당이 의회 다수파의 지위를 획득하는 초유의 행운을 맞기도 하였지만 실질적으로 재임 중에 기성 정치권의 역학구조에서 노무현 대통령은 어쩔 수 없는 소수파였다. 소수파 대통령 노무현은 '제왕적 대통령'의 허울에도 불구하고 의회 다수파를 확보할 수 없는 여소야대 상태의 무기력한 대통령의 실상을 뼈저리게 느낀 나머지 한국 민주주의의 안정적 발전을 위해 권력구조의 효율성을 확보하기 위한 충정을 발휘하였고, 그것이 바로 대통령과 국회 선거 주기 연동화를 목표로 한 정부형태 원포인트 개헌론이었다. 그러나 이 개헌 시도는 그 정치적 의도를 의심받고 정치적 기득권을 놓지 않으려는 기성 정치권의 반대와 무시로 좌절되고 만다. 사실 노무현의 원포인트 개헌론에 대한 평가만큼 연구회 내에서도 이론이 분분한 영역은 드물었다. 편집자는 이 주제를 맡은 연구회 회장 정태호 교수의

고 할 수 있다. 동아시아에서 아직 일본도 제1단계 민주화를 달성하지 못했고, 2015년 총통선거에서 민진당이 승리함으로써 대만은 동아시아에서 처음으로 제1단계 민주화의 첫 번째 순환을 달성한 국가가 되었다.

학문적 견해를 존중하여 내용에 관한한 편집 의견을 개진하기를 자제하였다. 그러나 편집자 서문의 자리를 빌려 정치인 노무현의 진정성에도 불구하고 원포인트 개헌론에 관한 이 책의 평가에는 부분적으로 이의가 없지 않음을 밝혀두고 싶다. 노무현 정부 이후 노무현 대통령 자신에 퍼부어진 정치탄압은 물론 이명박-박근혜 정부의 퇴행적 국정운영은 한국 민주주의의 성숙도가 아직 낮은 단계에 머물러 있음을 체감하기에 충분하다. 이런 정치적 상황에서 그 명칭이 무엇이든 내각제에 뿌리를 둔 정부-의회 연계형 권력구조나 대선과 총선의 주기 연동방식은 정치권력의 오남용을 더욱 강화시킬 수 있는 위험성을 내포하고 있음을 소홀히 해서는 안 된다. 즉 정부형태 원포인트 개헌론은 앞서 제2장에 대한 소개에서 언급한 것과 같이 '양날의 칼'과 같은 위험성을 내포하고 있었음을 아무리 강조해도 모자람이 없다고 본다. 이처럼 노무현의 원포인트 개헌론에 대한 평가가 다르더라도 독자들은 그가 진정성 있게 추진했던 개헌론의 진의를 통해 4·13 총선 이후 한국 민주주의의 과제를 탐색하는 계기를 마련해 볼 수 있을 것이다.

　제4장은 대통령 노무현의 정부 혁신론을 다룬다. 87년 헌정체제의 수립 이후 정치, 경제, 사회, 문화의 다양한 영역에서 민주화와 자유화를 위한 개혁론이 대세를 이루었고 공공부문 개혁 혹은 정부 혁신도 예외가 아니었다. 그러나 민주화와 자유화는 탈권위주의적 원심력으로 작용하는 이면을 지녔을 뿐만 아니라 서구식 신공공관리론에 입각한 정부 혁신은 민영화를 통해 공공부문의 공공성이 오히려 위협받을 수 있는 역설적 요소를 내포하고 있었다. 노무현의 정부 혁신론은 이러한 과도기적 공공부문 개혁에 비하여 지방분권, 전자정부화와 더불어 공공부문의 구조적 변혁을 추구하는 비전이었다. 그러나 이명박-박근혜

노무현의 민주주의

정부에서 무분별하게 추진된 규제완화는 세월호 참사와 메르스 사태의 대혼란으로 그 한계를 분명히 드러냈다. 4·13 총선으로 성립된 여소야대 국회 체제는 정치적 구심력의 상실과 대통령의 레임덕을 가속화할 수 있으며 이러한 정치적 비효율은 공직사회의 무책임성을 야기하여 세월호 사태 등에서 드러난 국가의 부재 혹은 국가권력의 무능이나 오남용을 더욱 가속화할 수 있다. 이 상황에서 대통령 노무현이 당시의 정쟁적 비판론에도 불구하고 정치적 공적에 연연하지 않고 공공성과 효율성이 조화를 이루는 정부 혁신을 추구한 점에 대한 재평가가 절실히 요청된다. 무엇보다 정파를 초월하여 한국 민주주의를 한 단계 업그레이드하기 위해 긴급한 과제로 정부 혁신이 설정되고 추진된 점이나 그 실현 방법에 있어서의 전향적 태도에 대한 객관적 평가와 계승이 필요하다.

제5장은 노무현의 당정분리론을 다룬다. 당정분리론 또한 노무현 대통령의 공과를 평가할 때 서로 상반된 평가를 받는 주제이다. 대통령과 소속 정당과의 관계에 대한 정석은 없지만 민주공화국에서 정당 지도자인 대통령이 일정한 정치적 영향력을 소속 정당에서 확보하는 것은 지극히 자연스럽다. 그러나 권위주의 체제하에서 고착화된 일인독재의 문화적 유산을 답습한 한국의 경우 소위 민주정부를 자처하고 민주화의 투사로서 정치적 명운을 같이 했던 김영삼 대통령과 김대중 대통령의 경우에도 정당의 공천권을 중심으로 수직적 당-청 관계를 유지했던 아픈 기억이 아직도 남아있다. 김대중 정부를 이어받은 정치인 노무현의 경우 정치적 소수파로 확고한 지역이나 이념적 지지층을 충분히 확보하지 못한 상황에서 드라마와 같은 대중적 지지에 힘입어 대통령에 당선되었기 때문에 당정분리론은 민주화의 외양에도 불구하고

사실은 지역이나 계층의 이익을 내세운 정치적 지분 챙기기의 실질을 가지는 측면도 무시하지 못한다. 또한 대통령제 정부라고 하더라도 국정과제는 국회 다수파에 의해 입법이 되어야만 집행이 가능하다는 점에서 당정협력은 책임정부 원칙의 핵심요소라고 할 수 있어 무원칙한 당정분리는 헌정 원리에도 배치된다. 따라서 노무현의 당정분리론을 당정의 기계적 분립론이 아니라 대통령의 거버넌스를 실현해내는 그릇으로 이해하는 것이 중요하다. 이 장에서 설득력 있게 제기된 노무현의 당정분리론의 배경과 내용에 대한 성찰은 새누리당 정권이 원내대표를 강압적으로 교체하는 등 수직적 당정 관계의 전형을 보여주는 것도 부족하여 급기야 반대파에 대한 공천학살을 감행한 결과 국민의 심판을 받은 4·13 총선 이후 국정운영에 중요한 시사점을 제공해 줄 것이다. 무엇보다 당정분리론은 단순히 대통령과 소속 정당과의 관계라기보다 이 책 전체에서 다루고 있는 민주적 헌정 체계의 다양한 요소들, 즉 대통령직에 대한 헌법적 이해, 권력기관의 정상화는 물론 선거제도 개혁, 정당제도 개혁과 더불어 이해되고 실현되어야 할 과제라는 인식을 가질 필요가 있다.

마지막으로 제6장은 노무현의 선거제도 개혁론을 주제로 한다. 87년 헌정체제의 최대 취약점은 헌법제도상의 권력구조에서 발원하기보다는 이를 구체화하는 정치관계법의 반민주성과 억압성에 기인한다. 정당하게 구성된 국가권력 간의 견제와 균형의 관계는 현행 헌법에서 지나치리만큼 충분히 반영되어 있다. 문제는 국민대표기관의 민주적 정당성을 위협하는 선거제도의 반민주성이나 시민의 정치 참여에 대한 과도한 법적 규제이다. 시민의 자유로운 정치 참여와 표현이 억압된 상황에서 민주적 대표기관의 구성이나 여론에 따른 정치가 이루어지는

노무현의 민주주의

것은 애당초 불가능한 것이다. 더구나 대표를 선출하는 선거제도 자체가 다수파의 인위적 조작을 통해 국민대표성을 과도하게 왜곡하는 제도라면 주권자인 국민과 국민대표 사이의 간극은 민주공화국의 기본정신을 위협하기에 충분하다. 더구나 이처럼 인위적으로 조작된 다수파에 의한 다수결이 민주주의의 이름으로 국가권력의 오남용을 뒷받침하는 만병통치약으로 간주되는 것은 도저히 용납하기 힘들다. 현재의 지역대표 기반 소선거구제 중심의 선거제도는 이번 4·13 총선과 같은 이변을 낳기도 했지만 기본적으로 과도한 지역주의에 기반을 둔 지역패권적 정치체제를 구조화해왔다. 망국적 지역주의를 극복하고 대화와 타협에 기반을 둔 공존형 민주체제를 꿈꾸었던 정치인 노무현이 모든 권력을 양보하고서라도 선거제도 개혁을 얻어내려던 원래의 의도는 정파적 공세를 통해 정치적 이기주의로 매도되곤 하였다. 한나라당에 대한 연정 제의가 선거제 개혁과 결합되어 있다는 점을 확인하는 것은 특히 제17대 총선과 유사점을 가지는 4·13 총선 이후 정치연합론이 대세를 이룰 수밖에 없다는 점에서 시사점이 매우 크다. 노무현의 연정론에 퍼부어진 맹목적 비난은 민주공화국 헌정체제의 기본 원리에 대한 무지와 짝을 이루어 참여정부의 집행력을 약화시키는 주요한 원인이었다. 그런데 노무현의 연정론을 지역패권주의에 기초한 정치적 배신으로 규정했던 정치세력이나 논평가들이 연정론에 기반을 둔 지역분할론을 공공연히 주장하는 현실은 어떻게 이해할 것인가? 이 시점에서 노무현의 연정론이 오로지 선거제도 개혁론과 맞물려 있고 그 핵심은 지역주의에 기반을 둔 현재의 소선거구제 개혁이라는 점을 제대로 평가하는 것은 현행 선거제도의 개혁을 한사코 거부하는 새누리당을 비롯한 지역주의 정치세력의 실상을 드러내는 데 매우 중요한 과정이다.

정치인 노무현은 "민주주의 최후의 보루는 깨어있는 시민의 조직된 힘"이라고 믿으며 한국 민주주의의 발전을 위해 분투하였다. 그는 망국적 지역주의를 타파하고(탈지역주의), 지역적 불균형을 극복하며(탈집권주의 혹은 분권), 통치가 아니라 시민이 중심이 되는 정치를 복원하고(탈정치에 대한 경고, 정치개혁), 권력기관을 비롯한 헌정의 정상화를 통해 한국의 민주주의가 최소한의 완성된 체제를 구현하는 데 기여하기를 희망하였다. 그는 선구자적 비전과 지도자적 양식을 가졌지만 결코 스스로를 시민 위에 군림하는 영웅적 지도자로 자처한 적이 없었다. 그를 혹독하게 비난했던 자들조차도 탈권위주의의 소탈함이 낳는 권력의 무기력을 문제 삼았을 정도다. 따라서 정치인 노무현의 정치적 비전과 그 실현을 위한 시도들 또한 신화화될 성질의 것이 아니며, 실제 그렇게 될 수도 없다. 그러나 한 선구적 정치인이 보여준 정치적 비전을 있는 그대로 객관적으로 평가하고 그 공과를 평가하는 것은 한국 민주주의의 발전을 염원하는 모든 이들이 거쳐야 할 과정이다. 노무현의 정치적 비전에 대한 세간의 오해나 왜곡을 바로잡아 그가 추구했던 정치적 가치들이 새로운 정치적 환경에서 생명력을 온전히 발휘할 수 있기를, 그리고 이 책이 그러한 과정에 조금이라도 기여할 수 있기를 바라 마지않는다.

공저자를 대표하여 김종철

노무현의 민주주의

1장
노무현과 정치인 대통령론

김종철

I. 정치인 대통령론에 대한 평가의 의미와 배경

이명박–박근혜 정부를 거치면서 한국 민주주의에 대한 위기감이 증폭되고 있다. 1987년 민주체제의 수립 이후 김영삼 문민정부, 김대중 국민의 정부, 노무현 참여정부로 이어지면서 최소한의 절차적 민주주의 제도는 구축되었다고 자신하던 국민들이 다시는 되풀이되지 않을 것으로 단정했던 반민주적 정치현상이 공공연히 자행되고 있기 때문이다. 국가정보기관을 비롯한 국가기관들이 선거에 개입하여 여론조작을 시도한 사실이 속속 밝혀졌다. 이를 엄정하게 수사하고 처벌해야 할 경찰이나 검찰이 사실을 은폐하고 조작하거나 수사를 방해하는 일이 공공연하게 벌어진다. 심지어는 진실을 규명하려는 내부고발행위들에 대한 처벌이나 불이익이 검찰총장 "찍어내기", 수사팀장 교체 등으로 나타난다. 민주주의의 근간을 뒤흔든 국가정보기관은 정상회담 회의록을 선거기간에 부당하게 이용할 목적으로 유출한 것도 모자라 일방적으로 공개하는 한편 북방한계선(NLL) 포기라는 정파적 해석을 국민들에게 강변하는 일도 서슴지 않았다. 시대착오적인 전교조 법외노조화를 강행하고 사법부마저 이를 추인하는 일이 현실화되었다. 헌정 사상 초유의 정당해산심판 청구와 법률적 근거 없는 국회의원직 박탈이 감행되었다. "헌법보다 의리"라는 황망한 궤변이 집권당 당직자의 입에서 스스럼없이 회자'되는 '비상정치'(emergency politics)의 상태라고 해도 무방할 지경이다. 이런 상황에서 유신독재로 상징되는 한국 현대사의 암울한 시기에 정치공작을 일삼던 국가정보기관에 의한 강압적 공안통치가 부활한 것이 아닌가라는 의혹이 자연스럽게 제기되는 것이다.

그렇다면 민주화를 자랑하던 상황에서 강제력을 동원한 공안통치가 전면화된 원인과 배경은 무엇인가? 이 질문에 대해서는 다양한 분석과 진단이 가능할 것이다. 그러나 이 글에서는 특히 대통령의 헌법상의 지위와 정치행위의 본질에 대한 잘못된 인식이 정치의 실종을 야기한 중요한 원인이라는 가설을 논증해 보고자 한다. 그동안 우리 사회에 널리 유포되어 있는 대통령직과 정치행위에 관한 법리나 정치적 관행은 헌법정신과 매우 동떨어져 있다. 이처럼 잘못된 인식들 때문에 헌

---

1 《조선일보》, 2016.02.05. "〈사설〉 '헌법보다 의리'라는 親朴들, 국민 뭐로 보고 그런 말 내뱉나" (http://news.chosun.com/site/data/html_dir/2016/02/04/2016 020403940.html) 참조.

노무현의 민주주의

법정신에 따른 정치가 효과적으로 이루어지지 못하고 그 공백을 국정원이나 검찰과 같은 통치적 수단에 의해 메워지는 악순환이 되풀이되고 있다. 즉 대통령을 정치를 초월하는 국정책임자라거나 순수한 행정가로만 인식함으로써 정치와 통치 혹은 행정의 분리를 당연하게 인식하는 문화적 인식태도가 정치과정을 왜곡하고 공안통치를 정당화하는 데 기여한다는 것이다.

이 가설의 타당성을 증명해 줄 가장 적절한 소재는 노무현 대통령의 경우이다. 노무현 대통령만큼 지극히 상반되는 평가를 받고 있는 대통령도 드물 것이다. 그러나 노 대통령이 대통령으로서 정치의 자유를 제대로 구현하고자 애썼다는 사실만큼은 누구도 부인하지 못한다. 다만 그것이 정당하고 적절한 것이었는지에 대한 평가에 있어 극단적으로 나뉠 뿐이다. 노 대통령은 선거중립의무를 위반하였다는 이유로 1948년 헌정 수립 이후 탄핵소추된 최초의 대통령이었으며, 그런 큰 사태를 겪은 후에도 끊임없이 정치인으로서의 정치적 표현의 자유를 실천하다 이를 선거법위반으로 규제하려는 선거관리위원회(선관위)를 상대로 헌법재판소(헌재)에 헌법소원을 제기하기까지 했다.

노무현 대통령은 왜 이토록 대통령이 정치의 자유를 누려야 한다고 끈질기게 주장하였는가? 그 이유를 헌법정신에 비추어 살펴보고 이와 대치되는 선관위나 헌재의 태도, 나아가 우리 국민들의 의식 속에 숨겨져 있는 잘못된 대통령상과 정치관이 한국 민주주의의 위기를 낳은 원인으로 작동하고 있다는 것이 이 글의 핵심적인 주장이다. 이 주장을 논증하기 위해 이 글은 다음과 같은 순서로 구성된다. 우선 대통령의 헌법상의 지위를 구명하고, 그 지위에 따라 대통령은 정치의 자유를 가진다는 점을 헌법적으로 소명할 것이다. 다음으로 노무현 대통령이 왜 그렇게 절실히 정치의 자유를 실천하고자 했는지를 그의 언행과 행보를 통해 검토한다. 마지막으로 대통령의 정치적 자유를 과도하게 억압하는 규제 논리의 문제점을 검토한다. 결론에서는 본론에서의 논리적 전개에 기대어 자유민주체제에서 정치 복원만이 민주화 이후 민주주의를 굳건하게 하기 위한 핵심과제임을 짧게나마 밝히는 것으로 마무리한다.

II. 대통령의 헌법상의 지위－정치적 공무원인 대통령[2]

1. 대통령의 헌법상 지위에 대한 전통적 입장

보통 어떤 국가기관의 헌법상의 지위란 국가의 권력구조를 결정하는 지침이 되는 여러 원칙들, 예컨대 국민주권의 원리, 대의제의 원리, 권력분립의 원칙을 기준으로 할 때 국가기관이 헌법에 의하여 어떤 역할과 기능을 부여받고 있는가의 문제이다.

헌법상의 지위를 이런 시각에서 이해할 때 대통령의 헌법상의 지위는 헌법이 국민주권의 원리, 대의제의 원리, 권력분립의 원칙에 준거하여 대통령에게 부여한 헌법적 기능과 역할을 의미한다.

헌법학계에서 대통령의 헌법상의 지위에 대하여는 개별 학자가 설

---

2   대통령의 헌법상 지위에 관한 논의는 김종철(2005, 7-47)에 기초하고 있다. 이하 III에 나오는 헌법상 지위와 관련한 논의도 마찬가지임을 미리 밝혀 둔다.

정한 기준에 따라 다양한 분류가 제시되어 있다. 그러나 국가원수의 지위와 행정부 수반[3]으로서의 지위는 모든 분류에서 일반적으로 인정되는 대통령의 지위이다. 이러한 기본적 지위에 덧붙여 학자들에 따라 국민대표기관 혹은 대의기관으로서의 지위, 국정최고책임자로서의 지위, 국가 및 헌법수호자로서의 지위 등이 부가적으로 혹은 독자적으로 대통령의 헌법상의 지위로 설명되는 것이 일반적이다(김철수 2007, 1406-1413; 성낙인 2014, 520-525; 전광석 2013, 621; 정종섭 2013, 1204-1211; 장영수 2012, 1148-1154 ; 한수웅 2013, 1191-1192 ; 허영 2013, 980-983).

이들 전통적 견해들은 일부 세부적인 차이를 불문하고 크게 두 가지 점에서 주목할 만한 공통점을 보인다. 첫째로 국가원수의 지위를 실질적인 것으로 인정할 뿐만 아니라, 그 실질성을 다른 헌법기관보다 우월적인 것으로 인식한다는 점이다(김철수 2007, 1410; 성낙인 2014, 523; 전광석 2013, 504-505, 621; 정종섭 2013, 955-957, 1204; 장영수 2012, 1148-1150; 한수웅 2013, 1191; 허영 2013, 980, 983). 둘째로 행정부 수반으로서의 지위를 정치적으로 중립적인 지위로 인식하는 경향이 짙은 것도 특색이다(김철수 2007, 1412, 1434-1439; 성낙인 2014, 525; 전광석 2013, 639-646; 정종섭 2013, 1210-1211; 장영수 2012, 1150; 한수웅 2013, 1192; 허영

---

3 헌법의 명문규정상 행정권은 대통령과 행정부(국무총리와 국무위원, 국무회의와 대통령자문기관, 행정각부 등)으로 구성되는 정부에 속한다(헌법 제4장, 특히 제66조 제4항). 그러나 일반적인 용어로 정부는 입법과 사법까지 포괄하는 것으로 이해하는 것이 맞고 행정권을 담당하는 국가권력을 행정부로 부르는 것이 국가권력 간의 관계를 설명할 때 편리하다. 따라서 이 글에서는 헌법상의 용례와는 달리 개념상 구별이 용이한 행정부를 행정권의 담당기관으로 부르기로 한다.

2013, 982).

2. 전통적 견해에 대한 비판

1) 의전적·형식적 지위에 불과한 국가원수

국가원수로서의 대통령을 실질적 차원에서 다른 국가권력보다 상위에 있는 것으로 이해하는 전통적 견해는 전근대적 인식에 기초하고 있다. 이런 인식은 전근대적 군주 주권의 시절을 청산하면서 새로이 등장한 것이 '정부형태(form of government)'의 개념이라는 점을 간과하고 있다. 근대적 국민주권의 시대는 국가권력은 한 국가기관에 독점되어서는 안 된다는 권력분립의 원칙에 의해 국가권력이 동격의 지위를 가지는 다수의 기관에게 수평적으로 배분된다. 따라서 입헌국가 혹은 자유민주국가의 헌법에서 '특별한 헌법적 결단이 없는 한', 헌법 규정에서 명문으로 규정하지 않는 한, 권력분립의 틀을 벗어나 국민대표기관인 다른 국가권력에 '우월한' 국가권력이란 인정될 수 없다.

사실 이처럼 삼권을 초월하는 영도적 지위를 가지는 대통령상은 유신헌법의 유산이다. 유신헌법은 대통령제 정부형태하에서 행정부 수반인 대통령에게 헌정사상 최초로 국가원수의 지위를 부여하는 헌법상 명문규정을 신설하였다.[4] 유신헌법은 그 제3장에서 국민의 주권적

4　물론 국가원수라는 명문의 표현을 쓰고 있지는 않지만 제헌헌법부터 대통령이 국가를 대표하는 지위를 가져 왔다. 그러나 대통령이 국가를 대표하는 지위에

수임기관으로 통일주체국민회의를 창설하여 삼권에 우월하는 기구를 두면서 그 의장인 대통령 또한 영도적 지위에서 삼권에 우월하는 기관으로 삼아 정부, 국회, 법원과 별도의 장에서 규정하였다. 정부와 법원의 구성에 사실상 전권을 행사하는 수준을 넘어 통일주체국민회의를 통해 국민대표기관인 국회의 구성에도 직접 관여하여 국회 재적의원 3분의 1을 추천할 수 있는 장치를 두었다.[5] 유신헌법의 제정에 관여한 한태연(1977, 492)은 이 점을 지적하여 국가원수의 지위를 "입법, 행정, 사법에 상위하는 제4의 권력"으로 간주하고 있다. 군사쿠데타로 집권하여 절대권력을 행사했던 전두환 정권의 '명목적 헌법'(norminal constitution)인 1980년 헌법은 유신헌법하의 통일주체국민회의를 폐지하고 입헌주의 헌법체제로 복귀하면서도 대통령의 우월적 지위를 상징하는 정부체제를 유지하였다. 대통령의 국회해산권 등이 그러한 우월성을 상징하는 것이다. 그러나 6월 시민항쟁의 결과물인 현행 1987년 헌법은 대통령의 지위에 관한 규정에 관한 한 이전 헌법을 그대로 답습하였으나 대통령의 권한과 관련하여 대통령의 우월성을 실질적으로 보여주는 권한을 삭제하였으며, 오히려 국정감사권을 부활하는 등 국회의 지위를 강화하여 대통령의 헌법상의 지위를 더 이상 우월적인 것으로 판

서 다른 국가권력보다 우월적 지위에 있다는 의미가 아님은 분명하다. 또한 제3차 개정 헌법인 1960년 헌법이 의원내각제를 도입하면서 행정권의 수반이 아닌 대통령에게 처음으로 국가원수의 명칭을 명문화하였다. 그러나 주지하듯이 이 체제에서 대통령은 행정권의 수반으로서의 지위를 가지지 아니한다는 점에서 입헌군주제의 군주를 대신하여 국가의 통합을 상징하는 지위 이상으로 우월적 지위를 의미하는 것이 아니다.

5   유신헌법 제40조 ①통일주체국민회의는 국회의원 정수의 3분의 1에 해당하는 수의 국회의원을 선거한다.

단해야 할 근거가 없어졌다.

결론적으로 입헌국가에서 실질적으로 입법, 행정, 사법에 '우월'하는 국가권력은 존재할 수 없다는 입헌주의의 기본정신에 입각할 때, 특히 삼권의 한 당사자가 동시에 우월적 지위를 가진다는 것은 모순이므로 국가원수로서의 지위건, 국정최고책임자의 지위건 권력분립의 기초인 권력 간의 동격성을 부인하는 개념은 인정해서는 안 된다. 국가원수가 행정부 수반을 겸하는 현재의 구조에서 국가원수에게 실질적 권한을 행사하는 지위를 부여하는 것은 실질적으로는 행정권에 의한 독재를 정당화할 수 있으므로 용납되어서는 안 된다. 따라서 정부형태와 무관하게 국가원수는 의전상의 필요에 의해 국가적 통합의 상징으로서 국가 전체를 대표하는 형식적이고 명목적(dignified) 지위로 이해하는 것이 헌법정신에 부합한다.[6]

2) 정치기관으로서의 행정부 수반

입헌민주국가에서 권력분립의 원칙에 따라 국가권력은 일반적으로 세 가지 기능에 따라 삼권으로 분할되는 것이 원칙이다. 즉 국가정책을 법률의 형식으로 정하는 기능으로서의 입법권, 법률을 국민과의 관계에서 실질적으로 집행하는 기능으로서의 행정권, 법적 분쟁 과정에서

---

6 설령 일부 헌법상의 권한, 예컨대 대법원장이나 대법관, 헌법재판관의 임명권을 행정부 수반이 아닌 국가원수로서의 지위에서 행사하는 것으로 본다고 하더라도 이러한 권한은 형식적·의전적인 것이며 의원내각제의 국가원수와 마찬가지로 민주적인 절차에 의해 추천된 인사를 형식적으로 임명하는 것으로 이해해야 한다.

노무현의 민주주의

법을 해석하고 적용하여 분쟁을 해소하는 기능으로서의 사법권으로 나누는 것이 일반적이다. 국가권력 중 행정권을 책임지고 수행하는 지위가 행정권 수반으로서의 지위이다.

우리 헌법은 행정권을 행사하는 행정부의 명칭을 그냥 '정부'라고 부르면서 이를 이원적으로 구성하고 있다. 수반으로서의 대통령과 대통령을 보좌하거나 대통령의 명을 받아 법에 따른 정책을 집행하는 행정부로 나눈다. 특히 행정부에는 국회에 대하여 정치적 책임을 부담하며 임명에 있어 국회의 동의를 필요로 하는 국무총리와 국무위원이 중심을 이루고 있다. 그리고 헌법은 대통령 1인에게 집행권을 부여하는 미국의 경우와는 달리 대통령과 행정부로 이루어진 정부에 부여하고 있다(헌법 제66조 제4항). 정부라는 여러 국가기관의 합동체에 행정권을 부여하여 대통령 1인에 의한 권력의 전횡을 절차적으로 통제하는 매우 분권지향적 제도이다. 다만 내부적 위계질서는 분명해서 최고책임자로서의 수반이 대통령임은 분명하다.

행정권 수반으로서의 대통령은 공무원 임명권을 통하여 정부를 구성하고 헌법과 법률이 정한 사항과 법률을 집행하기 위한 사항에 대한 정책을 결정하여 집행하는 지위를 갖는다. 이러한 역할을 수행하기 위하여 대통령은 법률을 구체화하여 국민을 직접 기속할 수 있는 행정입법권(헌법 제75조)을 가지며 정부를 통하여 법률안을 제출(헌법 제52조)하고 국회가 의결한 법률을 공포하는 권한(헌법 제53조 제1항)도 보유한다. 특히 대통령령 제정권과 같은 행정입법권은 결국 법률의 구체적 내용을 더욱 세밀하게 결정하는 권한이라는 점에서 정치적 속성을 강하게 가진다.

한편 행정권 수반으로서의 대통령의 지위와 관련하여 주목할 것은 법해석자로서의 역할[7]이다. 흔히 법의 해석자는 사법절차를 통해 제기된 법적 분쟁에서 법이 무엇인가를 확인하고 그에 바탕하여 재판하는 사법권력을 일컫는다. 따라서 우리나라에서 대통령에게 법해석자로서의 기능이 있음을 적극적으로 논하는 주장을 발견하기 힘들다. 그러나 행정권의 수반으로서의 대통령은 국가정책을 규범의 형식으로 정립한 법률을 어떻게 해석하여 적용할 것인가에 대한 판단권을 보유하는 것이 당연하다. 이처럼 대통령의 법해석권을 적극적으로 인정하는 것은 국가권력작용의 기본 원리로서의 법치주의, 국가권력구성의 원리로서의 권력분립의 원칙에서 요청되는 바이다. 권력분립의 원칙은 입법권에 의하여 국가정책이 법률의 형식으로 결정되면 그 집행을 행정권에 분담시키고 있으며 이 때 법의 집행을 위한 전제가 되는 법의 해석권을 재량적으로 행사할 수 있다. 이러한 재량적 법해석과 그에 따른 법적용의 적정성과 헌법 및 법률합치 여부는 사건화되어 사법부의 심판대상이 된 경우에 최종적으로 확인된다. 이러한 권력분립 원칙의 논리구조는 법치주의가 법률에 의한 지배를 중심으로 형성되지만 그 법률의 해석과 적용을 행정권과 사법권에 분담시킴으로써 입법권에 대한 견제권을 제한적으로 행사할 수 있는 여지를 두고 있음을 의미한다. 입헌주의와 법치주의하에서 국회의 법률도 국민의 기본권을 침해하지 않고 헌법의 권한범위를 벗어나지 아니하는 한도 내에서 효력을 유지하는 것이며 이 법률에 대한 정치적 논의는 언제나 개방되어 있어야 한다.

---

7   비교법적으로 대통령제의 원형을 보여주는 미합중국 대통령의 헌법상의 지위를 논할 때 어김없이 법해석권자로서의 지위가 논해진다. Tribe(2000, 722–730)나 이강혁(1997, 73–74) 참조.

결국 행정부의 수반인 대통령을 국민이 직접 선출하는 국민대표기관으로 삼는 이유는 입법권을 가지는 의회와 더불어 국민의 수권하에 일정한 정치적 작용을 수행하는 것을 전제하고 있기 때문이다. 행정은 입법과 더불어 국정에 대한 주권자인 국민의 의사를 구체화하는 과정이며 그 수반은 당연히 국민대표기관으로서 국민을 대의하기 위한 정치적 기능을 충실히 수행해야 한다.

그런데 행정부 수반의 정치적 역할에 대한 전통적 견해는 행정의 정치적 중립성을 강조함으로써 행정과 정치가 본질적으로 같은 토대 위에 있다는 점을 간과하고 있다. 사실 행정의 중립성은 가장 정치적 성격이 강한 국가작용인 입법, 즉 법률이 설정한 범위를 벗어나지 않아야 하며, 더 나아가 헌법이 모든 국가권력에게 요청하는 헌법적 한계를 벗어나서는 안 된다는 의미에서 '중립적'이라고 할 수 있을 뿐 정치력을 발휘하여 이해관계를 조정하는 일을 해서는 안 된다는 의미의 중립성은 아니다.

물론 행정의 '정치적'(political) 속성을 오해하여 법집행에 있어 '정파적'(partisan)으로 행동해도 된다는 의미로 곡해해서는 안 된다. 헌법은 법의 집행은 비례원칙과 평등원칙이라는 헌법적 원칙에 따라 적법절차를 준수하여 이루어지도록 명령하고 있으며 행정권도 이러한 원칙을 준수하여야 한다(홍정선 2014, 30-48; 김성수 2114: 86-125; 김중권 2014, 37-64). 만일 법적 요건을 갖추었으나 정파적 이해관계 등에 따라 차별하는 행정권 집행은 헌법과 법률에 위배되는 불법적 행정작용이 되는 것이다. 그러나 헌법과 법률이 위임하고 있는 구체적 사안에 대해 행정권자가 가진 재량을 활용하여 특정한 가치판단에 따라 정책을 결정하고 행위 하는 것을 헌법이 금지하고 있지 않다. 오히려 헌법은 권력분립 원칙이나 법치주의 원칙을 통해 각각의 권력이 자율성을 가지고 헌법과 법률을 해석하여 집행하는 과정에서 재량을 행사하도록 권장하고 있다. 그래야 적극적으로 국민의 의사가 반영되고 국익에 도움이 되는 국가작용, 특히 행정이 이루어지고 국민의 복리가 증진되는 것이다.

3) 정치적 공무원

대통령의 헌법상 지위와 관련하여 종종 혼란이 초래되는 것은 대통령의 1인 기관으로서의 성격에 기인한다. 국가원수이자 행정부 수반인 대통령은 국가권력을 구성하는 한 기관이라는 점에서 제도의 일부이다. 그러나 그 기관으로서의 법적 기능을 수행하는 실제의 담당자는 공무원의 지위에서 그 기관에 주어진 기능을 수행하는 국민이다. 따라서 대통령은 국가기관으로서의 지위와 공무원인 국민의 지위를 동시에 가지게 되는 것이다.

그런데 대개의 국가기관은 여러 명의 공무원이 결합된 조직체이지만 대통령의 경우 1인의 자연인인 공무원이 곧 기관을 의미하기 때문에 종종 그 법적 지위를 혼동하게 될 위험성이 높다. 또한 공무원은 직업선택의 자유와 공무담임권이라는 헌법상 권리를 행사하여 인간으로서의 존엄과 가치를 실현하기를 선택한 개인으로서의 지위와 공무를 담당하고 있는 공직자라는 이중적 지위를 가진다.

이러한 여러 차원의 이중적 지위가 겹쳐 대통령은 다양한 차원과 관점에서 요청되는 법적 사회적 규범을 준수하도록 요구받는다. 그러나 이러한 규범 가운데 대통령은 정치의 자유를 가지지 못한다는 규범은 원칙적으로 인정될 수 없다. 무엇보다 대통령도 국민으로서의 지위로

노무현의 민주주의

부터 모든 국민에게 인정되는 정치의 자유는 당연히 인정된다. 또한 대통령이라는 공무원은 공무원의 여러 종류 가운데 선거에 의해 선출되고 국민에 대하여 정치적 책임을 지는 정치적 공무원이라는 점에서 본질적으로 정치의 자유를 향유하는 공무원이다. 혹은 어떤 면에서는 정치적 공무원은 정치활동을 위해 설치된 공직에 취임한 것이므로 이런 종류의 공무원의 정치활동은 권리로서가 아니라 일종의 의무로서 파악될 수도 있다. 헌법 제7조 제1항이 모든 공무원을 국민 전체에 대한 봉사자로 규정한 것은 대통령에게도 적용되지만 그 제2항에서 신분과 정치적 중립성이 보장되는 것으로 규정한 공무원, 즉 직업공무원의 범위에 본질상 정치적 공무원인 대통령은 포함될 수 없다.[8] 정치적 공무원으로서의 대통령은 정치적으로 중립이어야 한다고 요구하는 것은 논리적으로 모순이 되기 때문이다. 다만 특별한 경우에 정치적 자유가 일부 제한될 수 있을 뿐이다.

---

[8] 심지어 이러한 직업공무원 마저도 정치의 자유를 원칙적으로 보유하고 행사할 수 있어야 하며, 헌법 제7조 제2항의 정치적 중립성은 정치적 압력으로부터의 중립성이지 자신의 정치적 자아를 실현하는 것을 원천적으로 금지하는 의미에서의 중립성일 수 없음에도 불구하고 현행 국가공무원법이나 정당법 등에서 직업공무원의 정치의 자유를 근본적으로 통제하고 있는 것은 민주공화국의 정치적 기초를 위협하는 것이다.

III. 노무현의 대통령관과 정치적 실천

1. 노무현의 정치적 목표와 대통령관

1) 노무현의 정치적 목표

노무현 대통령은 판사 출신의 법조인으로 전문가적 식견에 따라 헌법상 대통령의 지위에 대해 나름의 관점을 가지고 있었고 이를 실천하기 위해 노력하였다. 무엇보다 한국의 정치 현실이 헌법정신을 왜곡하고 있으며, 특히 정치사회적 기득권 세력이 이러한 왜곡에 편승하여 부당한 정치사회적 이익을 독과점하고 있다는 문제의식이 강했다. 이러한 문제의식은 자연스럽게 대통령으로서 부조리한 정치 현실을 개혁하고 한국의 민주주의가 정상궤도에 오르도록 하는 것을 가장 중요한 과업의 하나로 보게 만들었다. 모든 국민의 이해관계와 의견을 올바로 반영하여 합리적인 정치를 구현하는 것, 구체적으로는 지역 구도를 극복하고, 국민 통합을 위해 세력균형하에 대화와 타협의 정치를 추구하는 것이 그의 정치적 목표였다. 대통령이 되고자 했던 것도 그러한 목표의 일환이었으며, 대통령이 된 후, 그리고 퇴임 후에도 그러한 목표를 실현하는데 골몰하였다. 그리고 그가 남긴 미완의 회고록이 언급하고 있듯, 그 목표가 결국은 그를 죽음으로 몰아간 것이기도 하였다.

정치적 성공이 아니라 정치 자체를 바꾸는 것이었다. 정치문화, 권력문화를 바꾸자는 것이었다.

노무현의 민주주의

국민 통합, 대화와 타협의 정치, 세력균형

동거정부를 생각한 죄, 연정, 지역 구도 극복하려고 한 것,

그것은 대통령이 할 수 있는 일이 아니었다. 무리한 욕심을 부린 것이다(노무현 2009, 29).

2) 노무현의 대통령관 – 정치인으로서의 대통령

노무현 대통령은 어떤 대통령관을 가지고 자신의 정치적 목표를 추구하였는가? 법률가였던 노무현 대통령은 누구보다도 정확하게 민주공화국의 국민이 직접 선출한 대표기관이자 국가원수의 직과 행정부 수반으로서의 지위를 가지는 대통령은 정치와 떨어질 수 없고 또 정치에 충실해야 한다고 확신하였다.

대통령은 정당의 당원이며 정치인이다. 지지하는 정당이 국회에 있어야 입법을 할 수 있고 국정을 제대로 운영할 수 있다. 야당은 대통령을 정치로 공격한다. 아무 잘못도 없는 김두관 장관 해임요구결의안을 통과시키는가 하면 윤성식 감사원장 임명동의안도 도무지 납득할 수 없는 이유를 들어 부결시켰다. 이것은 대통령에 대한 정치적 공격이었다. 대통령은 자신을 지지해 줄 정치세력을 지원함으로써 야당의 정치적 공격에 대항할 수 있다. 이것이 대의제 민주주의의 기본 원리이다. 대통령이 공정하게 선거를 관리해야 한다는 것은 틀림없는 말이다. 예를 들어 여당 후보가 공무원을 동원해 돈봉투를 뿌리거나 군인들이 여당 후보를 찍도록 병영에서 공개 투표를 지시해서는 안 되는 것이다. 그러나 정치인인 대통령

이 선거와 정치에 대한 의사 표현을 하지 못하게 막는 것은 헌법과 법률을 잘못 해석한 것이라고 본다. 그때도 그랬고 지금도 마찬가지 생각이다(노무현재단 엮음 · 유시민 정리 2010, 235-236).

2. 노무현 대통령은 왜 대통령의 정치의 자유를 주장하였는가?

노무현 대통령은 대통령직을 정치적 공무원으로 이해하는 입장에 따라 적극적으로 정치적인 의사표현을 시도하였다. 특히 선거과정에서도 자신의 정치적 목표를 분명히 하기 위해 노력하였다. 이러한 시도가 많은 법적, 정치적 논란 속으로 노 대통령을 몰아넣기도 하였다. 급기야 탄핵소추의 원인이 되고, 야당의 지속적 반발을 초래하기도 하였다. 이 모든 반발과 장애에도 불구하고 노 대통령이 정치의 자유에 목말라했던 이유는 무엇인가?

1) 시대정신으로서의 민주적 정치개혁의 실천

노무현 대통령은 2002년 대통령 선거를 지배하는 시대정신은 민주적 정치개혁이라고 보았다. 지역 구도에 기댄 정치적 독과점 구도를 혁파하고 제왕적 지도자 중심의 정치문화를 바꾸어 투명하고 공정한 사회를 실현하는 것이 한국의 민주주의를 한 단계 더 격상시키는 과제라고 보았다.

제가 공약했던 민주주의의 과제, 즉 독재의 잔재를 청산하고, 제

왕적·권위적 지도자의 정치문화를 바꾸고, 낮은 권력과 법치주의
와 투명하고 공정한 사회를 실현했습니다. 이런 문제들은 분명히
진보한 것이 맞습니다. 훨씬 더 민주적이고 합리적인 사회로 진보
한 것이 맞습니다(노무현 2009, 248).

그러나 그의 재임 말기에 치러진 2007년 제17대 대선은 아무런 가
치와 전략적 논쟁이 없는 이전투구에 불과하였고 그런 정치적 후퇴에
대한 소회를 민주적 정치개혁을 소망했던 현직 대통령으로서 개탄하지
않을 수 없었다. 불법적으로 행정권을 오남용하여 선거에 개입한 것이
아니라 정치적 지도자로서 한국 민주주의의 퇴행에 대해 경고하고 정
치권의 각성을 촉구하고자 하였다.

〔정당의〕 이 정체성을 기반으로 우리의 미래 사회를 어떻게 설계
할 것인가 하는 논쟁이 있어야 합니다. 그러나 가치와 전략의 논쟁
이 한국 사회에서는 사라져 버렸습니다. 그래서 이번 대통령 선거
가 우리 역사를 발전시키는 진보의 계기로 작용하지는 못할 것 같
다는 느낌이 조금 있습니다(노무현 2009, 261).

2) 대통령의 정치적 대응권과 방어권

민주공화국의 대통령은 국가원수이자 행정부 수반으로서, 나아가
국민에 대한 책임을 부담하는 공무원으로서 자신이 책임을 지는 국정
에 대한 평가에 대해 정치적으로 대응하고 정치적으로 방어할 수 있어
야 한다. 노무현은 이러한 당연한 헌법상의 권리이자 의무를 충실히 하

고자 부단히 노력하였다.

독재시절의 잔재도 있습니다. 그중에서 가장 논란이 되는 것은 사전선거운동 조항이고, 그 다음으로 사리에 맞지 않는 것은 대통령에게 정치적 중립을 하라는 것입니다. 대통령은 정당 공천을 받아 선거를 통해서 뽑혔습니다. 그런데 선거에서 중립을 해야 하는가, 이것은 말이 안 되는 것입니다. 헌법에도 문제가 있는 것입니다. 상대방의 선거전략이 참여정부를 비판하는 것인데 그것에 대응하면 저는 바로 선거법에 걸리게 되어 아무런 이야기도 할 수 없습니다. 개선해야 할 잘못된 제도입니다. 이런 것은 공론화해야 하는 것입니다. 그런데 다들 대강대강 때우고 있습니다(노무현 2009, 246).

특히, 노무현 정부의 공과를 심판하는 제17대 대선과정에서 야당의 과도한 비판에 대해 집권당인 열린우리당 후보가 효과적으로 대응하지 못할 뿐 아니라 덩달아서 국정실패론에 동참하자 직접적인 정치적 방어에 나서지 않을 수 없었다.

제17대 대통령 선거는 정당정치와 선거의 기본 원리가 다 무너진 선거였다. … 그 선거에는 사실상 여당 후보가 존재하지 않았다. 참여정부의 공과를 다 책임지겠다는 후보가 아무도 없었다. 근거도 없는 '경제파탄론' 앞에서 먼저 반성한다고 말해 버렸으니 무엇을 가지고 선거를 할 것인가. 원칙을 지키면서 패배하면 다시 일어설 수 있다. 그러나 원칙을 잃고 패배하면 다시 일어서기 어렵다. 나는 이기든 지든, 매순간 원칙을 지키면서 선거에 임하는 것이 중요하다는 말을 하고 싶었다(노무현재단 엮음·유시민 정리 2010, 295).

3) 불공정한 언론 상황

대통령의 정치적 방어권 행사가 특별히 긴요했던 것은 언론의 과도하게 편파적인 보도행태였다. 언론이 균형 잡힌 공론장 역할에 맞게 시시비비를 잘 가려주었다면 굳이 대통령이 직접적인 정치적 표현을 내어 놓을 이유가 없었다. 그러나 언론은 언론개혁의 과정에서 수모를 안겨준 노 대통령을 철저히 무시하는 태도를 보임으로써 공론장으로서의 역할을 저버렸던 것이다.

언론에 대한 가장 큰 불만은 책임의식 부족이다. 대통령을 비판하는 것은 상관없다. 그러나 사회적 공론의 장을 열고 공정한 토론의 장을 여는 책임을 팽개쳐서는 안 된다. 정부의 언론 정책을 비판할 때에도 최소한 사실에 관한 정부의 주장은 함께 보도해 주어야 한다. 그런데 사실에 대해서까지 정부의 주장을 봉쇄하는 것을 옳지 않다고 말했더니, 그 말은 아예 소개도 해 주지 않았다(노무현재단 엮음·유시민 정리 2010, 279).

IV. 노무현의 정치인 대통령론에 대한 비판과 그 문제점 - 대통령의 지위를 중심으로

노무현 대통령의 대통령관과 그에 기초한 적극적 정치 행보에 대한 많은 비판이 있었다. 이는 크게 정치적 비판과 법적 비판으로 나누어 볼 수 있다. 두 가지 비판 모두 헌법상 대통령의 지위에 대한 잘못된 이해에 기반하고 있다.

1. 정치 초월적 대통령관의 문제점

노무현 대통령의 정치 행보에 대한 주요한 비판의 하나는 국론 분열을 조장하고 특정 정파를 대표하는 대통령이었다는 것이다.

그동안 노 대통령은 자신의 위상을 부정하며 끌어내리고자 한 세력이 있다는 인식하에, <u>스스로 '모두의 대통령'이기보다는 '그들만의 대통령'이 되기 위해 애써 온 듯한 인상</u>이 없지 않았다. 그러나 이제 집권 3년차를 맞는 노 대통령은 명실공히 국민 모두의 대통령이다. … <u>노 대통령은 국민 모두의 대통령인 만큼 확고한 자신감 속에 국민 모두를 아우르는 통합형 지도자로서 국정을 수행해 나가야 한다.</u> 야당과 반대세력을 국정수행의 걸림돌로 보기보다 다른 견해와 방식으로 국가에 충성하는 또 다른 조력자들로 인정하는 관용과 아량이 필요하다(백승현,《국민일보》2005.02.20, 강조는 필자).

이처럼 많은 일들이 서로 뒤엉켜 있다. 꼬여간다고 해도 좋을 정도다. 사람들은 이 모든 문제를 어떤 묘수로 풀 것인가에 대한 기대감을 갖고 대통령을 바라보게 된다. … 솔직히 말해 '약자를 돕는 대통령'도 중요하다. 그러나 대통령은 옳고 해야 할 일을 선택해 집행하는 최고 결정자다. 어느 한 편만 도와주는 대통령이 아니라 해야 할 것을 선택하고 실천하는 대통령이어야 한다. <u>한 편만 도와주는 대통령이라면 그는 모두의 대통령이 아니라 그들만의 대통령이 될 수밖에 없다</u>(진덕규, 《동아일보》 2003.05.29, 강조는 필자).

그러나 이처럼 국민 모두의 대통령을 요구하는 정치적 관점을 그대로 수용할 수 없다는 것은 헌법이 확인하는 정치적 공무원으로서의 대통령관에 비추어 당연한 것이다. 특히 정당에 소속되어 정당의 정강정책을 충실히 따르고 그 정당의 후보추천을 받아 선거공약을 내걸어 정치적 경쟁에서 승리한 결과 대통령이 된 국민이 정당의 정강정책이나 선거공약을 무시하고 제멋대로 정치를 하는 것이 헌법정신에 부합하는 것일 수 없다. 물론 아무런 사정도 보지 않고 대통령이 정파적 이익에만 얽매여 있는 것은 마땅히 비판의 대상이 될 수 있다. 그러나 그렇다고 정치개혁을 가로막고 있는 기득권 세력에 대해 양보를 요구하고, 민주공화적 헌법정신에 따라 공존공영을 요구하는 것이 한 편만 도와주는 대통령인가? 오히려 현실의 부조리를 있는 그대로 받아들이고 물에 물탄 듯 술에 술탄 듯 대강 때우고 가야만 통합형 지도자인가? 정치초월형 대통령관의 절정은 유신독재식의 제왕적 대통령관이다.

대통령과 그 지지세력 집권 하의 세상이 사람들을 어처구니없게 만들다 못해 불안하게 하고 있다는 얘기다. 맥아더 동상 철거가 공공연해지더니 "만경대 정신을 이어받자"며 '통일전쟁'을 노래하던 동국대 강정구씨가 자신을 사법처리하면 "대한민국을 UN에 제소하겠다"고 협박하는 나라, 남파 간첩의 다른 이름인 '장기수'는 북에 보내려 하면서 강제납북자와 6·25 국군포로의 교환 송환은 입도 벙긋하지 못하게 하는 정부, 죽은 장기수에 '애국열사'라는 이름을 번듯이 붙여줘도 끽소리 안 하는 정부, 청소년 두발 제한이 인권에 어긋난다면서 북한 동포의 기아 고통은 외면하는 인권위가 존재하는 나라, 통일부장관이 국민의 절반 이상을 냉전주의자로 모는 나라, 그러면서도 일부 보도대로라면 북한 인민과 청소년이 몽둥이 맞아가며 연습했다는 '아리랑'을 보러 북한행(行)에 줄 서 있는 나라—나라를 이런 상태로 이끌거나 방치하고 있는 대통령과 견해를 달리하는 70% 국민들에게 대통령은 이제 거리낄 이유도 없고 존경할 대상도 아닌 것이다. 그래서 대통령은 사람들 입에 민망스러운 희롱으로 오르내린다. 어디 그뿐인가. 국민은 물가에, 세금에, 실직에 전전긍긍하고 있는데 그런 것에는 관심 없는 듯 연정(聯政)에 연연하는 대통령, 경제 올인 주장을 '선동정치'로 모는 대통령, 맥아더 동상 문제에 "나쁘든 좋든 역사는 역사"라는 대통령, 자기들도 투기하면서 일부 국민을 '투기꾼'으로 모는 장관들, 이 나라의 대표 교육기관인 서울대를 벌떼처럼 달려들어 뭇매를 때리는 여당 의원들, 이 정부 들어 몇 안 되는 국가적 행사인 청계천 새물맞이를 야당 서울시장을 띄워줄까 봐서인지 실황중계하지 않는 공영방송들, 집권 3년 만에 국가 채무가 배 가까이 늘어난

노무현의 민주주의

겁 없는 국가경영, 악질 일제 앞잡이들은 빠지고 일제 때 공직에 있었다는 이유만으로 '친일'이 되는 세상, 사정이 이런 데도 오로지 차기 권력이나 탐내며 공천 놀음에 빠져 있는 야당—이런 나라의 꼴에 대한 국민의 자포자기적 탄식이 "당신들 갖고 되겠느냐"는 힐난과 조롱조로 몰려가는 것은 어찌 보면 당연한 귀결인지도 모른다(김대중, 《조선일보》 2005.10.09).

이 칼럼을 쓴 논객은 공동체에서 일어나는 사실상 모든 일에 대해 대통령과 그 집권세력이 책임을 져야 한다는 전제위에 있다. 공동체 내에 발생하는 사태에 대해 국민대표기관이 어느 정도 책임감을 느껴야 하는 것은 마땅하겠지만 그렇다고 그 모든 것이 대통령을 존경의 대상이 아닌 희롱의 대상으로 삼는 정당한 사유인가? "경제 올 인(all in)"을 앵무새처럼 되뇌는 주장들을 듣지 않는다고 대통령을 희롱하는 것을 정당화하는 것은 대통령은 경제부총리의 역할만을 담당하면 만사가 해결된다는 것인가? 대통령이 국회의 동의 없이 경제정책을 수립하고 집행할 수 있는가? 현안의 총괄적 타결의 대안으로 연정론을 제시하고 추진하는 것이 정치인으로서의 대통령이 할 수 없는 성역을 침범한 것인가? 특정 교육기관의 특혜적 지위에 대해 비판하는 것이 어떻게 대통령을 조롱거리로 만드는 근거가 될 수 있는가? 공영방송의 방송 일정도 대통령이 책임져야 할 사안인가?

이 모든 질문들에 대한 정당한 답은 대통령직에 대한 헌법적 이해에 기초하지 않을 수 없다. 민주공화국의 주권은 국민에게 있고, 그 국민은 다양한 견해를 복합적인 안건마다 가지게 되는 것은 당연한 이치이다. 이 모든 의견을 대통령이 수용할 수 있는 것이 아니다. 다수의 대중마저도 잘못 생각할 수 있는 것이며, 오늘의 소수파가 합리적 공론 과정을 통해 다수의 지지를 얻기도 하는 것이다. 결국 대통령에게 사회의 모든 갈등에 대해 전적인 책임을 지라고 요구하는 것은 제왕적 대통령을 전제할 때라야 가능한 것이다. 우리 헌법은 민주공화국의 대통령제를 추구하고 있지 제왕적 대통령을 추구하고 있지 않다.

2. 정치적 중립성을 강요하는 대통령관의 문제점

정치적 수사학에 기초한 비판론은 그래도 정치적 공론 과정에서 대응하고 교정할 수 있다. 그러나 헌법정신과 충돌하는 정치관련 법제나 그 충실한 집행은 회복하기 힘든 왜곡된 헌법적 이해를 정치 현실에 강요하는 해악이 매우 크다. 그 궁극적 피해자는 국민이 되겠지만 당장 일차적인 피해자의 대표격이 바로 노무현 대통령이다. 노무현 대통령은 제17대 총선을 맞아 자신의 정치적 동조자들에 대한 지지의사를 표명하였다는 이유로 탄핵소추의 대상이 되었으며, 선관위의 경고대상이 되어 정치적 부담을 지게 되었다.

대표적으로 헌재는 대통령의 정치적 공무원으로서의 지위는 부차적인 것으로 광범위한 제한이 수반되는 것이라고 판단하는 한편 대통령이 국민 전체에 대한 봉사자로서 통합의무를 부담한다고 전제하고 있다.

대통령은 여당의 정책을 집행하는 기관이 아니라, 행정권을 총괄하는 행정부의 수반으로서 공익실현의 의무가 있는 헌법기관이다.

노무현의 민주주의

대통령은 지난 선거에서 자신을 지지한 국민 일부나 정치적 세력의 대통령이 아니라, 국가로서 조직된 공동체의 대통령이고 국민 모두의 대통령이다. **대통령은 자신을 지지하는 국민의 범위를 초월하여 국민 전체에 대하여 봉사함으로써 사회공동체를 통합시켜야 할 책무를 지고 있는 것이다**(헌재 2004.05.14. 2004헌나1, 헌재판례집 16-1, 637. 강조는 필자).

이런 인식에 기초하여 헌재는 대통령을 공직선거법 제9조에 따라 선거에서의 중립의무를 지는 공무원에 포함된다고 선언하였다.

특정 정당을 일방적으로 지지하는 발언을 함으로써 국민의 의사 형성 과정에 영향을 미친다면, 정당과 후보자들에 대한 정당한 평가를 기초로 하는 국민의 자유로운 의사형성과정에 개입하여 이를 왜곡시키는 것이며, 동시에 지난 수년간 국민의 신뢰를 얻기 위하여 꾸준히 지속해 온 정당과 후보자의 정치적 활동의 의미를 반감시킴으로써 의회민주주의를 크게 훼손시키는 것이다. 민주주의 국가에서 선거운동은, 정권을 획득하려는 다수의 정당과 후보자가 그 간의 정치적 활동과 업적을 강조하고 자신이 추구하는 정책의 타당성을 설득함으로써 유권자의 표를 구하는 자유롭고 공개적인 경쟁인데, 정책과 정치적 활동에 대한 평가를 통하여 유권자의 표를 얻으려는 정당간의 자유경쟁관계는 대통령의 특정 정당을 지지하는 편파적 개입에 의하여 크게 왜곡되는 것이다.

이 부분 대통령의 발언은 그 직무집행에 있어서 반복하여 특정 정당에 대한 자신의 지지를 적극적으로 표명하고, 나아가 국민들에게 직접 그 정당에 대한 지지를 호소하는 내용이라 할 수 있다. 따라서 대통령이 위와 같은 발언을 통하여 특정 정당과 일체감을 가지고 자신의 직위에 부여되는 정치적 비중과 영향력을 특정 정당에게 유리하게 사용한 것은, 국가기관으로서의 지위를 이용하여 국민 모두에 대한 봉사자로서의 그의 과제와 부합하지 않는 방법으로 선거에 영향력을 행사한 것이고, 이로써 선거에서의 중립의무를 위반하였다(헌재 2004.05.14. 2004헌나1, 판례집 16-1, 609, 639).

헌재가 행정권을 헌법과 법률이 정한 방식으로 오남용하는 것을 넘어 "자신의 직위에 부여되는 정치적 비중과 영향력을 특정 정당에게 유리하게 사용한 것"을 위법한 것으로 판단한 것에 주목할 필요가 있다. 도대체 정당 가입과 활동의 자유가 보장되는 대통령이 소속 정당에 대한 지지도 표명하지 못한다면 그런 정당의 자유가 무슨 의미가 있는가? 이와 같이 대통령의 헌법상의 지위에 대한 규범적 판단을 제시하고 대통령의 정치적 지도자로서의 지위를 부인하는 것은 민주공화국의 대통령직에 대한 제대로 된 헌법적 이해라고 할 수 없다. 여러 정치세력 가운데 한 세력의 지도자이기보다는 국정책임자로서의 영도적 지위로 대통령직을 획일화하는 태도는 제왕적 대통령에 의한 독재의 시대에 정치적 다원주의의 현실을 파당정치로 매도하면서 허위에 찬 국민총화를 추구하던 사고의 유물에 불과하다. 전제군주가 아닌 국민에게 주권이 있는 민주공화국 체제에서 통합은 모든 시민의 정치 참여를 보장하는 절차적 전제조건이지, 허위적으로 대통령에게 실현불가능한 모든 국민을 위한 대통령이 되라는 실체적 이상 그 자체는 아니다. 실체적으로 국민 전체가 통합된다는 것은 전체국가를 의미할 뿐이다. 통합된 체제하에서 다른 의견을 가진 소수는 전체의 주장을 위해 스스로의 의견을 포기해야만 할 뿐이다. 따라서 분명한 것은 통합은 절차적 전제조건이다. 우리는 국민으로서 동일한 지위를 보유하고 있으며 그 지위에 따른 자유과 권리를 평등하게 향유할 수 있다는 점에 통합의 본질이 있다. 그러한 최소한의 절차적 조건을 합리적이고 안정적으로 확보하기 위하여 국가권력이 존재하는 것이다.

특히 위에서 소개된 헌재의 의견은 국민대표성의 의미를 과도하게 단순화시키고 형식화시켜 대통령의 헌법상의 지위를 오도할 가능성이 있다. 대통령이 여당의 정책을 집행하는 기관이 아니라고 단언한 것은 우리 헌법이 전제하고 있는 다원주의 정치질서를 부정하는 것으로 오해될 수 있다. 헌법에 대통령이 정당 지도자로서의 지위를 가짐을 명문으로 규정하고 있지는 않지만 대의민주주의가 정당 중심적 민주주의로 실현되는 다원주의적 민주주의를 전제하고 있는 한, 그리고 책임정치(responsible government)의 원리를 민주주의 실현의 하위 원리로 인정하는 한, 대통령은 여당의 정책을 집행하는 기관이기도 하다. 만일 대통령이 여당의 정책을 집행하는 기관이 아니라면 정당은 왜 존재하는 것이며 왜 헌법적 보호를 받는 것인가? 그리고 정당을 주요한 요소로 하는 선거의 의미는 무엇인가? 선거에 참여하는 정당이 공약을 제시하는 것은 어떤 헌법적 함의를 가지게 되는가?[9] 책임정치는 어떻게 가능한

---

9 정치학자 강원택(2005)은 이 점을 다음과 같이 날카롭게 지적하고 있다: "선거 경쟁이 치열하게 전개되는 상황에서 각 후보자가 원하는 것은 행정 수반에 대한 직책이며, 그 경쟁에서 승리한 후보자가 갖게 되는 국가 원수라는 자리는

가? 여당과 야당은 어떻게 구별이 가능하며, 당정협의라는 것은 왜 현실적으로 보장되는가? 국회의원 선거에서 여당에 대한 심판이 왜 국정에 대한 심판이 되는가?

이 모든 물음에 일관되게 현실적합성을 가지는 대답을 제시하기 위해서 대통령이 정치적 공무원이라는 의미를 분명히 해야 하며, 정치적 공무원이라는 의미는 특정 정당의 지도자로서 소속 정당의 정책을 실현하는 것이 헌법의 기본정신에 배치되는 것이 아님을 분명히 해야된다. 달리 말해서, 국가기관으로서의 형식적 지위만을 강조하는 것은 민주주의의 원칙에서 요구하는 책임정치를 외면하고 대의민주주의의 근간을 이루는 선거제도와 정당제도의 의미를 과도하게 왜소화시킨다.

물론 여기서 두 가지 유의할 점이 있다. 첫째, 정당 지도자로서의 지위가 대통령의 다른 지위에서 요구되는 법적 의무를 위반하는 사유로 인정될 수는 없다는 점이다. 예를 들어, 행정부 수반으로서의 지위에서 선거 관리 업무를 부분적으로 담당하게 되는 경우 대통령은 자신이 가진 행정권력을 정파적으로 남용하여서는 안 된다. 소속공무원을 관제선거를 위해 동원하거나 부당한 지시를 함으로써 선거의 공정성과 중립성을 훼손해서는 안 된다. 선거법에서 대통령에게 특별히 금지하고

결과적으로 갖게 되는 지위일 뿐이며 사실상 선거 수준에서 논의되고 평가되는 것은 아니다. 그런데 대통령에 일단 당선되고 난 뒤 통합의 상징 혹은 정파적 갈등에서 벗어나 있는 국가 원수의 역할만을 강조하게 되는 경우에는 선거에서 공약한 여러 가지 정책을 지키지 않아도 되는 상황을 정당화해 줄 수 있다. 이렇게 된다면 대통령 선거에서 각 후보는 현실성 여부와 무관하게 무책임한 공약을 남발해도 되는 상황을 맞이할 수 있으며, 선출직 공무원에 대한 정치적 책임성을 묻는 제도적 기제인 선거의 기능에 대한 근본적인 회의를 가질 수밖에 없다."

노무현의 민주주의

있는 사항들은 모두 이런 취지의 행동들이다. 그런데 기자회견과 같은 기회를 통해 정치적 입장을 밝히는 것처럼 일반적인 정치적 의견의 표명까지 금지되는 것은 아니다. 이 점에 있어 노무현 대통령 탄핵심판에서 기자회견에서의 의견 표명까지 금지하는 것으로 공선법 제9조 제1항의 공무원의 정치적 중립의무를 대통령에게까지 확대 적용한 것은 헌법정신을 오해한 것이다(동지: 이종수 2004, 20-26). 만일 대통령제 국가에서 국회 내 협조 세력의 구축을 위한 활동을 근원적으로 금지하게 될 때 이는 행정권의 의회권력에 대한 무한 종속을 의미하여 대통령제에서 행정권의 독자성을 확보할 수 있는 길을 봉쇄함으로써 국민으로부터 직접 행정권을 수권 받은 대통령의 자율성을 극도로 축소시키고 국민주권 원리와 권력분립의 원칙이 제대로 기능하지 못하도록 구조화하는 것을 의미할 수 있기 때문이다(김종철 2004, 16-17).

둘째, 만일 여당의 정책과 대통령 개인의 의견이 다른 경우는 어떻게 대처해야 하는가의 문제이다. 국가권력 구성의 기본 원리인 대의제의 원리와 다원주의적 정치 현실에서 요청되는 정당 민주주의의 요청이 충돌되는 경우이다. 이런 경우 판단의 기준이 되는 원리가 자유 위임의 원칙이다. 자유 위임의 원칙은 국민대표성을 부여받은 것은 대통령직에 있는 국민이지 정당 자체는 아니므로 대통령은 여당의 정책집행기관으로서의 기능을 스스로 포기할 수 있다는 것을 의미한다. 헌법적 한계상황에서 정당 중심적 민주주의의 요구는 자유 위임을 핵심요소로 하는 대의제의 원리에 양보하게 되는 것이다(동지: 남복현 2004, 35-37).

그러나 자유 위임의 원칙이 여당의 정책을 대통령이 국정에 반영하는 것 자체를 금지하는 것이 아니다. 만일 헌재의 결정문이 그러한 취지라고 한다면 이는 헌재 스스로도 다른 결정[10]에서 인정하고 있는 다원주의적 민주주의를 전제하고 있는 우리 헌법정신과 배치된다. 그러한 입장은 헌법적으로 국민 전체를 대표한다는 것과 경험적인 구체적 현실에서 정책을 결정함에 있어 특정 정파의 의견을 채택한다는 것, 특히 선거를 통해 표출된 의사를 관철시키는 것은 전혀 별개의 문제임을 인식하지 못한 것이다. 전근대적 군주 주권의 시대에는 전체공동체의 이익을 대변하는 것은 곧 군주 1인의 의사에 좌우되는 것이다. 그러나 근대적 국민주권의 시대는 주권자인 국민의 의사가 단일할 수 없고 다양하다. 주권자인 국민은 자연인인 군주처럼 현실적 단일체가 아니기 때

---

10 헌재 2003.10.30. 2002헌라1 결정. 국회 교섭단체의 필요에 따라 국회의원의 소관상임위원회를 당사자의 반대에도 불구하고 변경시키는 것을 헌법이 허용하는 것으로 본 이 결정에서 헌재는 다음과 같이 정당 중심적 민주주의의 헌법상의 의의를 설명하고 있다: "현대의 민주주의가 종래의 순수한 대의제 민주주의에서 정당국가적 민주주의의 경향으로 변화하고 있음은 주지하는 바와 같다. 다만, 국회의원의 국민대표성보다는 오늘날 복수정당제하에서 실제적으로 정당에 의하여 국회가 운영되고 있는 점을 강조하려는 견해와, 반대로 대의제 민주주의 원리를 중시하고 정당국가적 현실은 기본적으로 국회의원의 국민 전체 대표성을 침해하지 않는 범위 내에서 인정하려는 입장이 서로 맞서고 있다. 국회의원의 원내 활동을 기본적으로 각자에 맡기는 자유 위임은 자유로운 토론과 의사형성을 가능하게 함으로써 당내민주주의를 구현하고 정당의 독재화 또는 과두화를 막아주는 순기능을 갖는다. 그러나 자유 위임은 의회 내에서의 정치의사형성에 정당의 협력을 배척하는 것이 아니며, 의원이 정당과 교섭단체의 지시에 기속되는 것을 배제하는 근거가 되는 것도 아니다. 또한 국회의원의 국민대표성을 중시하는 입장에서도 특정 정당에 소속된 국회의원이 정당기속 내지는 교섭단체의 결정(소위 '당론')에 위반하는 정치활동을 한 이유로 제재를 받는 경우, 국회의원 신분을 상실하게 할 수는 없으나 "정당 내부의 사실상의 강제" 또는 소속 "정당으로부터의 제명"은 가능하다고 보고 있다." (판례집 15-2, 17).

노무현의 민주주의

문이다. 무수히 많은 개인들이 저마다의 능력과 욕망을 가지고 다양한 생활관계 속에서 국민의 이름으로 살아간다. 그들의 의사는 신의 계시처럼 이미 주어져 있는 것이 아니며 유동적인 정치적 의사결집의 과정을 거쳐 결정될 뿐이다. 대통령에게 마치 신의 대리인인 전제군주처럼 하나뿐인 국민의 의지를 단순히 대리하도록 요구하는 것은 비현실적이다. 예를 들어, 우리 사회에도 수도민과 지방민, 강남민과 강북민, 부유층과 극빈층, 주택보유자와 무주택자, 고학력자와 저학력자, 친일부역자와 독립운동가, 민주화투사와 고문기술자, 노장년층과 청소년층 등으로 구분되는 국민들의 다양한 사회적 기반이 존재한다. 이 중 누구의 의견을 국민의 의견이라고 할 것인가? 무수히 많은 국민의 의견 가운데 무엇이 최선인가를 선택하여 그 실현을 추구하는 집단이 정당이다. 정당의 설립과 유지를 자유로이 하며 단일정당에 의한 일당독재를 부정하고 동등한 지위를 가지는 복수의 정당들이 자유경쟁을 통해 추구하는 정책을 선거를 통해 심판을 받아 실현하는 것이 현대 민주주의의 본질적 구조이며 우리 헌법 제8조가 명문으로 보장하고 있는 민주적 기본 질서의 핵심이다.

이처럼 정당 중심적 민주주의 체제에서는 법적으로 국민이 국민대표를 기속할 수는 없지만 정치적으로는 그러할 수 있다. 그러므로 경우에 따라서 국민대표가 선거를 통해 확인된 특정 정책에 대한 국민의 의사를 실현하지 아니할 수 있지만, 실제로 그러한 정책을 추진한다고 하여 국정통할자로서의 헌법상의 직무를 방기하고 국민 통합을 해치는 것이라는 주장은 성립하지 아니한다. 왜냐하면 다수이든 소수이든 국민들 가운데 그러한 정책을 지지하는 것이 현실이며 대통령은 독자적 판단하에 그러한 정책을 실현할 수 있는 것이다. 만약 대통령이 특정 정파의 의견을 수용하였다고 해서 국민 모두의 대통령이 되지 않는다면 대통령이 다른 정파의 의견을 수용하면 이 또한 국민 모두의 대통령이 되지 않는 것이 아닌가? 국민 모두의 대통령, 즉 국민 전체의 대표라는 말은 국민 전체가 위임한 권력을 국민 전체의 이름으로 결정할 수 있다는 법적 가정이고, 현실적으로 대통령이 소속 정파의 이해관계를 떠나 독자적 판단을 할 수 있는 법적 지위에 있음을 의미하는 것이지 정파 소속원으로서 정파의 정책을 실현하기 위한 활동을 할 수 없다는 헌법적 금지의 의미를 가지는 것으로 해석할 수는 없다.

V. 대통령직에 대한 오해가 낳은 부정적 영향의 극복 - 정치 복원과 제2의 민주화의 필요성

유신독재의 잔영이라고도 할 수 있는 전근대적 대통령관은 한국의 민주주의가 극복해야 할 근본적 과제가 되었다. 민주화 이후에도 이런 식의 전근대적이며 반민주공화적인 사고방식이 제대로 뿌리 뽑히지 못한 결과가 이명박, 박근혜 새누리당 정부에서 심화되는 민주주의의 퇴행에 한국 사회가 속수무책인 이유가 된다.

대한민국은 민주공화국이며 모든 국가권력은 국민으로부터 나온다는 것이 헌법의 최고 원리이다. 이 최고 원리의 당연한 귀결은 민주공화국의 시민인 국민들의 자유로운 의사에 따라 국정이 결정되고 집행되는 것이다. 그러나 현재의 정치관계법은 노무현 대통령의 문제의식에서 조금도 나아가지 못하고 있다. 공직선거법은 사전선거운동 금지

등 각종 규제를 통해 일상적인 정치를 억압하고 있다. 정당법은 헌법이 보장하는 다원적 민주주의와는 달리 정당의 설립, 활동을 극도로 제약하여 탈정치, 반정치, 비정치, 시민단체 의존형 절음발이 정치를 일상화시키고 있다. 주기적으로 반복되는 '새 정치' 담론은 시민의 정치력을 복원하기보다는 정치 불신을 오히려 조장함으로써 억압적 정치 상황하에서 정치과정을 독과점하고 있는 기성 정치세력의 지위를 오히려 강화시켜주는 역작용을 계속하고 있다. 시민이 주권자로서 정치의 주역이 되지 못하고 백마 탄 왕이나 여왕이 등장하기만을 바라는 반민주공화적 정치의식으로는 공안통치를 제어하는 효과를 가지지 못한다. 이런 문제를 직시하고 정치개혁을 국정의 주요 과제로 삼고 정치를 복원하고자 애썼던 대표적 정치인이 노무현 대통령이다. 그러나 그처럼 헌법정신과 시대정신에 투철한 정치인은 오히려 전근대적 대통령관과 그를 뒷받침하는 왜곡된 정치관에 의해 정치적 손과 발이 묶인 상태에서 난타당하는 것이 현실이다. 노무현 대통령이 왜 정치의 자유를 주장하였는지를 되물음하고 그로부터 한국 정치의 질곡이 민주시민의 조직된 힘을 억압하는 정치법제와 왜곡된 정치의식에 있다는 점을 성찰할 때 우리 헌법이 지향하는 "우리들과 우리들의 자손의 안전과 자유와 행복을 영원히 확보"할 수 있는 민주공화국을 달성할 수 있을 것이다. 1987년 체제를 수립했던 제1차 민주화 운동의 한계를 극복하고 진정한 다원적 민주주의를 구축하기 위한 제2의 민주화 운동이 필요한 시점이다. 그 출발점은 정치적 공무원으로서의 대통령직에 대한 오해와 같은 전근대적이며 반민주공화적인 헌법 이해를 극복하려는 시도일 것이다.

참고문헌

1. 단행본

김성수. 2014.『一般行政法-行政法理論의 憲法的 原理』. 서울: 홍문사.

김중권. 2014.『김중권의 행정법』. 파주: 법문사.

김철수. 2007.『헌법학개론』. 서울: 박영사.

노무현. 2009.『성공과 좌절-노무현 대통령 못 다 쓴 회고록-』. 서울: 학고
　　재.

노무현재단 엮음·유시민 정리. 2010.『노무현 자서전·운명이다』. 파주: 돌베
　　개.

성낙인. 2014.『헌법학』. 파주: 법문사.

장영수. 2012.『헌법학』. 서울: 홍문사

전광석. 2013.『한국헌법론』. 파주: 법문사.

정종섭. 2013.『헌법학원론』. 서울: 박영사.

한수웅. 2013.『헌법학』. 파주: 법문사.

한태연. 1977.『헌법학』. 파주: 법문사.

허영. 2013.『한국헌법론』, 서울: 박영사.

홍정선. 2014.『행정법특강』. 서울: 박영사.

Tribe, Laurence H. (2000). *American Constitutional Law.* Third Edition-
　　Volume One, Foundation Press.

2. 논문

강원택. 2005. "권력구조와 국가원수의 역할." 2005년도 한국 정치학회 춘계
　　학술대회 발표 논문.

김종철. 2004. "노무현대통령탄핵심판사건에서 헌법재판소의 주요논지에 대
　　한 비판적 검토."『세계헌법연구』제9호.

김종철. 2005. "대통령의 헌법상의 지위와 권력비판의 올바른 방향." 『언론과
　　법』 제4권 제2호.

남복현. 2004. "정당국가에 있어 대통령의 역할." 『공법학연구』 제5권 제2호.

이강혁. 1997. "미합중국대통령의 지위와 권한." 『미국헌법연구』 제8권.

이종수. 2004. "대통령의 정치활동과 선거중립의무에 관한 단상." 『민주사회
　　를 위한 변론』, 제57호

3. 신문기사

김대중. 2005. "'대통령 욕하기'의 과거와 현재." 《조선일보》(10월 9일).

백승현. 2005. "통합의 리더십 발휘를." 《국민일보》(2월 20일).

진덕규. 2003. "'모두의 대통령' 아쉽다." 《동아일보》(5월 29일).

2장
노무현과 권력기관의 정상화론

박용수

I. 권력기관 정상화에 대한 평가의 배경과 의미

노무현 대통령은 권력기관 정상화를 임기 초부터 유보 없이 전면적으로 추진했다. 권력기관 정상화는 국정원, 검찰, 경찰, 국세청 등이 대통령의 선별적인 사정(司正)기구로 활용되지 않고, 스스로 권력기관의 횡포를 행사할 수 없는 상태로 되는 것이다. 이것은 대통령의 권력기관에 대한 정치적 중립성 보장을 전제하는 것으로 원론적으로 민주주의하에서 당연한 조치이지만, 치열한 권력투쟁의 현실정치에서 쉽지 않은 일이다. 실제로 노무현 대통령 이전은 물론이고 그 이후 다시 국정원, 검찰 등의 권력기관의 횡포와 이로 인한 정쟁이 지속되고 있다. 우리 사회는 권력기관의 정상화가 인권과 민주주의의 기본적인 조건임을 다시 경험하고 있는 중이다. 이 글은 권력기관 정상화 조치를 적극적으로 추진했던 노무현 대통령의 철학과 그 조치의 의미에 대해 살펴볼 것이다.

노무현 대통령에게 권력기관 정상화 조치는 기본적으로 대통령의 제왕적 권한 해소를 위한 것이었다. '3김 시대' 이후 첫 번째 대통령이었던 그에게 제왕적 대통령제 해소는 시대적 소명이었으며, 이를 실현하기 위해 그는 대통령직을 정치개혁의 핵심 대상이자 출발점으로 설정했다. 제왕적 대통령제의 직접적인 요인은 대통령의 국회나 사법부, 언론 등에 대한 영향력이며, 결정적인 수단은 권력기관 동원이다. 나아가 권력기관은 제왕적 대통령제의 문화적 배경을 제공하는 시민사회나 시장(market)에 대한 대통령의 통제수단으로서의 의미도 크다. 다시 말해 권력기관에 대한 자의적인 통제와 선별적 활용은 제왕적 대통령의 원초적인 권력자원이다. 민주화 이후 권력기관의 문제는 제왕적 대통령제의 문제뿐 아니라 주요 정책과 괴리된 과열된 정치 갈등의 요인이기도 했다. 그러므로 권력기관 정상화는 제왕적 대통령제 해소 뿐 아니라 과도한 정쟁을 완화시키는 기본 조건이다.

이 글에서 대통령 권력의 정상화는 대통령과 국회, 국가와 시민사회 간에 견제와 균형의 원리가 작동되는 상태를 의미한다. 한국에서 대통령은 남북 분단이나 정부 주도의 고도성장 혹은 개혁에 대한 기대를 배경으로 견제 받지 않는 초법적 위상을 지니며, 위계적이고 대립적인 정치구조의 중심이었다. 이러한 한국의 정치 현실에서 대통령들은 권력기관을 정상화시켰을 때 위기관리와 국정과제 수행이 어려워질 수 있다는 불안감을 갖고 있었다. 이러한 이유로 민주화 이후 군은 병영으로 복귀했고 삼권분립의 제도가 마련되었지만 제왕적 대통령제의 유산은 지속되어 왔다. 그렇지만 노무현 대통령은 국회의 탄핵소추로 대통령 권한 정지를 당하는 과도한 견제하에서도 권력기관을 활용하지 않았다. 그는 한국 정치 현실에서 제왕적 권력 없이 의미 있는 정치개혁과 정책성과를 남길 수 있음을 보여준 것이다.

그러나 노무현의 권력기관 정상화를 위한 노력에 대해 두 방향에서 비판이 제기되었다. 한편으로는 한국 정치 현실에서 대통령 권한을 약화시켜 정상적인 국정운영을 어렵게 만든다는 비판이고, 다른 한편에서는 중요한 주요 제도 개혁이 미흡하여 퇴임 이후 권력기관이 개혁 이전 상태로 돌아갔다는 비판이다. 전자는 노무현 대통령의 이상주의적 혹은 도덕주의적 리더십 강조 다시 말해 현실주의적 한계에 대한 비판이고, 후자는 권력기관에 대한 주요 제도 개혁 미흡성에 대한 비판이다. 이와 같이 현실주의와 제도주의라는 대조적인 두 관점에서 비판이 제기된 것은 권력기관에 대한 개혁이 주로 정치적 중립성을 보장하는 수준에서 멈춘 한계가 있기 때문이다. 그럼에도 불구하고 보다 적실성 있는 비판을 위해 대통령의 신념과 책임, 이상과 현실의 균형을 추구하는 당시 상황과 조건에 대한 구체적 검토가 필요하다.

그의 권력기관 정상화 조치는 정치에서 도덕의 중요성을 제기한 것이지만, 그것은 도덕의 관점에서 정치를 바라보는 도덕주의와 구분할 필요가 있다. 권력기관 정상화 조치는 일반적으로 대통령 권한 약화 혹은 축소로 인식되지만, 그것은 그에게 대응수단의 폭을 넓히는 의미를 지녔다. 도덕성은 그의 협소한 지지기반을 보완할 수 있는 중요한 정치적 자산이었고, 기득권 세력의 특권이나 반칙을 억제하기 위한 명분이었으며, 대통령으로서 국민에 대한 설득과 야당과 협상의 폭을 넓힐 수 있는 조건이었다. 또한 민주화 이후 제왕적 권한의 정치적 효과는 점차 약화되는 추세였고, 정권교체 이후 특히 그에게 제왕적 권한 행사는 부작용의 부담이 더 컸다. 이 글은 권력기관 정상화에 대한 그의 신념이 정치 상황에 대한 현실주의와 대통령으로서 책임윤리 그리고 전략적 판단으로 뒷받침된 것이었음을 보여줄 것이다.

노무현 대통령의 권력기관 정상화 조치와 그 의미를 검토하기 위한 이 글의 순서는 다음과 같다. II에서는 노무현 대통령의 권력기관에 대한 신념과 그 배경을 이루는 현실정치 상황에 대한 인식을 그의 주요 발언을 통해 확인할 것이다. III에서는 국정원, 검찰, 경찰, 국세청 개혁을 중심으로 참여정부의 권력기관 정상화 조치의 일관성과 지속성을 확인할 것이다. 그리고 그 방향이 대통령 권력 정상화와 연계된 것으로 실용적이면서도 혁신적인 것이었음을 확인할 것이다. IV에서는 권력기관 정상화와 관련하여 제왕적 대통령제 관련 노무현 대통령에 대한 기존 비판을 당시 상황과 조건을 고려하여 재검토할 것이다. V는 결론으로, 본론 내용에 기초하여 노무현 대통령의 권력기관 정상화의 의미를 정리할 것이다.

II. 노무현 대통령의 권력기관 정상화에 대한 신념과 인식

1. 노무현 대통령의 신념

노무현 대통령의 권력기관 정상화 의지의 일관성은 쉽게 확인할 수 있다. 예를 들어, 2006년 3월 23일 청와대에서 진행된 '국민과의 인터넷 대화'에서 노무현 대통령은 권력기관 정상화에 대한 의미를 다음과 같이 표현했다. 그 표현에 의하면 권력기관 정상화는 그에게 대통령 당선 그 자체에 해당되는 의미를 지녔다.

> 사회자: 대통령께서는 모든 권력을 스스로 버리셨습니다. 지금에
>   와서 후회는 안하십니까?
> 대통령: 그거 하려고 대통령 했으니까요.
>
> (2006년 3월 23일 국민과의 인터넷 대화)

그의 제왕적 대통령제 극복에 대한 의지는 대통령 당선 전부터 분명했고, 집권 후에도 전면적 개혁과제로 삼아 지속적으로 추진했다. 그에게 제왕적 대통령제는 한국 정치 문제의 원천이었던 만큼, 그는 이것의 극복을 정치개혁의 출발로 보았던 것이다.

> 민주화 이후 정치개혁의 대상은 **제왕적 권위주의**를 바탕으로 한
> 망국적 지역 구도와 계보정치, 줄서기 정치, 동원 정치입니다. 여기
> 에 필연적으로 따라붙을 수밖에 없는 것이 돈 정치라는 정경유착
> 의 고비용 정치구조입니다(2002년 9월 30일 선거대책위원회 출범식
> 연설).

그는 권력기관 정상화의 의미를 '권력에 규범의 틀을 부여하는 것'으로 규정했다.

권력을 규범의 틀 속에 돌이켜 넣는다는 것입니다. 규범 위에 있던 권력을 규범 아래로 자리하게 하는 것입니다. 다양한 권력의 결탁과 남용을 견제할 수 있는 사회, 그것이 법질서에 의해서 견제되는 사회가 일차적으로 민주주의의 조건을 갖춘 사회라고 말할 수 있습니다. 그리고 이 토대 위에서 국민들이 능동적이고 역동적으로 정치과정에 참여할 수 있다면 이것은 또 한 단계 나아가는 것입니다(출입기자단 오찬에서 2006.02.26).

그가 볼 때 권력기관 정상화는 대통령이 주도적으로 추진해야 하는 것이고, 그 방식은 개헌이나 제도 개혁 이전에 기존 헌법에 기초한 것이었으며, 권력구조의 제도적 형태보다 정치의 질적 수준의 문제였다.

우리 헌법대로 하지 않았기 때문에 집권형이 생겼고, 헌법대로 하면 총리에게 권력이 분산되게 되어있습니다. 그래서 저 같은 경우는 지금 두 번의 분권을 합니다. 한번은 당정분리를 통해서 정당을 지배하지 않음으로써 한번 분권하고, 그 다음에 총리의 권한을 헌법 그대로 주면 거기에 상당한 권한이 총리에게 가기 때문에 또 한 번 분권을 하게 됩니다. 그래서 분권을 2단계에 걸쳐서 하게 되는데요. … 정치 수준이 낮으면 내각제도 실패하고 대통령제도 실패하고, 정치수준이 높으면 내각제도 성공하고 대통령제도 성공할 수 있습니다(KBS 특별방송 2003.01.18).

규범의 틀에서 권력기관은 대통령이 아닌 국민을 위한 봉사기관이 되어야 했고, 한국 정치는 공정하고 투명한 절차를 통한 참여와 합의 민주주의로 나아가야 했다.

정권을 위해 일하던 이른바 권력기관들이 국민을 위한 봉사기관으로 거듭났습니다. 대통령이 정당을 지배하고 국회를 좌지우지하던 시대도 지났습니다. … 국가의 정책결정 과정에는 공정하고 투명한 절차와 시스템이 마련되었습니다. 대통령이나 소수 몇 사람의 독단이 아니라 토론을 통해 합리적인 대안을 찾아가는 진정한 민주주의 문화가 뿌리내리기 시작했습니다(2004.10.25. 제250회 정기 국회 시정연설).

그가 볼 때 권력기관 정상화는 정치권, 재벌, 언론 간의 유착보다 더 심각한 문제였다. 이러한 그의 인식을 2005년 발생한 'X-파일' 사건을 통해 확인할 수 있다. 이 사건의 증거물인 녹음파일에는 삼성의 정계로비에 대한 내용을 담고 있었으며, 삼성측은 이에 대한 대국민사과 성명을 발표하기도 했다. 그렇지만 노무현 대통령은 이 사건의 핵심을 정보기관에 의한 도청으로 규정했고, 이 사건 이후 국정원 개혁이 강화되었다.

정·경·언 유착이라는 것과 도청 문제 어느 것이 본질이냐 이런 문제 제기가 꼭 중요한지는 모르겠습니다. 그러나 굳이 제게 물으면 도청 문제가 훨씬 더 중요한 문제이고 본질적인 문제라고 생각합니다. 도청은 정경유착보다 훨씬 더 심각한 인권침해이고 또 그것이 국가권력에 의해 국민에 가해지는 범죄행위이기 때문에 더 심각한 것입니다. 그래서 이 문제야말로 정말 철저히 진상을 규명하고 재발이 없도록 조치해야 됩니다(불법도청 관련 기자간담회 2005년 8월 8일).

권력기관 정상화가 직접적으로 제왕적 대통령제 극복을 위한 것이라면, 그것은 다시 한국 민주주의의 진전 혹은 심화를 위한 것이었다. 그의 한국 민주주의 심화 구상은 1987년 민주화의 연속성의 관점에서 특권과 반칙의 구조를 해체하고 지역 구도를 넘어 정책 중심의 경쟁과 타협의 정치로 나아가는 것이었다. 그가 볼 때 집권 당시까지 가장 크고 폐해가 심한 특권과 반칙이 대통령의 제왕적 권력이었다.

6월 항쟁 이후 시대의 과제는 독재체제에서 구축된 특권과 반칙, 부정과 부패의 유착구조를 해체하고, 권위주의 문화를 청산하고, 투명하고 공정한 사회를 만드는 것입니다. 그리고 독재정권이 만들어 놓은 지역 간의 분열구도를 통합하는 것이었습니다. 저는 이것을 민주주의의 2단계 과제라고 부르고 있습니다. 그 다음 시대의 과제는 관용의 정신을 바탕으로 하는 대화와 타협의 민주주의로 가는 것입니다. 정책을 중심으로 토론과 타협이 일상화되고, 연정, 연합정부가 자연스럽게 받아들여지는 수준의 민주주의를 하는 것입니다(2007년 신년연설 2007.01.23).

또한 그의 정치개혁에 대한 신념은 한국 경제발전에 대한 그의 인식과 연계되어 있었다. 특히 산업사회에서 지식기반사회로 전환되는 시기를 맞아 정치와 경제의 밀접한 연관성에 대한 그의 판단은 정치개혁

노무현의 민주주의

의 필요성에 대한 그의 신념의 중요한 근거였다.

성숙한 민주주의는 지속적인 경제를 위한 필수적인 기반입니다. 성숙한 민주주의 사회라야 사회적 투자가 활발하게 이루어지고 사회적 자본이 충실하게 됩니다. 지식과 문화가 경제의 핵심요소가 되는 시대에는 자유와 창의가 경제발전의 필수적인 조건입니다. 자유와 창의는 민주주의가 발달한 곳에서 꽃이 핍니다(2007년 대통령 신년연설 2007.01.23).

당시 야당에서는 '경포대(경제를 포기한 대통령)' 등 그가 경제보다 정치개혁에 집착했다는 비판을 했지만, 그것은 사실과 다를 뿐 아니라 노무현 대통령의 정치개혁에 대한 의미를 제대로 이해하지 못한 결과였다.

이상의 내용을 통해 우리는 노무현 대통령이 권력기관 정상화를 유보 없이 전면적으로 추진한 것은 제왕적 대통령제를 극복하기 위한 것이었음을 확인할 수 있다. 또한 그가 스스로 대통령직을 개혁 대상으로 설정한 것은 정치개혁을 통한 한국 민주주의의 성숙을 위한 것이었고, 이것은 정치 영역을 넘어 경제 사회 전반의 수준을 향상시키기 위한 것이었다. 이와 같은 인식에서 그는 강한 신념을 갖고 일관되게 권력기관 정상화를 추진할 수 있었다.

2. 노무현 대통령의 정치 상황에 대한 인식

이 절에서는 노무현 대통령의 권력기관 정상화 조치가 그의 정치적 신념과 역사적 책임의식 뿐 아니라 당시 정치 상황을 고려한 현실적 선택이었음을 확인할 것이다. 그것은 이 조치가 그의 정치적 신념에 부합하는 것이지만, 다른 한편 주어진 상황과 조건을 고려한 합리적 선택이었음을 의미한다. 우선 아래 발언 내용은 권력기관에 대한 직접적인 통제에 대해 노무현 대통령이 당시 정치 현실로부터 갖고 있던 부담감을 보여준다.

> 제 사정을 말씀드리겠다. 저는 지금까지 대통령에 당선된 이래로 국정원의 정치 관련, 정보보고를 단 한 건도 받지 않았다. 받았다면 한 건 받았다. 처음 가져온 것 돌려보냈다. 이런 일 하지 마라. 지금까지 일반검찰이던 수뇌검찰이든 검사에게 단 한 통의 전화를 하지 않았다. 왠지 아십니까? 두려워서 안 했다. 대통령이 검사에게 전화했더라 한 마디면 대통령은 그날로 국민들한테 신뢰가 땅에 떨어진다. 그 전화를 왜 했을까? 온갖 추측들이 춤을 추게 돼 있고 대통령은 망하게 돼 있다. 그래서 전화 안 했다. 검찰총장에게 왜 전체 흐름, 우리 사회의 질서와 수사의 큰 흐름에 대해서 의논하고 싶은 것이 왜 없겠나. 그러나 단 한 번도 전화하지 않았다.
> (평검사들과의 대화 2003.03.09).

아래 발언 내용을 보면 제왕적 권한 행사에 대한 그의 부담감은 당장의 견제와 비판에 대한 우려뿐 아니라 추후 폭로에 대한 것이기도 했다.

> 내가 대통령 되고 난 뒤에 너무 대통령이 무르다고 말이 많다, 국정원 좀 써야 되는 것 아니냐, 수많은 사람이 나한테 건의했지만

나는 단 한마디도 국정원더러 정치에 관한 정보 모아오라고 한 일이 없고, 국정원이 누구누구 뒷조사 해 가지고 겁 좀 주라고 단 한마디 한 일이 없습니다. 내가 위대해서 안한 게 아니고 오늘날 국정원 직원들의 입에 의해서 이 사건이 이렇게 터져 나오고 파장이 생기듯이 불법한 일은 반드시 터져 나오게 돼 있습니다(2005년 8월 8일 불법도청관련 기자간담회).

임기 시작 전부터 노무현 대통령은 비판과 견제를 받아, 제왕적 권한 행사 의지가 있더라도 행사하기 힘들었다. 한나라당은 대북송금 이슈를 제기하며, 이에 대해 대통령의 '통치권'이 거론되자 제왕적 대통령제라고 비판했으며(《동아일보》 2003.01.16), 대통령이 거부권을 행사할 경우 헌법소원이나 탄핵소추를 대응수단으로 거론했다(《동아일보》 2003.03.08). 특히 한나라당은 고영구 국정원장 임명을 계기로 노무현 대통령이 제왕적 대통령의 길을 걷기 시작했다고 규정했고, 국회를 무시한 대통령은 탄핵 대상이 된다고 주장하면서 노무현 대통령과 전면 대결의 입장을 표명했다(《헤럴드경제》 2003.04.28).

노무현 대통령은 권력기관 정상화 조치를 방어적인 의미에서만 추진한 것은 아니었다. 그는 적극적으로 정치, 경제, 사회적 특권세력을 견제할 필요성을 느끼고 있었고, 권력기관 정상화는 노무현 대통령이 이를 도덕적으로 혹은 제도적으로 추진할 수 있는 조건이자 수단이었다. 아래 두 발언은 언론과 국회의원들의 특권적 권한이나 행태에 대한 그의 견제 의지를 보여준다.

권력 기관을 제자리로 돌려놨습니다. 대통령이 낮은 자리로 내려왔습니다. … 우리 민주주의가 발전하려면 비단 정치권력 아니라 그 이외의 어떤 특권도 용납돼서는 안 된다는 것이 민주주의의 정신이라고 생각합니다. 군사 독재가 무너진 이후에 일부 언론이 새로운 권력으로 등장하여 시민과 정부 위에 군림하고 있습니다 (참여정부 국정과제 심포지엄 특강에서 2007.01.31).

면책특권은 제왕적 권력에 맞서 국회의원의 정치활동 자유를 제도적으로 보장하기 위한 것이었습니다. 하지만 제왕적 대통령이 사라지고 의회의 권한이 강화되면서 면책특권은 본래의 취지를 잃어가고 있습니다. 오히려 면책특권은 무책임한 정치공세의 수단으로 악용되는 경우가 많습니다. 그것은 특권을 이용한 반칙에 다름 아닙니다. 따라서 면책특권을 축소 또는 엄격하게 제한할 필요가 있습니다(2007.07.17 제헌절에 즈음하여 국민 여러분께 드리는 글).

권력기관을 통치수단에서 내려놓은 노무현 대통령에게 남은 정치수단은 설득과 협상이었다. 이것은 정상적 대통령 리더십의 기본 수단이다. 권력기관을 정상화시킨 대통령은 보다 자유로운 발언과 과감한 제안을 할 수 있는 자격이 있다. 그는 실제로 솔직한 표현을 통해 대국민 설득, 야당과의 협상을 적극적으로 시도했다. 예를 들어, 그는 당선 직후 야당당사를 방문하여 대화정치의 의지를 나타냈고, 임기중 16회에 걸쳐 여야 대표들과 직접 대화했으며(참여정부 대통령비서실 2009, 81-85), 대통령직 수행의 어려움도 표현했다. 그렇지만 노무현 대통령의 회담 제안은 야당의 소극적 태도로 거부되는 경우가 많았고, 그가 시도한 설득이나 협상의 실질적 성과는 거의 없었으며, 그의 솔직한 표현은

노무현의 민주주의

부적절한 표현으로 비판받았다.

설득이나 협상이 별다른 성과를 나타내지 못하는 상황에서 노무현 대통령은 대통령직을 건 제안을 한 경우가 몇 차례 있었다. 2003년 10월 재신임 제안, 2005년 7월 대연정 제안 등이 그 사례이다. 우선 재신임 제안에 대해 살펴보자. 아래는 노무현 대통령의 재신임 제안에 대해 설명하는 기자회견 내용 중 일부이다.

저는 모든 권력적 수단을 다 포기했다. 도덕적 신뢰 하나만이 국정을 이끌어 갈 수 있는 밑천일 뿐이다. 그 문제에 적신호가 왔기 때문에 이제 국민들에게 겸허히 심판을 받는 것이 필요하다 이렇게 생각한다. 이 상태로 어정쩡하게 1년 2년 내가 국정을 이끌어간다는 것이 국민들에게 상당히 많은 부담을 줄 수가 있다. 그래서 가든 부든 간에 상황을 명료하게 정리하는 것이 국가를 위해서 필요하다고 생각한다(2003.10.10 노무현 대통령 재신임 선언 기자회견).

위의 인용문에서 대통령직 수행을 위해 도덕성이 그에게 어떤 의미를 지니는지 잘 보여준다. 재신임 제안 시점은 대외적으로 미국정부의 주한미군 감축의사 표명 이후, 노무현 대통령 스스로 도덕적 정당성을 확신하지 못하는 이라크 추가 파병안을 결정해야하는 상황이었다.[1] 국내적으로 경제적 측면에서 신용카드사 부실 문제와 개인 신용불량자 문제가 해소되지 못하고 있었으며, 화물연대 파업과 전교조의 NEIS(교육행정정보시스템) 반대 등으로 진보진영은 지지기반에서 이탈되었다. 여기에 국회는 감사원장 임명동의안을 부결하고 행자부 장관 해임결의안이 채택하는 등 대통령에 대한 국회의 견제가 과도하게 작동되었으며,

그 국회 결의안의 근거에 대해 노무현 대통령은 동의할 수 없었다. 당시 국내 갈등 상황을 그는 다음과 같이 발언했다.

> 제가 갈등 문제에 대해서 얼마만큼 절박했겠는지 짐작을 해 주시기 바랍니다. 2003년 2월에 천성산 터널 공사 중단 요구 단식이 시작됐습니다. 바로 제가 당선자 시절에 시작됐고, 그해 3월에 나이스 문제로 전교조와 정부가 부닥쳤고, 역시 3월에 환경단체가 새만금 사업 중단을 요구하면서 3보1배를 시작했습니다. 그리고 5월에 화물연대가 파업을 했습니다. … 6월에는 철도파업이 일어났습니다. 그리고 7월에 원전수거물·폐기물관리센터 건립과 관련해서 부안사건이 터졌습니다. … 부안 방폐장은 17년 동안 미루어 온 정책과제라서 더 미루어 둘 수 없었습니다(KBS 특별방송 참여정부 2년 6개월, 노무현 대통령에게 듣는다. 2005.08.25).

이러한 상황에서 청와대의 도덕적 문제가 제기되자 그는 그것을 대통령의 국정수행 위기로 판단했던 것이다. 노무현 대통령은 이러한 상황을 검찰과 국정원 등에 의존하지 않고 그에게 주어진 공식적 권한을 통한 정치적 대응으로 타개하고자 했던 것이다. 그의 이러한 선택은 도덕주의적 순결성을 유지하기 위한 것이 아니라, 국정운영에 대한 대통

---

1   또한 노무현 대통령 취임 직후 미국정부는 주한미군 감축의사를 밝혔다. 당시 NSC 사무차장이었던 이종석 전장관은 당시 상황을 '안보의 IMF 사태'로 표현했다. 그의 주장에 따르면 임기 초 노무현 대통령은 미국의 북폭 가능성을 우려했다(이종석(b) 2014, 205-206).

령의 책임성에 기초한 것이자, 과도한 정치적 공세를 완화하고 위기관리와 국정수행에 집중하기 위한 전략적 선택으로 볼 수 있다. 그의 도덕에 대한 판단은 도덕주의 관점이 아니라, 대통령의 정상적인 국정운영 책임의 관점에 기초한 것이었다. 대통령직을 건 제안은 야당과의 협상이나 거래가 힘들고, 비판과 견제가 과도하며, 국가적 위기요인이 누적될 때 제왕적 권한을 내려놓은 대통령이 선택할 수 있는 마지막 대안이었다.

2004년 3월 국회의 탄핵소추 시도에 대해서도 노무현 대통령은 이를 피하려 하지 않았다. 그것은 기본적으로 국민에 의해 선출된 대통령을 정치인으로 인정하려 하지 않는 이율배반적인 관행에 대해 비판적인 그의 정치적 소신에 기초한 것이었다. 그렇지만 다른 측면에서 그의 이것은 현실정치의 전략적 판단을 도외시한 것은 아니었다. 아래 회고록을 보면 그는 나름의 전략적 판단을 하고 국회의 탄핵소추 추진을 수용할 생각이었던 것이다.

표결을 몸으로 저지하지 않는 것이 좋겠다는 뜻을 열린우리당에 전하라고 지시했더니 참모들이 펄쩍 뛰었다. 몇몇 의원들이 그런 뜻을 전해 들었지만 내 말을 따르지 않았다. 박관용 국회의장이 4당 대표 회담을 하라고 제안했지만 나는 그것도 거절했다. 대통령 탄핵소추권은 헌법이 국회에 부여한 합헌적 권한이다. 그 권한을 나는 인정했다. 그리고 헌법재판소의 탄핵 심판이라는 또 다른 절차와 국민 여론이라는 것이 있으니 법리적 정치적으로 다투어 볼 만하다고 생각했다(노무현재단 2010, 236-237).

다음 발언은 노무현 대통령이 대연정을 제안을 하게 된 배경에 대한 내용이며, 제왕적 권한을 내려놓은 정상적 대통령에게 어려운 정치 환경에 대한 것이었다.

(대통령이) 야당 의원들과 개별적으로 접촉하면 공작이 되고 야당에게 협력을 제안하면 밀실야합이 되는 것이 우리 정치의 풍토입니다. … 이런 대통령에게 야대 국회는 각료 해임건의안을 들이댑니다. 각료들이 흔들리고 결국 대통령의 영이 서지 않게 됩니다. … 대통령에게는 국회해산권이 없습니다. 정부가 일방적으로 몰리니 국정이 제대로 되기 어렵습니다. … 우리는 대통령이 야당 의원을 만나는 것도 자유롭지 못합니다. 이런 상황에서 대통령에게 법도 고치고, 정부를 통솔하여 경제도 살리고, 부동산도 잡고, 교육과 노사문제도 해결하라고 합니다. … 비정상적인 정치를 바로잡아야 국정이 제대로 될 수 있습니다(국민 여러분께 드리는 글: 한국 정치, 정상으로 돌아가야 한다. 2005.07.05).

노무현 대통령이 대연정을 제안했던 2005년 7월 초는 2004년 말 열린우리당의 4대 개혁입법이 좌절되고, 2005년 초 재보궐선거의 패배로 여소야대 국회의석이 반전된 상황이었으며, 부시정부가 임기 2기를 시작하면서 다시 북한과의 긴장이 제고된 시기였다. 노무현 대통령은 대연정 제안을 통해 한나라당에게 권력을 상당부분 넘기는 대신, 지역 구도 완화를 위한 선거제도 개혁을 요구했으며, 기존 정책의 타당성을 설득하고자 했다. 노무현 대통령이 대연정 선언 당시 정책기조를 견지했다는 것은 2005년 7월 7일 대연정 관련 언론사 편집보도국장 간담회 발언에서 확인할 수 있다.

　　교육개혁과 관련하여 "몇몇 대학이 최고 학생을 뽑아가는 기득
권을 누리기 위해 고교 공교육을 다 망치게 할 수 없다는 것이 정
부의 확고한 의지"라며, "서울대는 간섭이나 자율에 대한 문제로
보지만, 대학 자유에도 한계가 있고, (이 문제는) 그 영역이 아니다."
부동산 정책에 대해 "투기소득을 전부 세금으로 환수하는 문제는
가지고 버티면 보유세로, 팔아서 남기는 것은 소득세로 하는 방향
이 좋다고 생각한다"고 말해 종합부동산세와 양도소득세를 함께
강화할 뜻을 밝혔다. 또한 작전통수권에 대해서도 "우리의 안보전
략은 너무 미국에 많이 의존하고 있다. 한국의 역할이 강화돼야 하
고, 작전통제권도 환수돼야 한다"(《한겨레신문》 2005.07.07).

　　그에게는 자신의 정책 하나하나가 중요했다. 상호 연계된 정책구도
에서 어느 하나가 잘못되는 경우 부정적 파급효과가 크기 때문이다. 노
무현 대통령은 당시 정쟁이 지니는 문제점에 대해 심각하게 고민했으
며, 이를 기반으로 권력기관 정상화 조치를 추진했던 것이다.

Ⅲ. 권력기관 정상화 사례

　　이 장에서는 권력기관 정상화 조치의 구체적 사례를 살펴볼 것이
다. 국정원, 검찰, 경찰, 국세청 등의 권력기관은 (안보관련) 정보, 법질서

등의 영역에서 국가의 안전과 국민의 기본권을 보호하는 목적을 지닌다. 그 목적을 위해 이 기관들은 조사(수집) 혹은 수사를 하며, 이 과정에서 조사 대상자의 기본권을 제약할 수 있다. 문제는 이들 기관의 국민에 대한 기본권 제약 기능이 목적에 부합하지 않는 방법이나 수준으로 작동되는 경우에 나타난다. 특히 이들 기관에 대한 대통령의 자유재량적 통제는 정략적 목적에 따라 편향적으로 혹은 부당한 방식으로 행사될 가능성이 있다. 권력기관의 정상화는 기본권 보호 목적에 충실하도록 이들 기관의 활동 방식이나 조건을 바로잡는 개혁이며, 대통령의 권력기관에 대한 자의적 혹은 선별적인 통제를 견제하기 위한 개혁이기도 하다.

참여정부는 기본적으로 이들 기관의 규모나 기능을 축소하는 방향보다 기본 역할에 충실할 수 있도록 지원하면서 문제되는 부분을 개혁하는 방식을 채택했다. 또한 기본적으로 참여정부는 권력기관장에 대해 예외 없이 국회 인사청문회제도를 도입하여, 기관장의 국회에 대한 책임성을 열어두는 계기를 마련했다. 이 장에서는 국정원과 검찰 개혁을 위해 참여정부가 어떤 조치를 추진했는지 정치적 중립성 보장과 인권보호 강화를 중심으로 살펴볼 것이다.

1. 국정원 개혁

국정원 개혁은 민주화 이후 지속적으로 시도되었지만, 정치개입 의혹은 지속되고 있었다. 예를 들어, 문민정부 시기 국회 상임위로 정보위원회가 신설되고, 국정원의 무소불위의 권한이었던 보안감사권이 폐지되었으며, 국정원법에 직권남용죄를 신설했다. 국민의 정부 시기에는 안기부에서 국정원으로 명칭을 바꾸고 수사의 인권침해 요소에 대한 개혁이 추진되었다. 그럼에도 불구하고 국정원의 정치개입에 대한 불신과 비판이 상존했고, 실제 김현철의 안기부 연루, 국민의 정부 '미림' 사건 등이 드러나기도 했다.

국정원에 대한 지속되는 불신을 단절하기 위해 참여정부는 전면적인 국정원 개혁을 시도했다. 그것은 개혁을 국정원 조직 축소 개편뿐 아니라 국정원의 정보 수집과 제공 네트워크 전반을 개혁하는 방식이었다. 노무현 대통령은 당선자 시기부터 자신의 공약이었던 4대 권력기관장(국정원장, 검찰총장, 경찰청장, 국세청장)에 대한 국회 인사청문회 개정안이 2003년 1월 국회를 통과하는 당선 직후부터 개혁을 추진했다. 그리고 노무현 대통령은 2003년 2월 27일 참여정부 출범 정부 조각 발표와 3월 7일 국정토론회에서 국정원 개혁 방향에 대해 다음과 같이 밝혔다.

국정원은 … 권력이 아닌 … 국민을 위한 그리고 한국의 비약적 변화를 위한 정보를 새롭게 수집 … 해야 한다. 또 해외 차원에서 역할을 열심히 하는 등 국가이익을 위해 봉사해야 한다. 과거처럼 권력을 행사하도록 내버려 두지 않을 것이다(대통령자문 정책기획위원회 2008, 15).

국정원은 남북대화와 국제관계 등 창조적이고 생산적인 분야에서 활동해야 한다. …동북아시대의 새로운 비전을 연구하고, 자료를 모아 제시하여 정부가 만든 것과 비교하고 통합해 나가는 역할도 할 수 있다(대통령자문 정책기획위원회 2008, 21).

　국정원 개혁의 첫 번째는 국가를 위해 국민을 위해 일하는 것입니다. … 정권을 위한 국정원 시대는 이제 끝내달라는 것이 나의 뜻입니다. 개혁의 두 번째 목표는 국정원이 국가 안전을 위한 전문적 정보기관으로 거듭나는 것입니다. 세계 최고의 국가 정보기관이 되는 것입니다. 정치사찰 같은 것은 당연히 폐기됩니다. 갈등조정과 국정 일반을 위한 정보 이것도 여러분들이 오랫동안 할 일은 아닙니다. 국가 안전 정보에 전념해 주십시오. 그러나 과도기적으로 해주십시오. 그 역량이 폐기되기에는 너무 아깝습니다(국정원 업무보고 및 직원오찬 간담회 2003.06.20).

　위 발언들은 민주주의 진전의 관점에서 권력기관 개혁에 대한 일반적인 주장일 수 있지만, 국정원 조직이나 권한 축소보다 활동의 목적과 방식을 바꾸는 개혁 방향을 제시한 것이었다. 이러한 국정원 개혁에는 국정원과 대통령의 관계 변화가 중요하다. 국정원-대통령 관계는 주례 대면 보고에 기초하며, 김영삼, 김대중 대통령은 국정원장의 소위 '독대' 보고를 배제시켰다. 참여정부의 국정원 개혁이 좀 더 진전된 것은 국정원장 독대 배제뿐 아니라, 일상적인 정부 보고시스템에 국정원 정보보고를 통합시킨 것이다. 예외적인 긴급사항은 국정원장이 대통령에게 직접 보고하되, 이 경우에도 비서실장이나 안보정책실장을 배석시켰다. 그리고 긴급사항 이외의 국정원 정보는 NSC 사무처(이종석(a) 2014, 419-420), 국정상황실 등을 통해 관련 정부부처에 제공되었다. 이를 통해 정부부처와 국정원 간의 정보 수요-공급의 유기적인 협조관

노무현의 민주주의

계가 형성되었다.

특히 NSC 사무처를 통한 국정원 보고시스템은 정보 보고시스템 정상화뿐 아니라 동북아시대 전략에 국정원 정보를 적극 활용하는 의미를 지녔다. 대표적으로 국정원은 제2차 남북정상회담 개최 준비 과정에서 주도적인 역할을 했다. 2007년 8월 초 김만복 국정원장은 대통령 특사로 방북하여 북한 노동당 통일전선부장 김양건과 남북정상회담을 협의했다. 이를 위해 2006년 초부터 NSC 사무처를 포괄했던 대통령 안보정책실 지침 마련과 국정원의 대북접촉 등의 역할분담 체계를 형성했다(박선원 2012, 28). 이러한 국정원 개혁은 2005년 1월에 「국정원 Vision 2005」를 발표하면서 체계적으로 추진되었다.

국정원 정보수집 요원들은 정부부처와 언론사 등에 출입관행을 바꾸어, 공식 업무 협조나 정보 지원 요청이 있는 경우로 출입을 제한했으며, 언론사의 경우 국가안보 관련 정보 수집을 위한 최소한의 접촉 채널만 유지했다. 또한 조직 내부의 회의를 기존의 하향식 지시 방식에서 자유로운 토론중심으로 바꾸고, 내부 전산망으로 국정원장과 직원들이 직접 소통할 수 있는 통로를 만들었으며, 부서별 아이디어의 상부 전달 채널을 마련했다(국정홍보처 2008, 202).

이러한 개혁 과정에서 국정원은 정보 배포 대상을 정부부처뿐 아니라, 민간 기업 등으로 확대했다. 이러한 변화된 기능을 원활히 수행하기 위해 국정원은 안보현안 대응 및 중장기 전략정보 역량 확충, 대테러 방첩보안 역량 확충, 해외 경제 및 대북 정보 수집 역량 확충, 과학정부 수집 역량 강화 조치를 10대 과제의 주요 부분으로 설정했다. 또한 대국민 정보서비스 강화를 위해 정보제공 대상을 민간기업(중소기업 포함), 연구소 등으로 확대하여, 'NIS 해외경제정보', '주간국제이슈분석'(문민

정부 시작), '북한 및 주요국 방송', '북한 도서 상식' 등을 배포했다.

참여정부의 국정원 개혁 핵심 기조는 인권침해를 최소화하고 나아가 이를 보호하는 기구로 거듭나기 위한 것이었다. 이러한 취지에서 국정원의 국내 사찰 기능을 축소·폐기하였다. 예를 들어, 국정원은 국내 일반 정치관련 정보수집 및 보고서 생산을 중단하고, 주요 국정과제의 경우에도 정보활동을 최소화했다. 대공수사국은 간첩수사에 국한하여 조직·기능을 유지하고, 국내 보안사범에 대한 수사권은 검찰과 경찰에 이관하고, 인력의 30%를 감축했다(《서울신문》 2003.05.10). 대공정책실 경제단은 기존 대기업 비서실, 구조조정본부, 경제단체 등을 출입하며 정보활동을 해오다가, 해외담당 1차장 산하기구로 재편되어 산업정보 및 해외 첨단정보 수집으로 기능이 전환되었다(《경향신문》 2003.05.07).

또한 국정원 감청부서에 대한 주기적 감사와 내부 감찰을 제도화했고, 정부부처 출입은 공식 업무협조, 정보지원 요청을 통해 연락관으로 출입하게 했으며, 언론사 출입은 국가안보 사안 정보수집으로 최소화했다. 참여정부는 안기부 X파일 사건에 대한 자체 진상 조사를 실시하여, 2005년 8월 5일 과거 정부 시기 국정원 '미림' 팀의 불법감청 등 조사 실태를 밝히고, 국정원의 감청장비를 모두 해외 파트로 이전시켰다.

참여정부는 '국정원 미래청사진' 준비를 통해 정보능력을 강화하여 세계 5대 정보기관이 될 것을 목표로 삼았고, 글로벌 정보 경쟁력과 국민적 신뢰 지지 확산을 핵심과제로 설정했다. 그 추진전략으로 핵심 전략기능 강화, 전략적 인적자원개발 체제 구축, 법적 제도적 기반 확충, 업무수행능력 고도화, 정보인프라 선진화, 대국민 신뢰기반 확보를 추구했다. 이외에 주요 사안 유관부서 합동 T/F 운영 및 외부전문가를

노무현의 민주주의

국가정보관으로 임명하여 정보망을 확충했다.

　이러한 참여정부의 국정원 개혁 방식은 당시 진보적 시민사회의 국정원 개혁 방안과 강조점에 일정한 차이가 있었다. 예를 들어, 2005년 국회 정보위원회는 국정원 개혁 소위원회를 구성하여 국정원 개혁을 시도했다. 당시 국회 주도 국정원 개혁의 핵심 목표는 국정원 수사권 폐지, '정부부처에 대한 기획조정권 축소', '정치활동 금지' 등이었고, 이것은 기존 진보적 시민사회의 입장을 반영한 것이었다. 국회의 국정원 개혁 시도는 별다른 성과를 거두지 못했지만, 노무현 대통령은 국민과의 대화에서 국정원 개혁의 성과에 대해 다음과 같이 일정한 만족을 표현했다.

　　지금처럼 가면 제도적으로 큰 개혁을 안 해도 되는 수준 … 산업스파이, 사이버보안 중요 역할 … 대통령이 나쁜 일 시키지 않으면, 국정원 스스로 나쁜 일 하지 않는 수준에 와있다(국민과의 대화 2006.03.23).

　이외에 참여정부는 국정원의 대국민 신뢰 제고를 위해 과거사 청산 차원에서 김형욱 실종사건, 부일장학회 헌납 및 경향신문 매각 사건, 인혁당 및 민청학련 사건, 동백림 사건, KAL858기 폭파 사건, 남한조선노동당 중부지역당 사건, 김대중 전 대통령 납치 사건 등 7대 의혹사건을 조사했다. 국정원 과거사조사위원회는 오충일 목사, 손호철 교수, 한홍구 교수 등 시민단체 추천 인사 10명과 국정원 기조실장과 국장 등 5명으로 조사위원이 구성되고, 그들 중심으로 조사관이 구성되어, 국정원 협조 하에 과거사 조사를 진행하고 매듭지었다(CBS 시사자키 2013.07.29).

2. 검찰 개혁

참여정부는 역대 정부 중에서 검찰 개혁을 추진한 사실상 유일한
정부이다. 민주화 이후 역대 정부가 국정원 개혁을 추진하면서, 검찰의
정치적 비중이 커지고 이에 대한 개혁은 부진했다. 부분적으로 국민의
정부에 의해 검찰총장 임기제가 도입되었지만, 인사청문회 등 실질적인
개혁은 참여정부에 의해 추진되었다.

참여정부가 추진한 검찰 개혁의 핵심은 대통령과 검찰의 관계를 정
상화시키는 것이었고, 그 핵심은 집권세력에 대한 검찰의 성역 없는 수
사를 허용한 것이었다. 실제로 2003년 노무현 대통령 임기 첫 해에 대
선자금 수사에 대한 대통령 불개입으로 임기 첫 해에 대통령 측근들이
구속되었다. 이것은 여타 대통령들의 임기 말 레임덕 상황에서 실시되
는 정권 실세에 대한 수사 및 구속과 구분할 필요가 있다. 검찰의 대선
자금 수사의 정치적 중립성은 노무현 대통령에 의해 보장되었으며, 이
때 검찰 수사에 대한 국민적 신뢰가 역사상 가장 높아졌다. 노무현 대
통령은 2003년 11월 2일 기자간담회와 12월 16일 특별기자회견을 갖
고 대선자금 수사에 대해 다음과 같은 입장을 밝혔다.

누가 누구로부터 얼마 받았다는 단편적인 사건 중심이 아니라
정치자금의 전모를 제대로 한번 공개하고 구조적으로 분석한 뒤
국민들 앞에 밝혀 제도·문화적으로 이와 같은 일이 반복되지 않

도록 완전히 새롭게 개혁하는 계기로 삼아야 고통을 생산적으로 발전시킬 수 있다(대선자금관련 기자간담회 2003.11.02).

대통령으로서는 이미 계속 밝혀 왔던 대로 성역 없이 수사를 받겠다. 측근비리에 관해서는 오늘 중으로 특검 임명을 할 것이다. 그 다음에 대선자금에 관해서는 앞으로 국회에서 특검 정해 주시면 거기에 정말 이의 없이 특검 받겠다. 그래서 저는 두 번의 검증을 받아야 하고 검찰은 수사의 공정성에 관해서 검증을 받게 될 것이다. 그렇게 조사를 받겠다(대선자금 관련 특별 기자회견 2003. 12.16).

당시 대검찰청 중수부장 안대희 검사는 2003년 11월 3일 "지난해 대선 당시 민주당과 한나라당이 기업에서 전달받은 불법 대선자금을 모두 수사하겠다고 공식으로 밝혔다."《동아일보》는 "이는 지난 대선 때 민주당 후보로 출마한 노무현 대통령의 대선자금도 전면 수사하겠다는 것이어서 수사 결과에 따라 정국에 큰 파장이 예상된다"고 보도했다(《동아일보》 2003.11.04).

검찰의 대선자금 수사는 노무현 대통령이 자신에 대한 재신임 투표를 선언할 정도로 힘든 상황을 초래했으며, 대통령이 여권을 검찰 수사로부터 보호하지 못하자 당청관계는 더욱 악화되었다. 이러한 상황에서 대통령이 대검 중수부 해체나 공직자비리 수사처 설치 등의 검찰 개혁을 진전시켰다면, 그것은 대통령과 여권에 대한 검찰 수사를 막으려는 의도로 보일 수 있었다. 검찰 수사에 대한 국민지지율 제고는 참여정부의 보다 철저한 제도적인 검찰 개혁을 어렵게 만들었던 것이다.

노무현 대통령은 이와 같은 현실 정치 상황을 수용했으며, 이것은 참여정부의 권력기관 정상화가 대통령 권력 정상화를 위한 것이었으며, 그에게 대통령 권력 정상화가 보다 중요한 것이었음을 보여준 사건이다.

검찰 개혁의 핵심 대상은 '검찰동일체' 원리로 불리는 검찰 내부의 위계적인 조직 문화이다. 이것을 통해 대통령이나 집권세력은 검찰 조사에 개입하거나 영향을 미칠 수 있기 때문이다. 이것을 개혁하기 위해 검찰 내 위계적 직위 구조에 대한 인사시스템이 필수적이다. 노무현 대통령이 집권 초기 평검사들과 대화를 시도한 목적은 인사시스템 개혁에 대한 검찰 내부의 동의를 얻기 위한 것이었다. 대통령은 대화를 통해 평검사들의 동의를 얻지는 못했지만, 검찰 개혁의 필요성에 대한 국민적 여론을 환기시키며 개혁을 추진할 수 있었다. 법무부는 인사평가의 공정성을 제고시키기 위해 2003년 6월 '검사다면평가제'를 도입했고, 7월 검찰인사위원회 외부인사 수를 늘리고 위원장에 외부인사를 위촉했으며, 2004년 1월에는 기존 법무부장관 자문기구에서 심의기구로 바꾸어 검찰인사위원회 권한을 강화시켰다.

법무부는 2003년 10월 위계적 검찰조직의 구조적 요인이었던 검사직급도 검찰총장과 검사로 단순화하였다. 이것은 검사들의 검사장 승진 경쟁 부담을 경감시키고, 검사 간 관계를 수평적으로 바꾸기 위한 개혁이었다. 또한 검사 단일호봉제를 도입하여 2003년 11월 '검사의 보수에 관한 법률' 개정안이 국회를 통과했다. 이를 통해 검사의 신분보장이 강화되어, 권력의 영향으로부터 자유로울 수 있었다.

권력으로부터 자유를 높인 대신에 객관적 심사제도는 강화했다. 참여정부는 2004년 1월 검찰청법 개정으로 검사 적격심사 제도를 마련하여 부적절 검사 퇴출 가능성을 제도화했다. 법무부장관 직속 감찰관을 신설하여 고위 간부 사정활동, 대검찰청 감찰부 지휘감독 기능을 수행하도록 했으며, 감찰관과 외부위원 수도 증가시켰다. 검사징계위원회도 강화시켜 총 6명 중 외부인사 3명으로 늘어나고, 검사징계 수단에 해임을 포함시키고, 검사징계위원회 관보 게재 시 비위사실 요지를 공개하기로 결정했다.

참여정부는 검찰의 정치적 중립성과 공정성 강화를 위해 검찰청법 개정을 통해 검찰권 남용과 검찰인사 및 감사 시스템을 강화했다. 예를 들어, 2007년 4월 형사소송법 개정을 통해 참여정부는 공판중심주의 도입, 재정신청 범위 확대, 구속승인제도 폐지 등의 조치를 취했다(《노컷뉴스》 2007.04.30). 검찰정책자문위원회에서 구속수사 기준에 관한 지침을 마련하여, 구속수사는 주거부정, 증거인멸이나 도주 우려라는 일반 기준과 공안, 성폭력 등 범죄 유형에 따라 구속 기준을 명시했다.[2]

인권보호수사준칙 개정을 통해 체포·구속은 최소화하고, 피의자 신문 시 변호인 참여를 보장했으며, 수사 상황 촬영 공개 금지하고, 폭언이나 반복 소환 등 고압적, 강압적 수사를 금지시키며, 검사의 인권 침해에 대한 인권보호관(차장검사)의 감독을 제도화 했다. 또한 검사동일체 원칙 완화를 위해 검찰청법에 상급자의 수사 지휘·감독의 적법성, 정당성 이견이 있을 경우 주임검사의 이의제기 권한을 명문화했다. 이에 대해 '수사·공소심의위원회'를 통해 조정하고, 그 회의 기록을 일

---

2 이러한 개혁안은 참여정부 인수위의 개혁안에 비해 미시적 수준이라고 할 수 있다. 참여정부 인수위는 검찰인사위원회 공정성, 중립성 강화 및 위상 제고, '고위공직자 비리조사처' 설치, 한시적 특별검사제, 경찰의 민생치안 범죄 수사권 부여, 검찰 공안부 폐지 및 축소 혹은 분산, 부정부패사범 공소시효 배제 등 기존 시민사회가 제시했던 주장을 포괄했다.

정기간 보관하도록 운영지침을 개정했다.

이외에 국민 참여 원리를 반영하여 검찰총장 검찰 개혁자문위원회(검찰정책자문위원회), 공안자문위원회, 항고심사회(고등 검찰청에 주임검사와 외부위원 2명이 모든 항고기각 불기소사건 비공개 심의), 시민옴부즈만(임기 1년 명망가가 검찰에 대한 시민 의견 검토, 검찰 당사자와 면담 주선), 시민모니터링 제도 등을 도입했다. 또한 검찰 업무 전반에 대한 전문지식을 분야별로 검찰 홈페이지에 공개 설명하는 등 형사 지식 공개서비스를 실시했다.

요약하자면 참여정부는 국정원에 대해 국내 정치사찰 기능을 약화시키는 대신 정책정보 기능을 강화시킨 것과 같이, 검찰의 정치적 중립성을 보장하는 대신 실무적인 수준에서 검찰 개혁을 제도화했다. 이것은 권력기관에 대한 대통령의 직접적이고 선별적 통제력은 배제하고, 기관의 자율성을 높이는 방식이었다. 대통령 권력의 정상화를 위한 충분한 조치였지만, 대통령의 의도적인 개입을 차단할 만한 제도 개혁 수준까지 나아가지 못했다.

3. 경찰 및 국세청

참여정부는 경찰의 정치적 중립성을 보장하기 위해 경찰청장에 대한 인사청문회와 임기(2년)제를 도입했다. 이것은 1991년 경찰법 제정과 함께 경찰청이 정부 조직에서 독립 외청으로 설치되고, 경찰위원회제도가 시행된 이후 구체적인 진전이었다. 정보경찰과 관련하여 한편으로 그 활동 방향을 정책정보 역량으로 전환하기 위해 국정 현안 기초자료, 사회갈등 자료 등을 관계 부처에 제공하는 방향으로 개혁했다. 다른 한편 보안경찰의 경우 남영동 대공분실을 폐쇄하고 인력도 감축하여 민생부문으로 재배치했다.

국세청 개혁도 다른 권력기관장과 마찬가지로 참여정부는 국세청장에 대한 인사청문회 제도를 도입했다. 또한 정치목적의 표적조사 논란이 있었던 특별세무조사는 폐지되었고, 현장 포착을 위한 경우 '임의 예치' 등 법률 범위 내에서 허용되었다. 세무조사 대상자 선정의 투명성 제고를 위해 조사 대상자 선정과 집행 기능을 분리했으며, 대상자 선정 공정성을 높이기 위해 민간 전문가가 참여하는 자문위원회를 설치했다. 그리고 세무조사의 투명성 제고를 위해 비공개였던 국세청 훈령이었던 조사사무 처리규정을 공개했으며, 조사공무원을 비공개하여 조사대상자와의 접촉 방지를 위한 조치를 마련했다.

경찰의 경우 인권정책의 총괄자문기구로 '인권보호센터'를 설치했고, 시민감시기구로서 '경찰청 인권위원회'와 '지방청 인권위원회'를 설치했다. 또한 인권보호 종합추진 계획 'PROJECT1004'를 통해 피의자의 동의 없는 임의동행 금지, 사건피해자에 대한 '피해자 서포터'를 통한 경찰의 보호시스템 마련, 사건 관계자에 대한 부당한 사생활 노출 방지를 위한 '수사사건 공보기준' 마련, 유치인 인권보호를 위한 유치장 시설 개선 조치 등을 추진했다. 이외에 여성 및 학교 폭력 피해자를 위한 'ONE-STOP 지원센터' 설치, 고소·고발 책임수사제를 통해 이에 대한 처리기간과 서비스 개선, 그리고 과거사 진상 규명 활동을 실시했다.

이와 같은 인권 관련 업무 강화를 위해 참여정부는 경찰 수를 4천 7백 명 이상 증가시켰고, 특히 과학수사와 민생치안을 위해 집중 보강했으며, 1만 명 이상에 해당되는 경찰관 직급을 상향 조정했고, 경찰관

순직 혹은 부상에 대한 배상이나 보상 수준을 대폭 상향시켰다.

국세청 개혁 조치로 참여정부는 납세자 권리보호 사전예방 강화를 위해 온라인 공인인증서를 통한 홈택스 활성화, 연말정산 간소화시스템, 국세법령정보시스템 구축, 현금영수증 제도 활성화 등을 추진했다. 이외에 세무조사 옴부즈맨 제도로 조사 조직과 별도로 조사상담관실을 설치했다. 이것을 통해 세무조사 대상자는 문의 및 불만 사항에 대해 상담할 수 있게 되었다. 반면에 고액체납자 명단을 공개하고 은닉재산 신고에 대한 포상금 제도를 도입하는 등 조세 정의 실현을 위한 조치는 강화했다.

전반적으로 참여정부는 권력기관의 절차적 투명성, 공정성, 전문성을 강화했으며, 조사대상자의 권리 보호를 위한 구체적 장치를 마련했다. 이것은 권력기관의 인사평가와 견제시스템과 연계되었으며, 이러한 방향의 기능 강화를 위한 인력 및 조직이 확대되었다. 이것은 기존의 대통령이나 집권세력에 의한 자의적이고 선별적인 권력기관 작동을 어렵게 만들고, 법규정에 따른 국민을 위한 권력기관 본래의 기능을 확립하는 의미를 지닌다.

IV. 권력기관 정상화에 대한 기존 평가

노무현 대통령의 권력기관 정상화에 대한 평가는 크게 두 가지로 구분할 수 있다. 하나는 권력기관 정상화가 이상주의적 혹은 도덕주의적이라는 비판이고, 다른 하나는 그 제도적 불철저성에 대한 비판이다.

전자의 경우 주로 집권세력 내부에서 우려의 형태로 제기되었다. 예를 들어, 2003년 집권초 당시 대통령 비서실장 문희상은 사석에서 '칼 없는 통치는 어렵다'는 입장을 표명했고, 경제신문 기사에서 대한민국 현실을 감안할 때 권력기구 없이 통치가 가능한 것인지 의문을 표했다(매일경제 2003. 7. 25). 노무현 대통령 또한 안기부 X파일 사건에 대한 입장을 피력하며, "국정원 좀 써야 되는 것 아니냐, 수많은 사람이 나한테 건의했다"고 고백했다. 그렇지만 권력기관 개혁의 당위성 때문인지 정치적 현실주의 관점에서 이에 대해 비판한 연구는 찾기 힘들다.

권력기관 개혁을 다룬 경우 오히려 참여정부가 취한 조치의 미흡성에 주목한 비판이 많다. 국정원 개혁과 관련하여 김종철(2013)은 이명박, 박근혜 정부에 의한 국정원 폐해를 참여정부가 추진한 국정원 개혁의 미봉적 한계를 나타낸 것으로 규정했다. 검찰 개혁에 대해서도 참여정부의 검찰 중립성 보장이 오히려 견제 받지 않는 검찰 권력을 강화시킨 결과를 초래했다는 비판이 제기되었다(김희수 외 2011, 115). 김인회는 검찰의 정치적 중립성 보장, 인권친화적 개혁, 형사절차 개혁, 과거사 정리 등에도 불구하고 고위공직자 비리조사처, 검경수사권 조정, 법무부 개혁 등의 제도 개혁에 실패했다고 평가했다(김인회 2011, 445; 449). 노무현 대통령도 퇴임 이후 "검경 수사권 조정과 공수처 설치" 등의 "제도 개혁을 하지 않고 검찰의 정치적 중립을 보장하려 한 것은 미련한 짓이었다"고 후회했다(노무현재단 2010, 275).

그렇지만 제도 개혁 수준이 미흡했다 해도 당시 상황에서 거시적 검찰 개혁 추진이 어느 정도 가능했을지 확인할 필요가 있다. 대선자금 수사와 정부주도의 검찰 개혁은 동시에 진행되기 힘들었기 때문이다. 예를 들어, 대통령이 이러한 검찰 개혁을 주도했다면, 당시 대선자금 수사와 정부에 대한 비리 수사를 담당했던 중수부 및 검찰의 반발뿐 아니라 야당이나 여론의 비판 가능성이 컸다. 국정원의 경우에도 국정원의 해외 정보기관화, 수사권 폐지, 정보기관 업무조정권 폐지 등은 본질적 개혁 조치이지만, 이에 대한 반대도 논리와 근거가 만만치 않다. 그러므로 권력기관 중립화와 미시적 제도 개혁은 참여정부 시기 상황과 조건을 반영하는 수준이었다.

참여정부의 권력기관 제도 개혁에 내재한 한계는 후임 정부의 문제점에 대한 책임까지 부과하는 경향으로 연결되곤 한다. 그것은 참여정부 후임 정부의 퇴행적 양상이 참여정부가 철저히 개혁하지 못한 책임이라는 것이고, 노무현 정부 시기 인물들이 이명박 정부 시기에 부적절한 권한 행사에 참여했다는 내용이다. 그렇지만 제도 개혁이 철저하더라도 권력기관의 경우 기본적으로 대통령의 의지를 벗어나기는 어렵다. 이명박 정부 시기 권력기관의 권한 행사가 무절제했다면, 그것은 기본적으로 이명박 대통령의 책임이고, 이에 대한 견제와 비판이 제대로 전개되지 못한 결과이다. 또한 참여정부 인사의 이명박 정부 시기 행태가 문제가 되었다면 그것은 오히려 참여정부 시기 권력기관이 제대로 작동되었음을 나타내는 것이다. 이러한 비판에서 노무현 대통령에 대한 견제와 비판은 임기 이후에도 과도한 경향이 있다.

노무현 대통령의 권력기관 정상화에도 불구하고 그 의미가 무시되는 경우가 많았고, 노무현 대통령이 제왕적 대통령제를 벗어나지 못했다고 비판한 주장도 있었다. 이것은 대체로 제왕적 대통령제를 구조적인 관점에서 접근했다. 예를 들어, 최장집(2007: 2006)은 한국의 강한 국가론에 기초하여 이를 통제하는 대통령이 제왕적 권한을 행사하기 쉽다는 관점에서 출발한다.[3] 한국에서 제왕적 대통령제는 국가 주도의

노무현의 민주주의

노동배제적 권위주의의 구조적 유산뿐 아니라 민주화 이후에도 개혁에 대한 국민적 기대 등을 통해 나타난다. 대통령의 압도적인 권력은 이에 상응하는 책임을 지닐 수밖에 없고, 국민적 기대에 부합하지 못할 때 이에 대한 실망도 커지게 된다. 이러한 관점에서 그가 볼 때 한국 대통령의 제왕적 대통령제에 대한 친화성은 노무현 대통령도 예외가 아니다.

그리고 최장집이 제왕적 대통령 여부를 판단하는 기준은 여론에 대한 대통령의 반응성이다. 그는 지지율이 떨어지고 선거에 여당이 반복적으로 패배하는 상황에서 노무현 대통령이 자신의 입장을 굽히지 않고 발언하고 의제를 제시하며, 논란이 되는 사안에 대해 정부 입장을 조정하지 않는 것을 제왕적 대통령제의 근거로 규정했다. 그는 그 대표적인 사례로 노무현 대통령의 한미 FTA 협상 추진을 제시했다. 또한 그는 강한 대통령과 친시장 정책의 결합을 제왕적 대통령의 근거로 제시했고, 당정분리 또한 정당 혹은 국회의 견제를 우회하여 제왕적 대통

---

3   제왕적 대통령제와 보다 직접 관련된 주장은 오도넬의 '위임 민주주의'(delega-tive democracy)론이다. 이것은 민주화 이후 경제위기와 개헌을 반복한 남미사례에 기반으로 대통령이 포고령을 위주로 경제입법을 주도하는 현상을 설명하는 개념이다. 최장집(2007)은 이 주장이 한국에 친화성이 있다고 주장했지만, 한국은 경제적 대외적 취약성이나 양극화 등의 한계에도 불구하고 남미와 달리 경제적 성공에 기반을 둔 민주화 사례로 볼 수 있다. 민주화 이후 대통령령으로 취해진 대표적인 조치는 제한적이었고, 대표적 사례였던 김영삼 대통령의 금융실명제는 추후 법률로 뒷받침되었다. 또한 상대적으로 한국은 남미에 비해 안보적 취약성이 두드러지지만, 민주화 이후 집권세력의 주관적인 판단에 기초한 안보위기 만으로 대통령이 비상대권을 행사하기 힘들어졌다. 최장집 이외에 정종섭은 노무현의 비극적 사망을 제왕적 대통령제의 구조적 관점에서 설명했다(《한국일보》 2009.06.08).

령제 경향을 강화하는 것으로 규정했다(《프레시안》 2007.06.27).

이와 같은 그의 제왕적 대통령제에 대한 관점은 강한 국가론에 근거한다. 한국은 강한 국가이고, 대통령은 그것을 통제하는 지위에 있다는 것이다. 그런데 한국 정치의 역사적 구조적 맥락을 고려할 때 민주당이나 진보세력이 집권을 하는 경우 새누리당이나 보수세력과 다른 방식으로 국정운영을 하면서 기존의 국가기구를 원활하게 통제할 수 있는지 의문이다. 더구나 대통령의 여당이나 권력기관에 대한 직접적인 통제력, 언론에 대한 영향력 등이 미약한 경우, 대통령의 국가기구에 대한 통제력이 취약하다고 예상하는 것이 타당하다. 이것은 국가기구가 대통령이나 집권세력에 따라 바로 적응할 수 있는 유연성과 정치적 중립성을 유지하는 것은 아니기 때문이다. 관료들은 영혼이 없다는 말이 있지만, 검찰이나 경제관료, 교육관료 등 대부분 경향성을 지니며 그것은 가끔 반발로 분출되기도 한다.

그리고 제왕적 대통령 여부를 규정짓는 직접적인 요인으로 여론에 대한 반응성이 적절한지 의문이다. 왜냐하면 반응성이 낮은 것은 잠재된 다른 여론을 고려한 것일 수 있고, 높은 반응성은 부정적 의미의 포퓰리즘으로 연결될 수 있기 때문이다. 한미 FTA의 경우 오히려 노무현 대통령의 지지율을 높인 사례이고, 노무현 대통령은 대선 과정부터 집권말까지 선진통상국가를 표방하며 FTA 협상을 지속적으로 추진했으며, 비판에 반응이 없었다기보다 비판 내용에 대해 대통령이 동의하지 않은 측면이 크다. 이외에 당정분리 또한 대통령의 제왕적 권한을 강화시키는 것인지 재고할 필요가 있다. 오히려 당시 양극화된 여론을 고려할 때 노무현 대통령은 한국 대통령 중에서 최장집이 중요시했던 잠재된 사회 균열을 정치적 쟁점을 통해 드러내고 이에 대한 현실적 대안을

노무현의 민주주의

제시한 사례에 가장 가깝다.

　언론이나 대통령에 대한 조언을 통해 나타난 현실주의 관점의 우려는 권력기관 개혁의 대안을 제시하지 못했다. 이것은 노무현 대통령 리더십 비판으로 연결되었을 뿐, 권력기관 개혁이나 제왕적 대통령직에 대한 비판이나 대안 연구로 정리되지 못했다. 학술연구를 통해 나타난 노무현 대통령의 권력기관 정상화 혹은 제왕적 대통령제 개혁에 대한 기존 평가는 권력기관의 이념형적 모델이나 국가 구조론적 관점에서 전개되었다고 볼 수 있다. 전자의 관점에서 개혁이 추진되었을 경우 당시 상황을 고려할 때 정치적 중립성이나 미시적 제도 개혁이 가능했을지 의문이고, 후자의 관점에서는 구조론이 지니는 결정론적 경향과 구조와 다른 수준의 사례의 편의적 연계의 문제가 나타난다. 어느 쪽이든 비판은 쉽지만 현실적 대안을 모색하기는 힘들다.

V. 제왕적 권력을 내려놓고 설득과 협상을 추구했던 노무현

　노무현 대통령의 권력기관 정상화는 대통령 권력 정상화를 위한 조치였다. 그래서 그는 권력기관의 중립성 보장으로 인해 권력기관 개혁이 더 이상 진전되지 못하는 상황을 감수했던 것이다. 그에게 대통령 권력의 정상화가 권력기관 정상화보다 더 우선적이고 중요한 개혁이었던 것이다. 그렇지만 Ⅲ에서 살펴보았듯이 참여정부의 권력기관 개혁이 중립성 보장에 머물렀던 것은 아니다. 미시적 수준이지만 권력기관 본래의 목적과 인권 친화적 평가와 감시 시스템이 마련되었고, 이에 기초하여 인사시스템이 개혁되었다. 이 수준의 개혁이 유지되기만 했더라도 권력기관은 스스로 과거의 행태로 돌아가기는 어려웠다. 노무현 대통령의 권력기관 개혁 기조는 정권교체와 상관없이 존중되었어야 했다. 이명박, 박근혜 정부 시기에 권력기관이 보여준 퇴행적 행태는 참여정부의 권력기관 개혁의 한계보다 중요성을 부각시킨다.

노무현 대통령의 권력기관 개혁의 특징은 집권 초부터 유보 없이 전면적으로 일관되게 실시했다는 점이다. 집권 당시 그가 처한 조건에서 노무현 대통령은 스스로 권력기관 정상화를 통해 제왕적 대통령제를 극복하고자 했다. 결코 대통령으로서 그의 주객관적 조건은 여유 있는 상황이 아니었고, 오히려 국내외의 정치·경제·사회적으로 위기와 과도한 견제의 연속이었다. 그를 둘러싼 조건을 고려할 때 제왕적 권한 행사의 부담이 컸지만, 그는 자신에게 다가온 문제를 회피하지 않았다. 제왕적 권력을 내려놓은 대통령에게 설득과 협상을 위한 기회와 권한 그리고 이를 위한 자유로운 표현은 존중될 필요가 있다.

그에게 권력기관 정상화의 의미는 권력에 규범의 틀을 부여하는 것이었다. 권력기관에 대한 규범이란 기본적으로 국익과 국민의 기본권 보호라는 목적과 법규에 따라 기능한다는 절차적 정당성을 포함한다. 한국 민주주의의 진전을 위해 대통령직에 대한 개혁이 최우선 과제라는 것이 그의 시대적 소명이었다. 그동안 대통령은 가장 큰 특권과 반칙의 당사자였으며, 그는 대통령 당선과 함께 이를 극복할 주체가 되었던 것이다. 제왕적 대통령제를 넘는 것은 지역주의를 극복하고 정책을 통한 경생과 합의의 민주주의로 나아갈 수 있는 출발점이었다. 그가 볼 때 정책 중심의 경쟁과 합의의 정치는 경제를 포함한 정책성과를 위해 중요했다. 그래서 노무현 대통령은 자신의 협소한 지지기반과 강력한 반대세력에도 불구하고 신념을 갖고 권력기관 정상화를 추진했던 것이다.

그는 대통령으로서 위기관리와 국정과제에 대한 책임윤리가 분명했으며, 정치적으로 어려운 국면에서도 주도성을 확보하기 위한 전략적 판단을 포기하지 않았다. 제왕적 권한을 내려놓은 대통령은 설득과 협상을 위한 자유로운 발언과 제안의 권리를 행사할 자격이 있고, 실제로 노무현 대통령은 그 권리를 적극적으로 행사하고자 했다. 예를 들어, 그는 국회의 탄핵 위협에도 불구하고 정치인으로서 권리를 포기하지 않았다. 또한 정상화된 권력자로서 대통령은 특권과 반칙을 행사하는 여타 강자들을 견제할 수 있는 명분을 지녔다. 그는 자신에 대한 과도한 견제와 부적절한 비판에 대해 제왕적 권력을 동원하지 않았지만, 그의 설득과 협상 효과는 적었으며, 오히려 부정적으로 대통령에 대한 오해와 비난이 컸다. 여기에 정쟁과 국가적 위기 요인이 가중될 때 그는 대통령직을 건 제안을 선택했던 것이다.

참여정부의 권력기관 개혁 조치는 우선 권력기관과 대통령의 직접적이고 폐쇄적인 접촉을 배제하는 것이었다. 대통령과의 관계를 완화시키는 대신 국정원의 경우 정부부처와의 관계를 긴밀하게 만들었고, 검찰의 경우 수사의 자율성을 보장했다. 그는 권력기관의 자율성을 제고시켜 그 효과가 정권이 아닌 국민들에게 향할 수 있도록 만들었고, 그 방향에서 권력기관의 권한이나 기능을 강화시켰다. 또한 참여정부는 기본 목적과 법규에 부합하는 권력기관 개혁을 위해 평가와 견제 그리고 인사시스템 등을 개혁했다. 노무현 대통령의 권력기관에 대한 개혁은 시민사회가 주장했던 수준의 제도 개혁에 미치지 못했지만, 당시 조건에서 그 이상의 과감한 제도 개혁이 실현 가능했을 지 판단하기 쉽지 않다. 오히려 논란에 휩싸여 미시적 제도 개혁이나 정치적 중립성이 훼손될 가능성이 컸다.

노무현 대통령이 현실주의 관점에서 볼 때 '바보'였기에 권력기관 정상화를 추진했는가? 그는 정책적 혹은 정치적 실패를 각오하고 제왕적 대통령제를 해소했는가? 그렇지 않다. 그는 정책적 성과와 정치적 성공을 위해 자신의 신념뿐 아니라 대통령으로서 책임감 때문에 권력기관 및 대통령 권력의 정상화를 추진했고, 이를 정치개혁과 정책성과를 위해 적극적으로 활용하고자 했다. 실제 노무현 대통령은 제왕적 권한 행사 없이 안보, 경제의 위기관리와 주요 국정과제에서 의미 있는 성과를 남겼다. 임기 중반 이후 여당은 선거 패배를 반복했지만, 그 패배 원인을 그의 대통령 권력 정상화에서 찾기는 힘들다. 노무현 대통령의 권력기관 정상화 조치는 '87년 체제'에서 대통령 권력 정상화뿐 아니라 이에 기초한 정책적·정치적 성공의 가능성을 보여준 사례로 평가되어야 한다.

참고문헌

가상준. 2008. "노무현 대통령에 대한 평가가 2007년 대통령 선거에 미친 영향력 분석." 『현대정치연구』 창간호.

가상준·노규형. 2010. "지지율로 본 노무현 대통령의 임기 5년." 『한국정당학회보』 9(2).

강준만. 2007. "노무현과 영남 민주화세력의 한." 『인물과 사상』 3월호.

국정홍보처. 2008. 『국정운영백서 2: 민주주의』.

김병문. 2013. "제왕적 대통령제로부터의 탈피: 집권초기 노무현 대통령을 중심으로." 『한국지방자치연구』 14(4).

김인회. 2011. "참여정부 검찰 및 경찰개혁 평가." 노무현재단 & 한국미래발전연구원 편. 『진보와 권력: 인수위, 인사, 대통령실, 권력기관』. 참여정부 정책총서 정부운영 편.

김종철. 2013. "절차적 민주주의의 회복을 위한 국가정보원 본연의 역할과 임무." 『계간 민주』 통권 9호.

김종철. 2012. "정부형태: 최근의 개헌 논의를 중심으로." 조기숙·정태호 외. 『한국 민주주의 어디까지 왔나』. 고양: 인간사랑.

김현종. 2011. 『김현종, 한미 FTA를 말하다』. 서울: 홍성사.

김형준. 2006. "5.31 지방선거 평가와 향후 전망." 『황해문화』 52호.

김호진. 2008. 『한국의 대통령과 리더십』. 서울: 청림출판.

김희수 외. 2011. 『검찰공화국, 대한민국』. 서울: 삼인.

노무현. 2009. 『성공과 좌절: 노무현 대통령 못다 쓴 회고록』. 서울: 학고재.

노무현재단. 2010. 『운명이다』. 파주: 돌베개.

대통령자문 정책기획위원회. 2008. 『권력기관 제자리 찾기: 권력기관을 국민의 품으로』. 참여정부 정책보고서 1-04.

박선원. 2012. 『하드파워를 키워라』. 서울: 열음사.

박용수. 2013. "제2차 북핵 위기 전개과정과 노무현대통령의 리더십." 『아세아연구』 56(3).

박용수. 2011. "노무현 대통령의 한미 FTA 추진 이유: 대통령리더십을 통한 접근." 『평화연구』 19(1).

송백석. 2010. "정치 현실주의 시각에서 본 노무현식 정치: 대통령 탄핵소추 배경분석을 중심으로." 『민주주의와 인권』 11(1).

안병진. 2004. 『노무현과 클린튼의 탄핵 정치학: 미국적 정치의 시대와 민주주의의 미래』. 서울: 푸른길.

유시민. 2009. 『후불제 민주주의』. 파주: 돌베개.

이송평. 2012. 『노무현의 길』. 서울: 책보세.

이종석(a). 2014. 『칼날 위의 평화』. 고양: 개마고원.

이종석(b). 2014. "이종석." 연세대학교 국가관리연구원 편. 2014. 『한국대통령 통치구술사료집 5: 노무현 대통령』. 서울: 선인.

이진. 2005. 『참여정부, 절반의 비망록』. 고양: 개마고원.

정태인. 2007. "인터뷰 '반FTA 국민경제비서관' 정태인." 《딴지일보》 4.19.

조기숙. 2013. "'정당지지'에 기초한 선거예측 종합모형: 19대 총선의 구조를 중심으로." 『한국 정치학회보』 47(4).

조기숙. 2011. "정당재편성 이론으로 분석한 2007년 대선." 『한국과 국제정치』. 27(4).

참여정부 대통령비서실. 2009. 『노무현, 한국 정치 이의 있습니다』. 서울: 역사비평사.

최장집. 2006. 『민주주의의 민주화』. 서울: 후마니타스.

최장집. 2006a. "운동으로서의 민주주의, 위기에 서다' 권력 갓고도 '조중동 탓'은 알리바이일 뿐." 《프레시안》 2006.10.02.

최장집 외. 2007. 『어떤 민주주의인가』. 서울: 후마니타스.

최진. 2007. 『대통령리더십 총론』. 파주: 법문사.

홍재우 외. 2013. "대통령제와 연립정부: 제도적 한계의 제도적 해결." 『한국

정치학회보』 46(1).

Burns, James G. 지음, 조중빈 옮김. 2006. 『역사를 바꾸는 리더십』. 서울: 지
　　식의 날개.

Genovese, Midael A. 2011. *Presidential Prerogative: Imperial Power in an Age of
　　Terrorism*. Stanford: Stanford Univ. Press.

Linz, Juan J. 1995. "대통령제와 내각제: 과연 다른 것인가?" 린쯔·바렌주엘
　　라. 『내각제와 대통령제』. 서울: 나남.

Neustadt, Richard E. 지음, 이병석 옮김. 1992. 『대통령과 권력』. 서울: 신사.

Rudalevige, Andrew. 2006. "The contemporary Presidency: The Decline
　　and Resurgence and Decline(and Resurgence?) of Crngress: Chart-
　　ing a New Imperial Presidency". *Presidencial Studies Quarterly* 36(3).

Savage, Charlie. 2007. *Takeover: The Return of the Imperial Presidency and the
　　subversion of American Democracy*. New York, Boston, London: Little,
　　Brown and Company.

Schlesinger, Arthur M. Jr. 1973. *The Imperial Presidency*. Boston: Houghton
　　Mifflin.

노무현 사료관 검색 http://archives.knowhow.or.kr/.

3장
노무현과 정부형태 원포인트 개헌론

정태호

I. 정부형태 원포인트 개헌론에 대한 평가의 의미와 배경

　　노무현 대통령은 2007년 1월 9일 대국민 특별담화를 통해 이른바 '원포인트 개헌'을 제안하였다. 이 제안의 핵심은 현행 대통령 5년 단임 제를 대통령의 임기는 4년으로 축소하되 1회에 한하여 연임할 수 있도 록 하는 한편, 대통령의 임기를 국회의원의 임기와 일치시키는 방향으 로 개정하자는 것이었다. 이 개헌의 명분은 대통령의 책임성과 국정의 안정성을 제고하고 국가적 전략과제에 대한 일관성과 연속성 확보하는 것이었다.

　　노 대통령은, 이 특별담화에서 6월 항쟁의 소산인 현행 헌법이 대통령의 국민 직선을 제도화함으로써 장기 독재를 종식시키고 국민의 선택에 따라 정권을 교체하는 절차적 민주주의 실현에 기여하는 한편, 권위주의와 특권구조를 청산하고 공정하고 투명한 민주 사회의 기틀을 완성하는 데 필요한 법적 토대를 제공하였다고 평가하였다. 그러나 그는 현행 헌법의 다음과 같은 한계 때문에 최소한 원포인트 개헌이 필요함을 역설하였다. "단임제는 무엇보다 대통령의 책임정치를 훼손합니다. 대통령의 국정수행이 다음 선거를 통해 평가받지 못하고, 또한 국가적 전략과제나 미래과제들이 일관성과 연속성을 갖고 추진되기 어렵고", 특히 임기 후반기에는 책임 있는 국정운영을 더욱 어렵게 만들어 심하면 국가적 위기를 초래하기도" 하며, "현행 5년의 대통령제 아래서는 임기 4년의 국회의원 선거와 지방자치단체 선거가 수시로 치러지면서 정치적 대결과 갈등을 심화시키고, 적지 않은 사회적 비용을 유발하여 국정의 안정성을 약화"시키고 있다는 것이다.

2007년 12월 제17대 대통령 선거를 약 11개월 앞둔 시점이라 일종의 정략으로 오해받을 소지가 있음에도 원포인트 개헌을 제안할 수밖에 없는 이유로 노 대통령은 대통령과 국회의원의 임기를 줄이지 않고도 개헌을 할 수 있고, 따라서 비교적 개헌의 성사 가능성이 높은 20년 만의 호기를 그냥 지나가는 것은 책임 있는 정치인의 자세가 아니라는 점과 원포인트 개헌 내용 자체가 어느 정치세력에게도 유리하거나 불리한 것이 아니라는 점을 강조하였다. 그의 개헌 제안은 우리나라의 개헌 역사상 개헌 발의 주도자가 개헌 이후의 정권 경쟁에 관여하지 않는 최초의 개헌 시도였다. 그렇게 평가할 수 있는 이유는 개헌을 통해서 장기 독재체제를 구축하는 것을 방지하기 위해 중임 금지규정을 변경할 당시의 대통령에게 개헌의 효력이 미치지 않도록 한 현행 헌법의 규정(제128조 제2항) 때문이다.

그럼에도 그의 개헌 제안은 강력한 반대에 직면하였다. 우리 정치의 문제는 '87년 헌법'의 부분적 실패 때문이 아니라 헌법 운영의 미숙이나 헌법위반, 정당정치를 비롯한 정치문화의 미숙, 법률적 제도의 결함 등에 그 원인이 있으므로 현행 헌법을 보다 잘 준수하고 헌법에 담긴 가치의 온전한 실현을 위해 개헌보다는 해석 투쟁에 주력하는 것이 타당하다는 정부형태 개헌에 대한 원칙적 반대론(신우철 2005; 최장집 2013), 현행 헌법을 개선할 필요는 있으나 4년 연임제나 양대 선거의 시기 일치는 우선적인 개헌 대상이 아니라는 비판(원포인트 개헌 시급성 부정론)(김종철 2007a)과 같은 개헌의 우선순위에 대한 이해의 차이로 인한 학계의 반론을 비롯하여 시민사회가 개헌 논의에 참여하여 논의한 뒤 합의가 이뤄질 때 개헌 발의를 하는 것이 타당함에도 대통령이 시민사회나 야권과 사전협의 없이 개헌 발의를 하는 것은 비민주적이라는 개헌 제안 절차의 비민주성을 이유로 한 반대론, 국회의원 선거제도를 포함하는 포괄적인 개헌이 아니기 때문에 반대한다는 민주노동당의 전략적 반대론, 대선을 앞둔 시기에 여권에 불리한 대선 판세를 흔들기 위한 정략적 개헌 시도라거나 어려운 민생문제 해결에 전념하는 것이 개헌보다 중요하다는 등과 같은 개헌 시기의 부적절성을 이유로 한 반대론 등 다양한 정치적 동기에 의한 정치권의 반대론에 직면하였다.

노 대통령의 개헌 제안은 야권의 강력한 반대 속에서도 2007년 3월 8일 구체화된 개헌 시안의 발표로 이어졌다. 그러나 이명박, 박근혜라는 유력한 대통령 후보를 갖고 있었던 한나라당은 자당에게 유리한 선거판세가 개헌 논의로 흔들릴 것을 우려한 나머지 보수 언론과 합세하여 개헌 제안에 대하여 무대응으로 일관했다. 대통령의 낮은 국정지지도에 여당이던 열린우리당의 무기력과 적극적 지원 부재까지 더해지면서 그의 개헌 추진은 동력을 얻지 못 했다. 마침내 노 대통령은 2007년 4월 11일 여야의 개헌 발의 유보 요청에 부응하는 형식으로 개헌 발의를 유보하는 결정을 내렸다.

노 대통령이 원포인트 개헌 제안을 통해서 공식적으로 얻어낸 정치적 소득이라면 열린우리당을 비롯한 6개 정당의 원내대표들이 18대 국회에서의 개헌을 합의하도록 한 것, 한나라당 등 주요 정당이 당론 확인 등을 통해 차기 국회에서의 개헌을 약속하도록 한 것뿐이었다. 그러나 정치권의 약속은 그 이행이 담보된 것이 아니었으며, 국민 여론도 정치권에 약속 이행을 위한 이렇다 할 압력을 가하지도 않았다. 18대 국회에서 일부 의원들이 개헌의 필요성을 주장하기는 하였으나 어느 당도 당론으로 개헌을 추진하지는 않았다.

이 글의 목적은 이처럼 정치적 반대에 부딪쳐 좌초하고만 노 대통령의 원포인트 개헌 제안의 이유, 배경, 경과를 그의 개헌 관련 발언을 중심으로 살펴보는 한편, 그 제안의 정치적 의미를 올바르게 이해하고 평가하는 것이다.

II. 원포인트 개헌과 관련한 노무현의 신념과 인식

1. 2007년 원포인트 개헌 공식적 제안 이전의 발언과 경과

1) 대통령 취임 전의 개헌 약속

노무현 대통령은 2002년 12월 4일 대통령 후보 TV 연설에서 "대통령은 국민의 큰 머슴이지 제왕이 아닙니다. 저와 대통령에게 권력이 집중된 것이 정말 큰 문제입니다. 저와 국민통합21 정몽준 대표는 2004년에 대통령 권한 분산의 개헌을 추진하기로 합의한 바 있습니다. 새로운 국회가 구성되면 이 문제를 추진해나갈 것"이라고 하여 권력구조 개편과 관련한 개헌을 공약으로 내세웠다.[4]

그는 대통령으로 당선된 직후인 2002년 12월 26일 새천년민주당 중앙당 선대위원 연수에서 자신의 정치철학을 밝히면서 개헌 문제에 대하여도 비교적 상세한 입장을 천명하였다. 그는 "지역주의를 극복할 수 있는 선거제도"의 확립을 위하여 그 대가로 대통령 권한의 절반이라도 기꺼이 내어 놓을 용의가 있음을 밝히는 한편, 분권형 대통령제 반대가 그의 소신임에도 불구하고 2004년 총선 이후 지역 구도에 의한 총선 결과가 나올 것으로 전제한 뒤 "분권형 대통령제 내지 내각제에

---

4 권력구조 개편을 위한 개헌 공약은 "임기 내에 국민의 뜻을 모아 권력구조 개편을 위한 개헌을 추진하겠습니다"라고 간략하게 16대 대통령 선거 후보 공약집에도 실려 있다.

준하는 그런 운영"을 하겠다는 뜻을 밝힘과 동시에 2007년 전까지는 어떤 정부형태로든 개헌을 마무리해 줄 것을 당에 요청하였다.

　　그는 분권형 대통령제 형태로 정부를 운영하려는 이유로 "국민들이 그동안에 정치하는 사람들이 분권형 대통령제라는 것을 의제로 해서 국민들한테 상당히 깊은 인상을 심어주고 있고 많은 국민들의 동의를 받고 있는 측면이 있습니다. 저는 사실은 분권형 대통령제에 대해서 찬성하지 않았습니다. 제가 가지고 있는 인식은 내각제는 당이 입법부와 행정부를 다 지배하는 형태이고, 분권형 대통령제는 당이 입법부와 행정부의 절반을 지배하는 형태이고, 그 다음에 대통령제는 당은 입법부를 대통령은 행정부를 지배하는 형태입니다. 그래서 어떤 의미에서 내각제가 가장 권한집중적인[5] 것이고, 당이 권력에 집중되어 있을 때 당이 1인 지배체제로 만일에 되어 있을 때 내각제를 하게 되면 엄청난 독재적 권력이 가능해지는 것입니다. 그런데 마치 대통령 것만 자꾸 뺏어내면 되는 것으로 우리가 판단하고 그렇게 국민적 상당한 공감대가 형성되어 있는데 그것은 우리의 과거 기억 때문에 그렇습니다. 우리의 과거의 기억 때문에 자꾸만 대통령을 약화시켜야 한다고 하는데 미국의 대통령이 그렇게 막강한 권력을 가지고 있다고 생각하지 않습니다. 그래서 실제로도 생각은 그렇습니다만 국민들에게 정치하는 사람들이 약속하고 주장하고 해서 공론이 형성된 것은 꼭 한 번 집고 넘어가

5　〈노무현 사료관〉의 자료에는 "집권적"으로 표기되어 있으나, 이는 전후 맥락상 "권력집중적"이라는 말의 녹취상의 오류로 보인다.

　　　　　　　　　　　　　　　　　　　　　노무현의 민주주의

지 않으면 끊임없이 문제가 됩니다. 그래서 저는 이 약속을 드릴 때
이 점을 고려했습니다. 국민들이 그 형태의 정부형태를 요구하고 있기
때문에 한 번 집고 넘어가야 합니다(밑줄은 필자)." (중략) "내각제와
대통령제, 프랑스식 제도 한국식 제도 이중에서 어느 것을 선택할
것인가에 저는 아무 선입견을 가지고 있지 않습니다. 아무 결심이
없습니다. 그것은 그동안에 국민적 논의를 거쳐서 국민들의 뜻을
따라가야 된다고 저는 그렇게 생각합니다."(2002년 12월 26일 새천
년민주당 중앙당 선대위원 연수 대통령 당선자 감사 및 격려사)

　　그가 총선 후의 정국을 이처럼 분권형 대통령제와 유사하게 운영
하겠다는 뜻을 밝힌 배경이 이목을 끈다. 그와 같은 정국 운영은 먼저
총선 결과가 여소야대로 나올 것으로 예상되는 가운데서 소수파 정권
이 취할 수 있는 고육지책 중의 하나일 것이다. 그 밖에도 2002년 대통
령 선거 과정에서 민주당 내부에서 그가 민주당 대선후보에서 낙마하
는 것을 전제로 이원집정제 내지 분권형 대통령제 개헌론이 제왕적 대
통령의 출현을 막을 수 있는 비책인 것처럼 주장되기도 했고,[6] 국민통
합21의 정몽준 후보와의 단일화 협상의 결과 개인적으로는 반대함에
도 받을 수밖에 없었던 분권형 대통령제로의 개헌 공약을 파기하기보

6　2002.09.11. 민주당 정치개혁특위는 분권적 대통령제 개헌안을 대선공약으로
　　채택할 것을 당에 공식 건의키로 했다고 한다.《경향신문》, 2002.09.11. "민주
　　분권적 대통령제 개헌 추진" 참조. 노 대통령 집권 초에도 강운태 민주당 의원
　　과 이병석 한나라당 의원에 의해 주장된 바 있다.《경향신문》, 2003.04.07. [클
　　로즈업] '분권형 대통령제' 한목소리(http://news.khan.co.kr/kh_news/khan_
　　art_view.html?artid=200304071949021&code=910402&sort=dis) 참조.

다는 그와 유사한 정국운영을 통해 국민이 이 정부형태에 대하여 제대로 평가할 기회를 부여하겠다는 또 다른 의도가 담겨 있었던 것이다. 분권형 대통령제에 대한 이와 같은 그의 부정적 평가는, 현행 헌법상의 대통령의 권한이 헌법대로만 행사된다면 과대한 것이 아니며, 제왕적 대통령으로의 변질은 과거 대통령들이 국정원, 검찰, 경찰 등과 같은 권력기관을 사유화하여 그로 인해 발생하는 위헌적 초과권력을 행사해 왔다는 판단에 기초를 두고 있는 것이다(김인회 2011, 431 이하; 국정홍보처 2008, 188 이하 참조).

2) 대통령 취임 후 원포인트 개헌 제안까지의 발언의 변화

노 대통령은 2005년 6월 초 이호철 국정상황실장에게 적당한 시기에 개헌안을 제안하려고 하니 준비할 것을 지시한 것으로 알려져 있다(윤태영 2014, 178). 그는 오래 전부터 2006년 말 2007년 초를 개헌 적기라고 말한 바 있으나 2006년 말은 예산안과 각종 개혁입법의 국회통과가 급선무였기 때문에 개헌이 실행될 수 없는 시기였으며, 2005년도 당시의 국정 현안이 화급한 것이 많아 당시의 개헌 추진은 대통령은 물론 국가 자체에 큰 부담을 줄 수 있는 위험성이 많았다고 한다(2007년 1월 17일 중앙언론사 편집·보도국장 오찬 간담회 석상 발언 참조).

그럼에도 노 대통령은 2006년 초까지는 공식적으로는 개헌의 적기는 이미 지났다고 말했다. 2006년 2월 26일 청와대 출입 기자들과의 산행에서 대통령 3년의 소회를 말하면서 그는 대통령 임기 5년이 좀 길고, 5년의 계획을 세워서 일을 제대로 한다고 생각한다면 정권의 정책에 대한 평가라기보다는 정권에 대한 이미지 평가가 이뤄질 뿐인 임

노무현의 민주주의

기 중간에 선거가 자주 있는 것은 대통령이 일을 제대로 할 수 없도록 만들기 때문에 좋은 것은 아니며 정권에 대한 평가와 심판은 한꺼번에 모아서 딱 진퇴로 결정하는 것이 제일 좋은 것 같다고 술회하였다. 그의 국정경험이 그에게 원포인트 개헌의 필요성에 대한 확신을 심어주고 있음을 엿볼 수 있는 대목이다.

그는 자신의 흉중의 개헌 구상과는 달리 기자들에게는 자신이 주도적으로 개헌을 추진할 의사도 없고 그럴 수 있는 상황도 아님을 확인하면서 헌법보다 더 중요한 것은 정치문화라는 점을 강조하고 있다. 즉

> 임기 초반에 개헌에 대한 여러 가지 구상을 국민들께 말하기는 했지만, 이미 여러 가지 정치적 상황이 대통령이 개헌을 끄집어내서 그것이 추진될 상황은 아닌 것 같다는 것입니다. 되지도 않을 일 가지고 평지풍파 일으킬 일이 아니라 진행하는 일이나 잘 마무리하는 것이 중요하다고 생각합니다. 제 얘기에는 개헌을 고려한 얘기는 일체 없다고, 그렇게 판단하고 이해해 주셨으면 좋겠습니다. 그 동안에 대통령 3년 동안 하나 깨우침이 있었다면 헌법보다 더 중요한 것이 정치문화라는 것입니다. 제도가 좀 나빠도 잘 운영하면 운영이 되는 것이고 제도가 좋아도 운영 잘못하면 안 되는 것이라고 생각합니다(2006년 2월 26일 출입기자 산행).

노 대통령이 이와 같은 발언의 배경은 원포인트 개헌 제안 직후인 2007년 1월 11일 개헌 관련 기자간담회에서 자신의 2006년 초 발언을 상기시키면서 갑자기 생각이 바뀐 이유를 묻는 기자의 질문에 대한 그의 답변에 담겨 있다.

지난 2월에는 개헌을 제안해도 되기 어렵다고 판단하고 있었습니다. 되기 어려운 일을 자꾸 벌이는 것이 좋은 일은 아니라고 생각했습니다. 그런 뜻을 말씀드린 것입니다. 실제로 그 당시에 제가 개헌할 생각이 있다고 얘기를 했더라면 지난 한 해 동안 개헌 얘기로 많은 토론이 진행되고 개헌 논의가 무성했겠지요. 그러면 지난해 국정 운영에 지장이 있을 수도 있었을 것입니다. 그래서 그때는 개헌 문제에 대해서는 실제로 생각하지 않았고, 또 생각할 수 있다는 가능성을 열어서 대답할 수가 없었습니다. 지금 이제 임기 1년 남겨 놓고 저의 임기 동안에 일을 마무리하려고 생각해 보니까 다행히 여야가 국회에서 지난 한 해 많은 노력을 해 주셔서 비교적 많은 국정이 마무리가 됐습니다. (중략) 그래서 결심을 한 것입니다. '왜 갑자기 하냐.'고 말씀들 하시는데, 언제나 이런 제안은 갑자기 나올 수밖에 없습니다(2007년 1월 11일 개헌 관련 기자간담회 모두 말씀 및 질문 답변).

3) 열린우리당의 원포인트 개헌론 공론화 시도

노 대통령이 원포인트 개헌 제안을 공식화하기 전인 2006년 하반기에 열린우리당 지도부는 원포인트 개헌의 필요성을 공개적으로 거론하며 여론 조성에 나섰다. 김근태 의원은 열린우리당 의장[7] 재임 중인

---

7   《한겨레신문》, 2006.07.14. 김근태 의장 "4년 중임제로 원포인트 개헌해야" (http://www.hani.co.kr/arti/politics/assembly/141371.html).

2006년 7월 14일 한 언론과의 인터뷰에서 당청 갈등의 원인과 해법을 묻는 질문에 대해 "대통령이 한번 당선되면 (각종) 선거가 본인의 운명에 영향을 끼치지 못하기 때문에 민심과 멀어진다"면서 '87년 체제'의 한계이자 헌법적 결함인 대통령 단임제를 대통령 4년 중임제로 '원포인트 개헌'을 할 필요가 있다고 주장했다.[8] 김한길 열린우리당 의원이[9] 2006년 11월 7일 국회교섭단체 대표연설을 통해 "대선이 있기 전인 내년 중에 정치 안정화와 정치비용 절감을 위한 최소한의 개헌이 필요하다"고 원포인트 개헌론을 다시 공론화하며 "대통령과 국회의원의 임기와 선거 시기를 일치시킬 수 있는 절호의 기회를 놓쳐서는 안 된다"며 "필요하다면 대통령 4년 중임제와 정부통령제 역시 검토할 수 있다"고 개헌의 불씨를 지핀 다음날에는 열린우리당 소속의 원혜영 의원[10]이 정치분야 대정부 질문에서 국정 안정과 저비용 정치를 위해 대통령 4년 중임제와 대선과 총선 시기 일치에 국한된 이른바 '원포인트 개헌'을 제안하자 한명숙 국무총리는 "근본적인 변화가 필요하다"며 사실상 찬성의 뜻을 표하고 "국회에서 초당적으로 논의해야 한다"고 화답하였다.

열린우리당 의원들이 펼친 원포인트 개헌론은 노 대통령의 그것과 일치한다. 결국 당시 그의 제안은 당의 공식적인 절차를 거쳐 확정된

---

8   《머니투데이》, 2007.07.05. "대연정 안 받으면 탈당" 협박도. 盧대통령이 특정지역에 매달려온 분 아닌가(http://media.daum.net/politics/others/newsview?newsid=20070508112007987).

9   《프레시안》, 2006.11.07. 김한길 "우리당 정치실험 마감…내년 중 개헌"(http://www.pressian.com/news/article.html?no=50787) 참조.

10 《매일경제 TV》의 인터넷 기사, 2006.11.09. "대정부 질문, 개헌·정계개편 쟁점"(http://mbn.mk.co.kr/pages/news/newsView.php?news_seq_no=142914) 참조.

것은 아니지만 사실상 열린우리당의 당론이었던 것이다.[11] 그렇다고 그가 열린우리당 지도부와 공식적인 협의를 거친 것은 아니었다. 보안 문제 때문에 청와대 비서진을 통한 실무준비 후에 2007년 1월 7일 김원기 전 국회의장, 이해찬 전 총리, 문희상 전 의장 등에게만 사전 설명을 한 것으로 전해진다(윤태영 2014, 183).

4) 원포인트 개헌 실패에 대비한 노 대통령 임기 단축 구상

주목할 것은 2006년 12월 말 노 대통령이 청와대 전자결재시스템인 이지원(e-智園)을 통해 "개헌 관련 주요 쟁점 검토의견"이라는 제하의 보고서를 올린 정무기획비서관실에 다음과 같은 내용의 지시를 내렸다는 것이다. "1월 중 일단 발표합시다. 전당대회와는 상관없이 진행합시다." "공식 제안 시기는 국회에서 부결할 경우, 대통령이 사임하면 5-6월에 후임 선거와 취임이 이루어져서 그 다음 대통령 선거와 총선이 동시 선거가 되도록 맞출 수 있게 조정하여 주시기 바랍니다."(윤태영 2014, 179-180). 즉 자신의 재임 중 개헌 시도가 실패로 돌아갈 경우 다음 대통령이 대통령이나 국회의원 어느 쪽도 임기 단축 없이 개헌을 할 수 있도록 노 대통령 자신이 임기 만료 1년 전에 퇴임하겠다는 뜻을 비춘 것이다. 그러나 그는 임기 단축 이야기를 꺼낼 경우 개헌 제안이 정략적인 것으로 비쳐지게 되고 결국 개헌의 실현 가능성이 없어진다는 참모진의 설득을 받아들여 임기 단축 구상을 철회하였다(윤태영

---

11 《노컷뉴스》, 2007.01.09. 김근태, "개헌은 사실상 여당의 당론"(http://www.nocutnews.co.kr/news/233447) 참조.

2014, 181).

2. 원포인트 개헌 공식 제안 후의 발언과 경과

　노 대통령이 모두에서 언급한 2007년 1월 9일의 대국민 담화를 통한 개헌 제안은 그의 기대와는 달리 당시의 야당, 즉 한나라당, 민주당, 자유민주연합, 민주노동당의 냉담한 반응에 직면하였다. 대통령 4년 중임제 개헌에 호의적이었던 여론이나 국회의원들의 태도가 개헌의 시기가 부적절하다는 이유로 부정적으로 돌변하자 노 대통령은 다각적 언론 접촉을 통해 개헌의 필요성과 당위성을 설명하는 한편, 언론인들이 국가 발전에 필수적인 원포인트 개헌을 위하여 정확한 정보를 국민에게 전달해 줄 것을 주문하는 등[12] 여론의 기류 전환을 위해 노력하였다.

　그는 2007년 3월 13일 국무회의 석상에서 원포인트 개헌의 필요성과 정당성에 대한 상세하고 체계적인 논증을 펼쳤다. 그는 여기서 한국의 민주주의의 역사를 개관하면서 '새로운 정치'라는 이름으로 대변되는 개혁 비전은 독재 시기와 권위주의 체제에서는 국민의 역동성을 모아낼 수 있는 동기를 부여하였으나 87년 이후 20년 동안 우리 사회가 독재의 시기에 이루어졌던 억압의 체제 또는 특권과 부패의 체제, 권위

12　2007년 1월 7일 중앙언론사 편집·보도국장 오찬 간담회, 2007년 1월 30일 지역 언론 편집·보도국장 간담회, 2007년 2월 27일 인터넷신문협회 주최 '취임 4주년 노무현 대통령과의 대화' 등.

주의 체제와 같은 봉건적·구시대적 질서 청산을 위한 개혁이 진행되어 오면서 개혁은 이제 더 이상 국민의 보편적 욕구를 담아내는 정치적 리더십이나 역사 발전의 동력이 될 수 없다고 평가하였다.

1) 참여정부의 경제·사회적·정치적 비전과 원포인트 개헌 제안

노 대통령의 원포인트 개헌 제안은 참여정부의 경제·사회적·정치적 비전을 구현하기 위한 정치제도 개혁 차원에서 추진되었다. 노 대통령은 참여정부 당시 국민 다수의 욕구가 더 이상 개혁이 아니라 '공정한 사회', '풍요로운 사회'로 향하고 있다고 진단하였다. 이를 토대로 참여정부는 경제·사회적 비전으로 동반성장, 양극화 해소, 균형 발전, 사회투자와 사회적 자본의 확충이라는 목표 등을 토대로 '비전 2030'을 제시하였으며, 이 비전을 실현하기 위한 전략으로 '원칙'과 '혁신'을 실천하여 왔음을 상기시켰다. 여기서 원칙의 준수는 '투명하고 공정한 사회'와 '투명하고 공정한 시장'을 함축하는 것이며, 이는 국민경제와 기업이 성공하기 위한 사회적 조건과 토대, 즉 '사회적 자본'임을 부각시키고 있다. 한편, 참여정부가 '혁신'을 위해 인적 자원의 개발, 과학기술의 발전, 정부 혁신을 위해 노력해 왔다고 설명했다.

그는 '비전 2030'을 실현하는 과정에서 발생하게 될 많은 갈등과 외부 위협을 극복할 수 있는 정치체제에 대한 비전으로는 '통합과 상생의 정치'를 제시했다. 그는 메디슨의 말을 빌려 민주주의를 '나누어서 서로 대결하고 경쟁해서 하나로 통합되어 나가는 과정'으로 정의하며, 서로 다른 국가 발전 전략을 가진 사람들 사이에서 경쟁하면서 대화하고 설득하고 양보·타협하여 통합하는 성숙한 민주주의가 한국 민주주

노무현의 민주주의

의의 새로운 목표가 되어야 한다고 역설한다.

그는 참여정부의 비전을 다음과 같이 요약하였다.

이것을 전부 통틀어서 얘기했을 때 상생의 정치, 상생의 경제, 상
생의 사회라고 말할 수 있습니다. 상생의 가치를 사람들이 받아들
여야 우리 사회가 더불어 함께 잘 살 수 있고, 성공할 수 있다는
말입니다(2007년 3월 13일 국무회의에서의 노무현 대통령 발언).

2) 통합의 정치를 위한 원포인트 개헌 제안

노 대통령은 이와 같은 사회·경제·정치의 비전을 구현하기 위하여
원포인트 개헌 제안이 필요하다는 점을 다음과 같이 구체적으로 논증
하고 있다.

5년 단임제, 국회의원과 대통령의 임기가 일치하지 않는 제도야
말로 갈등을 통합하기 가장 어려운 제도입니다. 규칙에 의해서 결
론이 나도 승복하기 어려운 제도입니다. 상생의 민주주의를 어렵게
만드는 제도입니다. (중략) 단임제는 미래를 내다보는 정치를 불가
능하게 합니다. 멀리 내다보고 국정을 계획하고 추진하기 위해서는
좀 더 긴 시간이 필요합니다. 그런데 단임제 아래서는 연임이 없으
니 임기 3년이 지나면 당정 관계에 레임덕이 옵니다. 책임정치를 하
기가 어렵습니다. 연임을 걸고 국정을 수행하고 국민의 평가를 받
아 진퇴를 결정하는 것이 책임정치의 본질에 맞는 것입니다." (중
략) 대통령과 국회의원의 "임기가 서로 다르니 선거가 너무 자주

돌아오고, 국회의원 선거에서는 대통령에 대한 견제 심리가 작용해서 여소야대의 국회가 될 가능성이 높아집니다. 이 두 가지 모두가 책임 있고 효율적인 국정운영을 어렵게 합니다. 본질적으로 야당은 책임을 지고 무슨 일을 하는 것보다 정부의 정책을 비판하고 반대하는 것을 본분으로 생각하는 정당이기 때문입니다. 우리나라에서는 타도의 정의, 반대의 정의가 지배해 왔던 역사적 흐름이 있었기 때문에 '반대는 선이요, 찬성은 야합'이라는 관념을 가지고 있습니다."(중략) "이제는 더 이상 독재의 시대가 아닙니다. 견제가 필요하다고 국회를 여소야대로 만들 일이 아니라 다음 선거에서 책임을 묻고 정권을 바꾸는 것으로 충분합니다. 일을 할 수 있게 해놓고 책임을 물어야지 일을 할 수 없도록 발목을 잡아 놓고 책임을 묻는다는 것은 올바른 견제가 아닙니다. 이런 문제를 극복하기 위해 대통령의 연임을 허용하고 대통령과 국회의원의 임기를 일치시키자는 내용을 이번 개헌안에 담은 것입니다(2007년 3월 13일 국무회의에서의 노무현 대통령 발언).

요컨대, 일인 장기 독재의 시대가 끝났음에도 지속되고 있는 대통령 단임제의 부작용과 대통령·국회의원의 선거 주기 불일치가 결합함으로써 고조되는 국정의 불안과 비효율, 책임정치 실현 곤란, 이로 인한 극단적 대결의 정치로 인한 공동체 통합의 저해가 원포인트 개헌 제안의 핵심적 근거로 제시되고 있는 것이다.

3. 원포인트 개헌 시안의 내용

노 대통령은 2007년 3월 8일 대국민 담화와 더불어 대통령 임기를 현재 5년에서 4년으로 줄이고, 연이어 선출되는 경우 1차에 한해 중임하도록 하며, 대통령과 국회의원의 임기 주기를 일치시키는 것을 골자로 한 개헌 시안을 공식 발표했다.

이 시안은 대통령과 국회의원의 임기를 계속 일치시키기 위하여 보궐선거에서 선출된 대통령은 전임 대통령 임기의 남은 기간 동안 재임하며 대통령 궐위 시 후임자 선출은 남은 임기가 1년 이상인 경우 국민들의 직접선거로 선출하고, 1년 미만인 경우 국무총리가 대통령 권한을 대행하며, 대통령 당선자가 사망하거나 판결 등의 사유로 그 자격을 상실함에 따라 실시된 선거에서 선출된 대통령의 임기는 전임 대통령의 임기 만료일 다음날부터 시작되는 내용을 포함하고 있다(그 내용의 합리성에 대한 평가에 대해서는 정태호 2007, 40 이하 참조).

개헌안 시안은 대통령과 국회의원의 임기를 일치시키기 위한 선거 시기와 방식과 관련해서는 3가지 대안을 제시하고, 향후 국민여론을 수렴해 최종 결정키로 했다. 2007년 대선과 2008년 총선은 당초 계획대로 그대로 실시하고, 2012년 2월에 대선과 총선을 동시에 치르고 대통령 임기는 2012년 3월 31일, 국회의원 임기는 2012년 2월 28일에 시작되도록 하는 제1안, 2012년 1월에 대선을, 1개월 후인 2월에 총선을 실시하고, 임기는 제1안과 같이 대통령은 2012년 3월 31일, 국회의원은 2012년 2월 28일에 시작되는 제2안, 현직 국회의원의 임기를 3개월 단축해 2008년 2월 동시 선거를 실시하고 대통령과 국회의원 임기가 2월 25일 시작되는 제3안이 그것이다.

개헌 시안은 또 현행 헌법에 '대통령의 사고 등에 따른 궐위 확인' 조항이 미흡하다는 판단에 따라 "국무회의의 심의를 거쳐 정부가 제출한 궐위 확인서를 헌법 해석에 있어 최종적 권한을 가진 헌법재판소가 확인한 때에 궐위된 것으로 보도록 하는" 궐위 확인 절차와 주체를 명문화했다(상세한 것은 정태호 2007, 44 이하 참조).

그밖에도 개헌 시안은 개정 헌법은 공포일로부터 시행되는 것으로 명확하게 규정하되, 다만 공포일로부터 개정 헌법이 시행될 경우 대통령 임기를 5년에서 4년으로 단축한 개정 규정 제70조 제1항의 효력이 현재의 대통령에게도 미치는 것으로 해석될 소지를 없애기 위해 현직 대통령의 임기가 2008년 2월 24일 만료된다는 점을 부칙에 명시했다.

4. 열린우리당 탈당과 개헌 발의 유보 결정

노 대통령은 개헌 논의에 불을 지피기 위하여 다각적인 노력을 했다. 여야 지도부를 청와대 오찬에 초청하여 개헌 제안에 대한 이해를 구하려고 했다. 그러나 한나라당 등 야 4당은 하나같이 이에 응하지 않았다.[13] 그러자 노 대통령은 원포인트 개헌의 정당성과 필요성 전파에 나서면서 2007년 1월 11일 "개헌을 전제조건으로 요구해온다면 탈당을 고려할 수 있다"는 뜻까지 밝힌 데[14] 이어 중립적 대선 관리를 위해

---

13 《한겨레신문》, 2007.01.11. "야4당 오찬 거부에 추진동력 잃을까 다시 직접 호소"(http://www.hani.co.kr/arti/politics/bluehouse/183625.html) 참조.
14 2007년 1월 11일 개헌 관련 기자간담회 모두 말씀 및 질문·답변.

탈당을 요구하는 당내외의 요구가 잇따르자 2월 23일 열린우리당을 탈당하였다.[15]

당시의 여당인 열린우리당도 처음부터 한 목소리로 개헌 제안을 뒷받침하지 못했을 뿐 아니라,[16] 차기 대선을 겨냥한 의원들의 탈당[17] 등으로 어수선한 가운데 선도 탈당세력이 개헌 반대 의사까지 천명하면서[18] 개헌 추진에 동력을 제공할 수 있는 형편이 아니었다. 국민여론은 처음에 개헌 제안을 했을 때보다 다소 호전되기는 했지만,[19] 개헌에 부정적인 한나라당을 압박할 만큼의 반등은 없었다. 한나라당은 처음부터 노 대통령의 개헌 제안을 "정국주도권 장악과 재집권을 위한 정치공세"로 규정하고[20] 줄곧 개헌 논의에 응하지 않았다. 2007년 2월 9일 청

---

15 《한겨레신문》, 2007.02.22. "노 대통령 탈당 논란부터 선언까지"(http://www.hani.co.kr/arti/politics/bluehouse/192358.html).

16 《한겨레신문》, 2007.01.11. "여 개헌 드라이브 내부 '파열음'"(http://www.hani.co.kr/arti/politics/assembly/183757.html) 참조.

17 "열린우리 집단탈당 주역 김한길, 강봉균"이라는 제하의 《한겨레신문》 2007.02.06. 기사(http://www.hani.co.kr/arti/politics/assembly/188930.html) 참조.

18 《한겨레신문》, 2007.02.11. "탈당파 내일 교섭단체 등록…원내대표 최용규"(http://www.hani.co.kr/arti/politics/assembly/189874.html).

19 2007년 1월 9일 실시된 여론조사에서는 노 대통령 임기 중 개헌에 부정적인 비율이 70%를 상회하였으나 같은 달 26일 실시된 여론조사에서는 40%로 낮아졌다. 이에 대해서는 연합뉴스, 2007.01.28. 연임제 개헌 50.8% 찬성..연내개헌 51% 반대" 개헌 찬성률·연내개헌 반대율 각각 낮아져"(http://www.yonhapnews.co.kr/politics/2007/01/28/0502000000AKR20070128011600001.HTML) 참조.

20 《한겨레신문》, 2007.01.10. 「한나라 "일체 개헌 논의에 응하지 않을 것"」(http://www.hani.co.kr/arti/politics/politics_general/183272.html) 참조.

와대에서 한나라당 강재섭 대표와 회담에서도 개헌 문제에 관한 한나라당의 입장 변화를 이끌어낼 수 없었다. 언론과의 접촉 횟수를 늘려 개헌 제안에 대한 세간의 오해를 불식시키기 위하여 개헌 제안의 취지를 설명하고 언론의 사명을 상기시키면서 건설적인 역할을 주문했다. 그러나 노 대통령의 개헌 제안 전에는 그의 구상과 같은 주장을 펼쳤던 주요 언론매체도[21] 개헌론 확산에 힘을 실어 주기는커녕 되지도 않을 개헌은 잊고 민생에 전념하라고 핀잔만 주었다.[22]

정부 개헌 추진단이 개헌 시안을 발표한 3월 8일 노 대통령은 특별 기자회견을 통해 새로운 제안을 내놓았다. 그 요지는 "각 당이 당론으로 차기 정부에서 추진할 개헌의 내용과 일정을 구체적으로 명확히 제

---

21 2006년 하반기나 2007년 초가 개헌의 적기라고 본《동아일보》, 2004.04.28. 〈사설〉改憲, 우선순위 아니다(http://news.donga.com/3/all/20040428/8056099/1);《동아일보》, 2006.06.24. [전진우 칼럼] 5년 단임제, 끝낼 때 됐다 (http://www.donga.com/fbin/output?frm=4&n=2006062401 12);《동아일보》, 2006.11.08. [오늘과 내일/방형남] '대통령 단임제 탓이오' (http://www.donga.com/fbin/moeum?n=column$i_09&a=v&l=20& id=200611080403);《조선일보》, 2005.02.15. 사설 "개헌, 언제 논의할 지 얘기해 볼 만하다"(http://www.chosun.com/editorials/news/200502/200502150319. html);《중앙일보》, 2006.05.07. [기명칼럼] 개헌 언제하면 좋을까(http://article.joins.com/article/article.asp?total_id=2285803).

22 《동아일보》, 2007.01.10. 〈사설〉왜 지금 改憲인가(http://news.donga.com/Series/List_70000000000489/3/70000000000489/20070109/8394081/1);《조선일보》, 2007.01. 10. "정국 흔들어 레임덕 돌파 다목적 승부수"(http://news.chosun.com/site/data/html_dir/2007/01/10/2007011000043.html);《조선일보》, 2007.01.10. 〈사설〉 "대통령 개헌발언 때를 놓쳤다"((http://news.chosun.com/site/data/html_dir/2007/01/09/2007010901128.html);《중앙일보》, 2007.01.12. 〈사설〉"더 이상 개헌 문제로 국민 피곤케 말라"(http://news.joins.com/article/2563781)등 참조.

시하고, 이것이 합의되거나 신뢰할 만한 대국민 공약으로 이뤄진다면 개헌안 발의를 차기정부와 국회에 넘기겠다"는 것이었다. 동시에 노 대통령은 "공약에는 차기 대통령의 임기를 1년 가까이 단축한다는 내용이 포함되어야 한다"는 전제조건을 제시했다(2007년 3월 8일 개헌 시안 발표 기자회견 참조). 이에 6개 정파의 원내대표들이 4월 11일 "18대 국회에서 개헌문제를 논의하는" 데 합의하자, 노 대통령이 다시 4월 12일 "각당이 원포인트 개헌을 당론으로 채택"할 것을 요구하였고, 뜻밖에도 한나라당이 4월 13일 정책의원총회를 열어 4개 항의 개헌 당론을 추인하자 노 대통령은 4월 14일 "각 당의 합의를 수용한다"는 입장을 발표한 뒤 4월 29일 국민에게 정치인들이 약속을 존중하도록 요구할 것을 호소하였다.

이번 저의 개헌 제안의 목적이 정치적 명분을 살리고 생색을 내자는 것보다는 어떻게든 개헌의 가능성을 높이자는 것이었으므로, 명분의 이익을 죽이고 개헌의 가능성을 좀 더 높이는 쪽을 선택한 것입니다. 이번 약속이 다시 무산되는 일이 없도록 이를 지켜나가는 데 힘을 모아 주시기 바랍니다. 혹시나 속을 것이 두려워 정치인들이 엄숙히 한 약속을 믿는 데 주저할 일은 아닙니다. 약속이 지켜지는 사회를 만들기 위해서는 믿어야 할 일은 믿고, 약속을 한 사람들이 그 약속을 무겁게 느끼도록 요구해야 합니다. 이 일에 함께 힘을 모아 주시기 바랍니다(2007년 4월 29일 개헌 발의 유보와 관련하여 국민 여러분께 드리는 글).

III. 노무현 대통령의 원포인트 개헌 제안 논거에 관한 공방

1. 대통령 연임제 제안 관련 공방

1) 책임정치 실현 및 정치체제의 효율성 제고 논거에 대한 비판

대통령 5년 단임제가 책임정치 실현을 저해하기 때문에 연임제 개헌이 필요하다는 노 대통령의 주장에 대하여는 책임정치는 정당을 통해 이루어지는 것이므로 정당의 안정성이 보다 관건적인 문제이며, 연임제는 대통령이 연임을 의식하여 선심정책을 남발하여 정부의 효율성을 저하시킬 것이라는 반론이 제기되었다(김종철 2007a).

민주주의의 책임정치 원리에 따르면 선거를 통해 국민의 신임을 받은 대표인 대통령은 자신의 국정수행을 지켜본 국민으로부터 그 공과에 대한 평가를 토대로 국민으로부터 재신임을 얻을 수 있는 기회를 부여받는 것이 정상이다.[23] 국민이 재신임 부여나 거부라는 당근과 채찍

---

23 2007년 당시 대통령 중임제 개헌의 필요성에 관한 헌법학계의 견해는 다음과 같다. 중임제 내지 연임제를 찬성하는 윤명선 2006, 157; 김형성 2006.03, 28; 강태수 2006.11, 491; 임종훈 2006.11, 402; 문광삼 2005.11, 4-8; 전학선 2006.11, 546; 김문현 2006.06, 66; 박명림 2007, 87-88; 김승환 2001, 179-180; 정만희 1997, 50; 남복현 2007; 정태호 2007. 여전히 평가의 대상으로 남아 있을 뿐 긍부의 평가를 내릴 때가 되지 않았다는 견해로는 한상희 2007, 117. 중임제 내지 연임제 개헌에 반대하는 최근의 문헌으로는 신우철 2000, 325; 임지봉 2007; 이강로 2007, 25 이하; 송기춘 2005, 58 이하; 송기춘 2007; 김종철 2007a; 김종철 2007b.

을 적절하게 사용할 수 있으면 정치체제의 효율성을 유인할 수도 있다(윤성식 1992, 1140 참조). 또 대통령제에서 대통령의 책임정치는 정당을 통해서 이루어지기 어려운 면이 있다. 대통령 선거는 국회의원 선거보다 인물선거의 성격이 강하게 나타나므로 대통령 소속당이 반드시 차기 대통령 선거에서 대통령직 수행의 실적에 합당한 영수증을 발급받는 것이 아니기 때문이다(정태호 2007, 23-24). 김영삼은 재임 중 엄청난 규모의 비리를 저지른 전두환, 노태우 등 신군부 출신 정치인들과 같은 정당에 속해 있었지만 대통령에 당선되었으며, 박근혜도 재임 중에 자연환경을 파괴하면서 천문학적 규모의 재정만 낭비한 4대 강 사업, 적자투성이의 해외 자원 개발 사업, 민주주의의 심각한 후퇴 등 공보다는 과가 훨씬 많은 이명박 전 대통령과 같은 당 소속이었지만 대통령에 당선되었다는 사실도 이를 실증한다.

2) 연임제를 통한 조기 레임덕 방지 논거

노 대통령은 대통령 연임제를 통해 대통령 단임제에서 나타나는 대통령의 조기 레임덕 현상을 극복하려고 했다. 그러나 이에 대해서는 레임덕의 문제는 인사권, 재정집행권, 정보 권력 등을 토대로 한 정치적 리더십의 발휘를 통해 해소되어야 하며, 바로 이러한 정치적 리더십이 대통령제 성패의 관건이지 임기제는 절대적 요소일 수 없다는 반론이 제기되었다(김종철 2007a).

임기 말 권력 누수가 인간에 의해 제도화되는 속세 권력의 속성으로서 대통령의 레임덕은 임기제의 종류와 무관하게 발생한다는 점에서, 즉 연임제를 비롯한 시한부 권력을 전제로 한 어떤 제도도 레임덕을 완전히 불식시킬 수는 없다는 점에서 이 비판은 일면 타당성이 있다. 그러나 대통령 개인의 리더십에 따라 그리고 임기제의 종류에 따라 레임덕이 발생하는 시기나 정도는 달라질 수 있다. 그러므로 조기 레임덕 발생 원인을 전적으로 단임제에서만 찾는 것이나 제도적 요인이 레임덕에 영향을 미칠 수 있다는 것을 완전히 부정하는 것(신우철 2005)도 온당한 태도는 아니라고 본다. 대통령 단임제가 대권 경쟁을 조기에 가열시켜 현직 대통령이 국회 다수당 소속인지,[24] 직무수행이 성공적인지 여부와 무관하게 레임덕에 시달리게 함으로써 국정의 능률적·안정적 수행을 현저하게 어렵게 만들 가능성이 높은 제도인 데 비하여 연임제는 특별한 사정이 없는 한 현직 대통령에게 부여되는 재선을 위한 출마 기회를 통해 대통령이 집권 초기부터 권력누수에 시달리는 것을 막아줄 수는 있다는 점을 부인하기는 어려울 것이다(임종훈 1998, 145; 장영수 2007; 정태호 2007, 27-28).

한편, 5년 단임제는 대통령으로 하여금 장기적인 안목에서 일관성 있게 정책을 입안하고 추진하는 충분한 동인을 부여하지 않는다. 이른바 '단임 정신'에 입각하여 변덕스럽고 이기적인 여론에 좌우되지 않고 진정 공익에 도움이 되는 정책을 소신껏 밀고 나가도록 하기보다는 임

---

24 노태우 전 대통령은 집권당의 조직적인 지원과 야권의 분열에도 불구하고 36.6%의 허약한 지지로 당선되었다. 그렇기 때문에 노태우 전 대통령은 집권 1년차에 실시된 총선에서 정권의 안위를 걱정해야 할 만큼 심각한 여소야대 정국의 출현을 지켜보면서 3당 합당을 감행함으로써 거대 여당을 구축하였다. 이렇게 인위적으로 조성된 거대 여당도 민주화 투쟁의 상징적 인물 중의 하나였던 김영삼이 차기의 유력한 대통령 후보자의 입장에서 진두지휘하였음에도 집권 5년 차에 실시된 총선에서 과반 의석을 달성하는 데 실패하였다.

노무현의 민주주의

기 도중에 모든 것을 이루어야 한다는 조급함 내지 강박감으로 인한 졸속적인 정책 추진을 부추기는 경향이 있다. 조기에 찾아오는 레임덕과 선거를 통한 심판을 받지 않는다는 사정이 결합하여 그와 같은 성향을 더욱 악화시킬 수 있다. 졸속 추진으로 천문학적 규모의 혈세를 낭비하고 국가 재정에 크나큰 부담을 안긴 이명박 정권의 4대 강 사업이나 자원외교가 그 전형적인 예라고 할 것이다.

5년 단임제는 민주화의 진전에 따라 정책 결정 및 집행에 소요되는 기간이 점점 길어지고 있는 추세에 비추어 보더라도 시대적 적실성을 주장하기 어렵게 되었다. 민주주의 및 법치주의가 정착되어 감에 따라 개인의 권리 주장이 강해지고 또 국가가 추진하는 각종 정책의 이해당사자들이 자신의 입장을 주장할 수 있는 참여 절차가 제도화됨에 따라 하나의 대형 국가 프로젝트를 입안하고 관련자들의 이해관계를 조정하고 그 계획을 실행하는 데 걸리는 시간도 점점 길어지고 있기 때문이다(정태호 2007, 28). 새만금 방조제 조성 사업, 방폐장 건설 사업, 고속철도건설 사업, 사패산 터널 건설, 행정수도 내지 행정중심복합도시 건설 사업 등의 예가 이를 실증하고 있다.

대통령 연임제나 중임제는, 이처럼 유권자들이 조급함을 보이지 않은 한, 5년 단임제에 비하여 대통령이 장기적 안목에서 정책을 추진하도록 유도할 수 있는 여지를 넓혀 주고, 그렇기 때문에 정책의 실현 기간이 장기화되고 있는 현실에 보다 적합성을 보일 수 있다고 본다.

2. 대통령과 국회의원 임기의 불일치로 인한 문제 극복을 위한 개헌론에 관한 공방

1) 선거정국의 상시화로 인한 국정의 불안 및 저효율 논거

노 대통령은 대통령과 국회의원의 임기 불일치로 인한 선거 횟수의 증가를 국정의 불안 및 저효율을 초래하는 중요 원인으로 판단하였다. "… 선거 횟수가 너무 많아서 국정 운영이 굉장히 많이 흔들립니다. 옛날 정권들도 다 중간 선거에서 골병들었습니다. 말하자면 정부 추진력이 뚝뚝, 국정 추진력이 뚝뚝 떨어졌습니다"(2007년 1월 17일 중앙언론사 편집·보도국장 오찬 간담회에서의 발언).

이에 대해서는 "각종 선거 빈발의 문제는 선거의 헌정적 의미에 대한 국민의 의식수준의 향상을 통해 선거의 긍정적 의미가 올바로 자리 매김하게 될 때 해소될 수 있는 것"이라거나 대통령 권력에 대한 통제적 의미가 있는 것이라는 반론이 제기되었다(김종철 2007a). 이러한 비판은 현실 정치인의 고충을 외면한 지나치게 안일한 처방일 뿐 아니라 잘못된 제도설계의 부작용은 외면하고 선거의 순기능만을 보려고 한다는 점에서 수긍하기 어렵다.

현행법상 대통령의 5년 임기 동안 1-2회의 총선과 1차례의 지방 선거, 대선 1차례, 매년 보궐선거 2차례가 숨 가쁘게 이어진다. 대통령의 국정수행은, 타협과 절충을 패배로 여기는 정치문화에 편승한 특유의 비상식적인 선거풍토로 심각한 지장을 받게 된다. 모든 선거 결과는 대통령에 대한 중간평가로 해석된다.[25] 대화와 타협을 가로막고 있는 강고한 지역주의가 선거정국에서는 기승을 부리면서 생산적인 정치가 들어설 여지는 더욱 더 좁아진다. 참여정부 당시 한반도의 평화관리를 위해 당연히 해야 할 대통령의 통치행위인 남북정상회담도 선거에 영향을 미친다는 이유로 선거를 앞두고는 하지 말라거나 대통령의 공식적인 지방 방문도 선거용이기 때문에 중단하라는 주장까지도 야당과 언론에 의해서 제기되기까지 했다는 점을 상기할 필요가 있다.

선거를 앞두고 있다고 해서 대통령이 하여야 할 일을 하지 말아야 한다면 결국 그 피해는 국민에게 돌아가는 것이다.[26] 선거가 빈번하게 실시되는 나라에서 그와 같은 주장이 먹힌다면 대통령이 국민적 이목을 집중시키는 중요한 정책 수행을 할 수 있는 시간은 별로 없다. 선거 결과에 대하여 정치적 책임을 추궁당하고 또 그로 인한 정치지형의 변화의 영향을 받아야 하는 정치인 대통령에게 선거에서 유권자에게 대통령 소속 정파에 지지를 호소할 수도 없게 만들고 있는 사리에 맞지 않는 선거법 규정도 대통령의 행동반경을 현저하게 축소한다.

이러한 풍토에서 대선과 총선의 동시 실시나 근접 실시는 선거 관리 비용을 줄여주기도 하겠지만, 무엇보다도 대통령의 운신의 폭을 넓혀주고 대통령이 정상적으로 국정을 수행할 수 있는 기간을 늘려줄 것이다(정태호, 2007, 32-33).

---

25 특히 참여정부 당시에는 대통령은 선거를 의식한 야당의 무책임한 폭로 공세, 정치공세에 시달렸다. 정치적 비중이 큰 선거일수록 그러한 공세는 더욱 심해졌다.

26 대통령의 통치행위들이 선거에 영향을 미친다고 하더라도, 그가 공무원 내지 국가기구를 선거에 동원한다든가 국가 재정을 선거자금으로 유용하는 등의 불법적인 관권선거를 획책하는 것이 아닌 이상, 집권당의 프리미엄이 작용하는 것일 뿐이다. 그 대신 여당은 국사에 대하여 사실상 무한책임을 부담하고 있는 것이다.

2) 책임정치 저해 논거

노 대통령은 "5년 단임제, 국회의원과 대통령의 임기가 일치하지 않는 제도야말로 갈등을 통합하기 가장 어려운 제도입니다. 규칙에 의해서 결론이 나도 승복하기 어려운 제도입니다."(2007년 3월 13일 국무회의석상에서 노 대통령의 발언)라는 말로 현행 제도가 5년 단임제와 국회의원 및 대통령의 임기 불일치가 책임정치 원리에도 반한다는 사실을 갈파하고 있다. 원포인트 개헌의 반대론자들은 이 문제에 대해서는 이렇다 할 반론을 제기하지 않고 있다.[27]

책임정치를 합리적으로 구현하려면 유권자들이 대통령의 국정수행실적에 대하여 의미 있는 평가를 할 수 있는 간격으로 각종 선거가 배열되어 있어야 한다(임혁백 2003, 205-206). 즉 국민에게 약속한 정책과제를 대통령이 이행할 시간을 준 뒤에 그 실적을 평가하도록 시간표가 짜여 있어야 하는 것이 원칙이다. 그렇지만 5년 임기의 대통령과 4년 임기의 국회의원의 선거 주기가 다르고, 4년 주기의 지방선거도 국회의원 총선거와는 다른 날짜에 실시될 뿐 아니라 1년에 두 차례나 실시되는 보궐선거까지 추가되면서 대통령이 국정수행실적을 평가받는 정치시간표가 극히 불합리하게 되었다. 양대 선거의 실시 시기를 기준으로 할 때 대통령의 유형은, 국회의원 선거를 대통령 임기 1, 5년 차에

---

27 그렇기 때문에 좋은 정치를 위한 제도개선을 위한 모든 개헌 시도에 대해서 폄하적인 최장집 교수의 입장(《경향신문》, 2012.08.27. [최장집 칼럼] 책임정치를 위하여[http://news.khan.co.kr/kh_news/khan_art_view.html?artid=201208272053585])에는 유보 없이 동의하기 어렵다.

노무현의 민주주의

2차례나 맞게 되는 대통령(노태우, 이명박), 임기 4년 차에 접하게 되는 대통령(김영삼, 박근혜), 임기 3년 차에 접하게 되는 대통령(김대중, 차기 대통령), 임기 2년 차에 접하게 되는 대통령(노무현, 차차기 대통령)의 유형이 20년 주기로 반복되게 된다. 이처럼 총선 시기가 대통령마다 달라지기 때문에 총선이 대통령의 국정수행실적에 대한 중간평가의 의미를 갖는다고 보기 어렵다. 특히 대통령 임기 초에 실시되는 선거의 경우는 신임 대통령에 대한 기대가 강하게 작용하는 밀월 선거의 성격이 강할 수밖에 없다. 현행 헌법에 의해 결정적으로 각인되고 있는 선거 시간표는 주기적 선거를 통해 대표의 책임을 묻는다는 대의민주주의의 정신을 올바로 구현하지 못하고 있다(정태호 2007, 33-34).

원포인트 개헌이 이러한 문제점을 해소하기 위한 의미 있는 처방임을 부정하기 어렵다고 본다. 헌법 개정이 필요한 양대 선거 주기 조정을 할 필요 없이 법률을 개정해서 지방선거를 국회의원 선거와 함께 실시하자는 주장도 있었다(이강로 2007, 27). 오로지 선거 횟수를 줄여 선거비용을 절감하는 것만을 목적으로 한다면 모르지만, 그 방안으로는 책임정치 실현 및 국정의 안정이라는 목적까지 동시에 달성하기는 어렵다.

3) 양대 선거의 동시·근접 실시를 통한 정국 안정을 위한 개헌론

임기가 서로 다르니 선거가 너무 자주 돌아오고, 국회의원 선거에서는 대통령에 대한 견제 심리가 작용해서 여소야대의 국회가 될 가능성이 높아집니다. 이 두 가지 모두가 책임 있고 효율적인 국정운영을 어렵게 합니다"(2007년 3월 13일 국무회의 석상에서 노 대통령의 발언). "지금까지 역대 대통령의 국정이 다 불안하지 않았습니까? 여러분도 잘 아시다시피 여소야대가 되면 의원 빼오기, 정계개편 같은 편법들을 써서 정치의 신뢰가 떨어지고, 국정운영이 가다가 중단되기도 하는 어려움을 겪지 않았습니까?(2007년 1월 11일 노 대통령의 개헌 관련 기자간담회 모두 말씀 및 질문·답변).

노 대통령은 당시까지 빈발했던 여소야대 현상의 원인도 대통령과 국회의원 선거 주기의 불일치에서 찾으면서 여소야대 출현 확률을 낮추고 국정의 안정과 능률성을 제고하기 위해 원포인트 개헌이 필요하다고 본 것이다. 대선과 총선이 늘 같은 날 동시에 실시된다면,[28] 대통령 당선자를 지지한 유권자들이 대통령 당선자가 소속된 정당의 국회의원 후보자들을 지지할 가능성도 높기 때문에(대통령 당선자의 후광효과에 따른 패키지 투표의 가능성) 여당이 대통령의 국정수행을 뒷받침할 수 있는 안정 의석을 확보할 확률도 높아질 것이다(정진민 2006, 138-139). 총선이 대선 직후에 실시된다면,[29] 일반적으로 유권자의 신임 대통령에 대한 기대 때문에 유권자와 대통령 사이에 밀월 관계가 형성되는 것이 보통이라는 점을 감안한다면 총선에서 대통령 견제 심리나 심판 심리보다는 대통령 후광효과가 위력을 발휘할 가능성이 높고, 그에 따라 동시 선거에서만큼은 아니지만 여대야소 정국이 출현할 확률은 제고될 것으로 기대된다. 총선이 대선 직전에 실시될 경우에도 유력한 차기 대선주자가 소속된 정당이 그의 후광효과로 총선에서도 다수 의석을 점

---

28 정부 개헌 시안 중 1안과 3안은 양대 선거 동시 실시를 내용으로 하고 있다.
29 정부 개헌 시안 중 제2안은 대선과 총선의 간격을 한 달로 잡고 있다.

노무현의 민주주의

할 가능성이 높다.

(1) 양대 선거의 동시·근접실시를 위한 개헌

먼저 양대 선거의 동시 선거나 근접 선거도 여대야소를 보장하지 않는다는 비판이 제기되었다. 그러나 이 비판은 원포인트 개헌론을 오해하고 있다. 원포인트 개헌론이 동시 선거 내지 근접 선거가 여대야소를 보장한다고 주장하는 것이 아니라 그 출현 빈도를 높여준다고 주장하는 것이기 때문이다. 대통령제에서는 대통령과 국회의 조직적·인적 민주적 정당성이 이원화되기 때문에 어떤 선거방식도, 선거가 민주성을 띠는 한, 여대야소를 보장할 수는 없다.

또한 동시 또는 근접 선거에도 불구하고 여소야대가 된 경우에도 이점이 없는 것은 아니다. 대통령은 임기 내내 정치지형이 고정되기 때문에 국민이 예측할 수 있는 정치행태를 보일 수밖에 없다. 과거처럼 야당 의원 빼오기나 인위적인 합당을 통해 정국 구도를 변경하는 것은 사실상 불가능하게 되었다. 여소야대가 고착된 상태에서 대통령이 국정을 원만히 수행하려면 선거를 통해 드러난 유권자의 경험적 의사를 기초로 야당과 연정을 실시하거나 야당이 선호하는 정책을 실시하는 것을 조건으로 야당의 협조를 구할 수밖에 없으며, 대통령의 이와 같은 행위가 야합이 아니라 불가피한 선택임을 국민들로부터 보다 용이하게 인정받을 수 있을 것이다. 대통령 임기 중에 총선이 실시되지 않기 때문에 대통령으로 하여금 안정 의석을 확보하기 위한 무리한 정책을 추진하도록 만드는 동인도 없어진다. 유권자도 차기 대선 및 총선에서 여소야대 정국에서의 정국 교착으로 인한 국정수행 성패에 대한 책임소재를 보다 명확히 가릴 수 있다는 점에서 책임정치 실현에도 기여하게 된다(정태호 2007, 28).

양대 선거가 동시 내지 근접하여 실시됨으로써 여대야소가 빈발하게 되면, 국회의 대통령 견제력이 약화되어 여당이 독주할 가능성이 높아진다거나(송기춘 2005, 60-61), 대통령 연임제의 부작용이 더해지면 장기독재 회귀 위험성이 있다거나(신우철 2000, 326) 현직 대통령이 선거운동에 뛰어듦에 따라 선거운동이 과열되고 관권선거의 위험이 커질 것(신우철 2005, 13)이라는 비판도 제기되었다. 이러한 반론들은 모두 우리의 절차적 민주주의가 아직도 취약한 상황에서 87년 체제의 성과인 단임제를 버리는 것은 모험이라는 인식을 토대로 하고 있는 것이다. 국정원, 사이버사령부 등 국가조직을 통한 조직적인 관권 부정선거가 표징하고 있는 이명박 정권 이후의 지속적인 민주주의 후퇴는 이와 같은 우려에 무게를 실어주고 있다.

그러나 이와 같은 위험성에도 불구하고 동시·근접 선거 자체가 과거와 같은 일인 장기 독재나 일당독재 출현을 조장할 것이라는 주장은 과장된 것이다. 우리나라의 취약한 민주주의 기반에 비추어 볼 때 민주주의의 동요까지 완전히 사라질 때까지는 절차적 민주주의 성숙을 기하기 위한 개혁을 해서는 안 된다는 주장도 지나치게 소심한 것이다. 노 대통령은 우리 민주주의가 일시적인 후퇴나 동요 없이 굴러갈 것이라는 전제 위에서 원포인트 개헌을 제안한 것이 아니다. 오히려 우리 민주주의의 한계를 극복하기 위해, 즉 비합리적 게임의 룰 속에서 전개되는 극단적 투쟁과 대결의 정치를 극복하고 보다 합리적인 게임의 룰 위에서 전개되는 통합의 정치를 위한 선택인 것이다. 더구나 원포인트 개헌론은 민주개혁정권 출현 시 집행권력과 의회권력의 동시 장악 가능성을 높여 주고, 이를 통해 정권에게 안정적 기반을 제공할 수도 있다. 국민의 정부와 참여정부 모두 여소야대로 하고 싶은 일을 충분히 하지 못했다는 점을 감안하면 이 문제에 대하여 지나치게 소극적·방어적으로만 대할 것은 아니다.

끝으로 "여대야소의 항상화는 내각제의 본질에 속하지 대통령과 국회의원의 임기가 보장되는 대통령제의 경우 오히려 권장되지 아니한다"(김종철 2007a)고 하여 여대야소 출현 확률 제고를 위한 개헌 시도는 대통령제의 본질에 맞지 않는다는 반론도 제기되었다. 그러나 대통령제라 해서 여소야대의 빈발과 그로 인한 정국의 교착상태가 장기화되어서 국가가 적시에 필요한 정책적 결정을 내리지 못하는 것이 바람직한 것은 아니다. 이 문제는 정부형태의 본질과는 무관한 문제이다. 대통령제에서 여소야대가 국정수행에 미치는 영향은 여소야대라 하더라도 여야의 대화를 통한 타협과 절충이 용이하고 정당의 규율이 느슨하여 크로스보팅이 자유스럽게 이뤄질 수 있다면, 여소야대의 빈발이 국정운영의 질을 그다지 악화시키지 않을 것이다. 이러한 정치문화에서 분점정부는 여야의 협상을 통한 합의 정치의 폭을 넓혀주고 또 불합리한 정부 정책을 견제할 수 있다는 점에서 바람직한 측면도 있다. 대통령제 모국인 미국에서도 1970년대 이후에 비로소 분점정부가 빈번하게 출현하고 있다. 그런데 최근 티파티 등 급진파가 공화당을 견인하면서 미국 정치에서 정치적 대립이 극심해 지고 있어 재정·경제 위기 극복을 위한 정책결정이 지체되고, 그에 따라 미국 정치적 장래에 대해 심각한 우려가 제기되고 있는 실정이다. 우리처럼 "강고한 지역주의", "엄격한 정당규율", "보수편향의 정파성을 노골화하는 주요 언론매체의 일방적인 여론몰이" 등이 상호 상승작용을 일으키면서 생산적인 대화와 타협의 정치를 가로 막고, 결과적으로 국정의 안정성과 효율성을 크게 저하시키는 정치문화에서의 분점정부는 부작용이 훨씬 크다. 또 가까운 시일 내에 이와 같은 정치문화가 개선될 조짐도 별로 보이지 않는다.[30] 그렇다면 대통령이 리더십, 도덕성은 물론 정치적 시운까지 완벽하게 갖춘 보기 드문 위인이 아니더라도 재임 중 큰 실책이 없는 한 실패한 대통령이 되지 않도록 정치 시스템을 정비하는 것은 필요한 일이라고 본다.

(2) 여소야대 빈발 원인에 대한 진단의 타당성

현행 헌법하에서 여소야대 현상이 빈발하고 있다는 노 대통령의 진단이 잘못되었다는 비판이 제기될 수 있다.

원포인트 개헌이 제안된 당시까지는 실제로 이 현상이 빈발하였고 당시의 정치학계에서는(장훈 2007, 107) 그 구조적 원인 중의 하나를 무엇보다도 3~4개 주요 정당의 정립(鼎立)을 가능하게 했던 강고한 지역주의와 양대 선거의 주기 및 시기의 불일치에서 찾기도 했다. 그러나 이명박 정권 이래 원포인트 개헌 제안 당시와 동일한 선거 관련 법제가 유지되고 있음에도 분점정부 현상이 나타나지 않고 있다. 그 원인은 복합적일 것이나 보수 우위의 정치지형에서 주로 충청지역을 그 세력 기

---

30 원포인트 개헌 불가피론은 이와 같은 곤궁한 상황에서 대두되는 것이다. 그렇기 때문에 정책 중심의 여야관계정립, 합의적 정치문화, 정당의 근대화 및 정당의 안정성 확보, 선거에 대한 국민의 의식향상, 정치인의 자질향상, 대통령의 지도력 제고 등이 이루어져야 개헌을 통해 해결하려고 하는 문제가 근본적으로 해결될 수 있다는 이유로 원포인트 개헌에 반대하는 것은(김종철 2007a 참조), 오히려 지나치게 관념적이라고 본다. 정치문화 개선론은 구체적인 개선책을 제시하지 않고 있기 때문이다. 탁월한 리더십을 가진 지도자 대망론 역시 정치판 구세주론에 불과하다.

노무현의 민주주의

반으로 했던 자유선진당이 약화되다가 마침내 새누리당에 흡수됨으로써 보수세력에 유리한 지역 구도가 펼쳐지고 있다는 사실에서 그 주된 원인을 찾을 수 있다고 본다.[31]

영호남 지역분열구도가 유지되고 있는 상황에서 보수세력은 이처럼 통합된 반면 민주·개혁세력은 분열되어 있는 현 정치구도에서 분점정부는 국회의원 선거제도가 변경되거나 영남에 비하여 훨씬 적은 수의 지역구 의석이 분포해 있는 호남을 지역적 기반으로 하는 민주·개혁세력이 집권할 경우나 보수세력이 분열하는 경우에 다시 출현할 가능성이 높다. 그렇다면 분점정부 출현 빈도를 낮추어 정국의 안정을 기할 필요가 있다는 논거로는 적어도 보수세력을 설득하기 어렵게 되었다고 할 것이다.

---

31 그밖에도 18대 국회의원 총선이 이명박 정권 초에 실시되어 밀월선거의 성격이 강했다는 점, 이명박 정권 말기에 실시된 19대 국회의원 총선에서는 새누리당의 총선을 진두지휘한 박근혜의 후광효과가 정권심판론을 압도하는 한편 이명박 정권 이래 정권에 의한 언론장악 내지 정권과 보수적 언론매체와의 유착으로 보수정권의 무능과 부패의 실상이 유권자들에게 충분히 전달되지 않아 총선이나 보선에서 정권심판론이 충분히 위력을 발휘하고 있지 못하다는 점 등에서 분점정부 현상 퇴조의 정치 상황적 원인을 찾을 수 있을 것이다.

87년 헌법하의 여소야대 양상

국회 입법기	시기	정부 형태	행정부 대통령 (소속당)	입법부 다수당 또는 다수연합	입법부 제1당	입법부 제2당	입법부 제3당
제13대	1988.05- 1990.01	분점	노태우 민정당		민정당 125석 41.8%	평민당 70석	통일민주당 59석
	1990.01- 1992.05	단점	노태우 민자당	*민자당 216석; 72.7%	☆ 3당 합당	평민당 70석	무소속 11석
제14대	1992.03-	분점	노태우 민자당		민자당 149석 49.8%	민주당 97석	통일국민당 31석
	1992.05- 1996.05	단점	노태우 김영삼 민자당	*민자당 165석	☆무소속 영입	민주당 97석	통일국민당 31석
제15대	1996.04	분점	김영삼 신한국당		신한국당 139석; 43.5%	국민회의 79석	자민련 50석
	1996.05- 1998.02	단점	김영삼 신한국당	*신한국당 157석; 52.5%	☆ 무소속 영입	국민회의 79석	자민련 46석
	1998.02- 1998.08	분점	김대중 국민회의		한나라당 161석; 538%	국민회의 78석	자민련 43석
	1998.09- 2000.05	단점	김대중 국민회의	*국민회의+ 자민련; 153석;51.2%	한나라당 140석	국민회의 101석	자민련 52석
제16대	2000.05- 2003.02	분점	김대중 새천년민주당		한나라당 133석; 48.7%	새천년민주당 115석	자민련 17석
	2003.02- 2003.09.29	분점	노무현 새천년민주당	*한나라당 154석; 56.4%	☆대선과정에서 의원영입	새천년민주당 101석	자민련 10석
	2003.09.29- 2004.05	분점	노무현 무소속	*한나라당 149석; 54.6%		새천년민주당 64석	열린우리당 47석
제17대	2004.05- 2005.03	단점	노무현 열린우리당	*열린우리당 152석;50.8%	☆ 탄핵역풍	한나라당 121석	민노당 10석
	2005.03- 2008.05.29	분점	노무현 (열린우리당)		한나라당 127석;42.5%	열린우리당 108석 중도개혁 통합신당 추진모임 23석 민생모임 9석	민주당 11석

| 제18대 | 2008.05.30-2012.05.29 | 단점 | 이명박 (한나라당) | 한나라당 153석 (+ 친박연대 13석 친여무소속) | 한나라당 153석 | 민주당 81석 | 자유선진당 18석 |
| 제19대 | 2012.05.30-현재 | 단점 | 박근혜 (새누리당) | 새누리당 154석 (자유선진당 합당으로 일부 의석 흡수) | 새누리당 154석 | 민주당 127석 | 민주노동당 13 (통진 6; 정의 6으로 분열) |

* 2001년까지는 김용호, 『한국정당정치의 이해』, 나남, 2001, 479를 참조하였음.

3. 20년 주기의 개헌 호기론에 관한 공방

2007년은 대통령이나 국회의원 모두 임기 포기의 부담 없이 개헌할 수 있는, 20년 만에 한번 오는 해였다. 노 대통령은 개헌 시기의 정당성을 뒷받침하는 논거로 20년 주기론을 활용하고 있다. 즉 "중요한 것은 '기회'입니다. 변화와 개혁은 제때에 이루어져야 합니다. (중략) 헌법 개정도 마찬가지입니다. 국가 발전을 위해 꼭 해야 할 일입니다. 할 수 있을 때 기회를 놓치지 않고 해야 합니다. (중략)"(2007년 3월 13일 국무회의에서의 노무현 대통령 발언).

이에 대하여 "올해가 아니면 총선-대선 시기를 맞출 수 없다는 논거도 빈약하기 짝이 없다. 총선-대선 시기가 이번에는 4개월 떨어져 있고, 2012년엔 8개월 차이 난다. 겨우 4개월 차이가 난다. 다음 정부에서, 2009~10년쯤 개헌해도 아무 문제가 없다. 이런 논거로 헌법을 두 번이나 고쳐야 한다고 주장하는 것은 설득력이 없다"[32]는 반론도 있었다. 임기 일부 양보가 원포인트 개헌 성사의 관건적인 문제는 아닐 것이나, 개헌 요건이 까다롭다는 점을 감안하면 누가 어느 정도의 임기를 양보해야 하는지의 문제는 개헌의 중요 변수가 될 수 있다는 것 역시 부인하기 어렵다. 인간의 권력 추구 본능, 기득권 유지 본능은 개헌 내용에는 동의하면서도 개헌 시기로 기득권을 양보해야 하는 이들로 하여금 개헌에 반대하게 만들 가능성이 높기 때문이다(정태호 2007, 19-20).

4. 개헌의 폭에 관한 공방

노 대통령은 원포인트 개헌이 현행 헌법의 여러 문제점들을 개선하기 위한 빗장을 푸는 역할을 할 수 있음을 역설하였다. 원포인트 개헌이 이루어진다면, 임기가 일치하게 된 차기 대통령과 국회의원은 누구도 임기를 양보할 필요 없이 정부형태의 변경을 비롯한 깊이 있고 폭넓은 개헌 논의를 진행할 수 있고, 또 그 성사 가능성을 제고할 수 있다는 것이다(2007년 3월 13일 국무회의에서의 노무현 대통령 발언).

이러한 주장에 대해서는 국력 낭비라는 비판[33]이 제기되었다. 국민투표 절차까지 거쳐야 하는 헌법 개정에 들어가는 수백억 원의 비용에

---

32 민주노동당이 공식적으로 천명한 개헌 반대의사(http://www.newswire.co.kr/newsRead.php?no=217745).

33 민주노동당이 공식적으로 천명한 개헌 반대의사(http://www.newswire.co.kr/newsRead.php?no=217745).

비해서 개정의 폭이 너무 좁다는 것이다. 그러나 전면 개헌론자들은 개헌의 폭이 넓어지면 개헌의 성사 가능성은 그만큼 낮아질 수밖에 없다는 점을 간과하고 있다. 1987년 이후의 급속한 정치적·경제적·사회적·문화적 발전으로 현행 헌법과 현실과의 괴리가 커져 헌법에 대한 국민의 만족감을 높이기 위해서는 전면 개헌을 하여야 한다는 목소리가 높았다. 영토조항이나 경제조항과 같은 민감한 조항에 대한 개정 요구도 있었다. 그러나 이념대결이 심각해지기 시작하던 당시의 상황에서 광범위한 내용의 개헌에 관한 합의가 형성될 수 있었는지는 극히 의문스럽다. 정치공동체가 안정될수록 전면 개헌보다는 합의 형성이 가능한 주제별로 개헌이 이루어지는 경향이 있다. 가령 독일은 주제별 개헌을 약 60회 이상 했으며, 미국도 마찬가지로 16차례 주제별 개헌을 했다. 그러므로 개헌에 들어가는 경제적 비용을 이유로 전면 개헌을 해야 한다는 주장은 개헌을 하지 말자는 주장과 다를 바 없을 정도로 비현실적인 것이었다(정태호 2007, 13).

5. 개헌의 시기 및 상황에 관한 공방

노 대통령의 원포인트 개헌 제안은 자신의 레임덕을 줄이고 열린우리당의 분당을 막기 위한 정략이라거나 유력한 주자가 없던 여당을 위해 정치적 판도를 흔들기 위한 술책이라는 비난에 직면하였다.[34] 당시

---

34 이와 같은 내용의 분석기사로 대표적인 것은 《조선일보》, 2007.01.10. "정국 흔들어 레임덕 돌파 '다목적 승부수'"라는 제하의 기사(http://news.chosun.com/

의 야당들도 모두 연임제 내지 중임제로의 개헌 필요성을 강조한 바 있었음에도[35] 개헌 반대의 이유로 개헌의 제안이 대선을 앞두고 있어 부적절하다는 이견을 피력하곤 했다.

그렇지만 원포인트 개헌 제안에는 대선후보자들 사이의 합종연횡을 유발할 수 있는 정부통령 런닝메이트제, 분당을 촉발시킬 수 있는 결선투표제처럼 당시 유력한 대선후보를 보유하고 있던 한나라당에게 유리한 대선 판세를 흔들 만한 동력이 있는 내용이 포함되지 않았다. 대선을 앞에 두고 있는 각 정당의 기존 입지에 영향을 미치지 않는 범위에서 정치권에 공감대가 형성된 사항에 국한된 최소한의 수술만을 하자는 것이었다. 더구나 개헌 시안은 개헌을 하더라도 경과규정을 통해 다음 대선 및 총선은 현행법에 따라 시행하도록 하는 안(제1, 2안)을 담아 양대 선거의 즉각적인 동시 실시 내지 근접 실시에 대한 정치세력들의 불안 내지 의구심을 덜어주려는 배려까지 담았었다.

차기 대선의 경쟁자도 아닌 대통령이 개헌을 통해 당분간 정국의 주도권을 쥘 수 있다고 하더라도 그것이 개헌의 반대 명분이 될 수 있을지 의문이다. 만일 그것이 한나라당의 개헌 반대의 진정한 이유였다면, 정책 경쟁이 아닌 정권의 실패, 결과적으로 국가기구의 실패를 유

---

site/data/html_dir/2007/01/10/2007011000043.html); 같은 날의 "정국 전환·레임덕 막기 '일석이조'"라는 제하의 《서울신문》 기사(http://www.seoul.co.kr/news/newsView.php?id=20070110004011); 같은 날의 《중앙일보》 "판 뒤집어 정국 주도권 잡기"라는 제하의 기사(http://news.joins.com/article/2561450) 참조.

35 각 당의 관련 발언의 목록은 대통령 비서설이 2007.01.08에 인터넷 등을 통해 배포한 「개헌 관련 대통령 담화 설명자료」 참조.

노무현의 민주주의

발하여 정권을 챙기겠다는 속셈을 드러낸 것이어서 대선 정국을 빌미로 한 개헌 반대야말로 정략이었던 것이다(정태호 2007, 11).

서민생활 내지 민생경제가 어려우므로 대통령은 민생문제 해결에 전념해야 한다는 이유 때문에 개헌을 반대한다는 주장도 강력하게 대두되었다. 정치와 민생, 정치와 경제의 분리론은 참여정부 시절 보수세력이 민주·개혁세력의 친일청산, 과거청산, 국가보안법 개폐 등 각종 개혁 시도를 저지하기 위해서 꺼내들었던 공세 수단이었다. 그러나 '민생전념론'은 개헌, 즉 정치가 민생과 무관한 것이 아니라는 점을 외면 내지 간과하는 것이다. 좋은 정치, 생산적인 정치를 할 수 있는 제도적 환경을 구축한다면 민생문제를 해결할 수 있는 가능성도 그만큼 높아질 수 있기 때문이다. 또한 대통령과 정부는 구체적인 민생과제들을 해결해 가는 동시에 정치의 고질도 치유해야 하고 또 그렇게 할 수 있는 이른바 '멀티태스킹'을 위한 충분한 조직과 인력을 보유하고 있다는 점에서도 민생 전념론은 개헌을 막으려는 정치적 구실에 불과한 것이었다(정태호 2007, 13). 민생 전념론은 박근혜 정권이 2014년 말부터 정치권에 불기 시작한 개헌의 바람을 잠재우기 위한 경제 전념론과 맥을 같이 하는 것이다.

요컨대, 개헌의 시기나 상황을 빌미로 한 반대론은 설득력이 없는 것이었다. 당시에 할 수 있고 또 효율적 정치를 위해 필요한 개헌을, 자파에게 유리한 대선 판세가 개헌 논의를 통해 변할지도 모른다는 막연한 불안감 때문에 반대하는 것이야말로 민생을 외면한 정략적 처신이었던 것이다.

IV. 노 대통령의 원포인트 개헌 시도의 정치적 의의

노 대통령의 원포인트 개헌 시도는 장기적 안목에서 우리 국민의 민주역량을 믿고 후진적 정치제도를 고쳐 합리적 정치의 틀에서 대화와 타협을 통한 통합의 정치를 가능하게 하는 제도적 틀을 확보하기 위한 정치행위로 평가하여야 한다. 그는 국정원, 검찰, 경찰, 국세청 등을 정치의 수단으로 동원하여 초과권력을 만들어 내며 제왕적 대통령으로 군림하는 권위주의적·초헌법적 통치를 포기하고 헌법과 법률이 정치에 설정한 한계를 수용하는 리더십을 지향했다.[36] 그렇기 때문에 그는 보수 우위의 사회에서 매우 막강하고 호전적인 보수 야당과 이에 합세하는 수구적 언론환경에 둘러싸인 채 '법치주의에 입각한 리더십'을 실천하는 소수파 정권의 한계를 절감할 수밖에 없었을 것이다. 그의 원포인트 개헌론은 대통령 5년 단임제 폐지 후 양대 선거 동시 실시 내지 근접 실시의 시기상조론, 불가론 내지 정치문화적 관점에서의 무용론을 펴는 학자들의 비판을 받았다. 이명박 정권 이래 속락하고 있는 우리 민주주의의 수준에 비추어 볼 때 그러한 우려가 단순한 기우라고만 할 수 없는 것도 현실이다. 그렇다고 노 대통령이 무책임한 낙관론에 젖거나 제도맹신론에 빠져 개헌 제안을 했다고 보기는 어렵다. 그는 재임 중 이미 우리 민주주의가 후퇴할 조짐을 다음과 같이 정확히 인식

---

36 가령 노무현 대통령 2003년 3·1절 기념식 식사: "이제 이들 '권력기관'은 국민을 위한 기관으로 거듭 태어나야 합니다. 참여정부는 더 이상 권력기관에 의존하지 않을 것입니다."

하면서(2007년 6월 10일 노 대통령의 6·10민주항쟁 20주년 기념사) 민주세력의 남은 과제는 6월 항쟁을 통해 아직 이루지 못한 제대로 된 민주주의를 성취하는 것임을 강조하고 있다. "반독재 민주화투쟁의 시대는 끝이 났습니다. 새삼 수구세력의 정통성을 문제 삼을 수는 없습니다. 민주적 경쟁의 상대로 인정하고 정정당당하게 경쟁할 수밖에 없습니다. 그렇게 하여 대화와 타협, 승복의 민주주의를 발전시켜 나가야 합니다"(2007년 6월 10일 노 대통령의 6·10민주항쟁 20주년 기념사). 그러므로 노 대통령은 우리 민주주의의 행로에 일시적 파행과 굴곡은 있을지라도 짧은 기간 동안 경제의 성장과 민주주의를 동시에 성취한 국민의 역량에 비추어 볼 때 종국에는 보다 성숙한 민주주의의 길로 접어들 것이라는 전망을 하면서 눈앞의 유·불리를 넘어서 우리 민주주의의 성숙을 기하기 위한 결단을 내렸던 것으로 평가해야 할 것이다. 또한 2007년 초 청와대 출입기자들과의 산행에서 한 발언을 통해서도 확인되지만 노 대통령은 정치제도의 성공적 운영에 정치문화가 큰 영향을 미친다는 것을 잘 알고 있었다. 그럼에도 불구하고 그가 개헌을 들고 나왔던 것은 우리의 심각하게 왜곡된 정치문화 때문에 국가 발전을 위해서는 원포인트 개헌을 통해 정치주체들의 행태를 보다 합리적인 방향으로 변화시켜야 할 절박한 필요를 느꼈기 때문이라고 본다.[37]

---

37 필자는 제도 개혁, 따라서 개헌을 통해 우리 정치의 모든 문제를 해결할 수 있다는 제도만능론도 경계한다. 그럼에도 필자는 4년 연임제와 양대 선거주기의 일치 및 동시 내지 근접 선거의 실시가 유권자나 정치세력들의 행태를 국정의 안정과 효율을 어느 정도 제고시킬 수 있는 방향으로 이끌 수 있는 가능성이 비교적 높다고 본다. 헌정제도가 개인(유권자나 개별 정치인)이나 정당의 행위나 전략에 영향을 미치고, 나아가서는 개인이나 정당의 선호에도 중대한 영향

다음으로 노 대통령의 원포인트 개헌 제안은 개헌과 관련한 정치적 약속을 실천함으로써 극도의 정치 불신이 존재하는 우리 사회에서 정치에 대한 신뢰를 바로 세우기 위한 시도의 하나로 평가할 수 있다. 그는 사회적 신뢰는 사회가 존립하기 위해 불가결한 가치로서 민주주의의 선행조건이라는 점,[38] 일관성 있는 행동을 통해서 형성된 신뢰성을 훌륭한 정치 지도자가 되기 위한 기본 품성임을 강조했다(가령 2007년 6월 2일 참여정부 평가포럼 강연; 2007년 6월 8일 원광대학교 명예박사학위 수여식 강연). 정치인들이 정략과 타산에만 매몰된 채 국민들에게 한 공적 약속을 손바닥 뒤엎듯 하는 것은[39] 사회적 자본의 중요 요소인 신뢰를 좀먹는 행위임을 비판하면서 원포인트 개헌 제안은 여야를 떠나 정치권이 그 필요성과 당위성을 인정하고 또 약속했던 것을 이행하기 위하여 최선을 다해 노력함으로써 자신은 물론 사회의 신뢰를 바로 세우

을 미치기 때문이다(정태호 2007, 5-6; 신제도주의의 여러 분파의 제도에 대한 공통된 견해에 대해서는 하연섭 2002 겨울, 354 참조). 새로운 제도의 특징적인 효과가 문화나 인간의 행태에서 분명히 확인될 때까지는 상당한 시간이 흘러야 하는 것이 보통이지만 말이다(이에 대해서는 푸트남 저/안청시 외 역 2000, 80 이하 참조).

38 2004년 5월 27일 연세대 특강 '변화의 시대, 새로운 리더십'과 관련한 사료이야기 "7장의 메모는 어떻게 1시간의 강연이 되었을까." 그밖에도 조셉 S. 나이스 외 편저, 박원준 역 2001, 25-26; 푸트남 저, 안청시 외 역 2000, 273 이하 참조.

39 우리 국민의 정부에 대한 신뢰도는 매우 떨어지는 것으로 드러났다. OECD가 2014년 5월 8일에 발표한 '2014 더 나은 삶 지수'(Better Life Index)에 따르면 '시민 참여' 부문에 포함된 정부 신뢰도 평가에서 한국인의 '23%'만이 정부를 신뢰하는 것으로 조사됐다. 조사대상국 가운데 29위로 조사대상국 평균인 39%보다 16%나 낮다.

노무현의 민주주의

기 위한 노력의 일환임을 분명히 하고 있다.[40]

끝으로 원포인트 개헌 제안은 가치 있는 일을 위해서는 실패를 두려워하지 않고 도전하는 것이 지도자의 임무라고 본 노 대통령의 역사의식 및 리더십의 소산으로 평가할 수도 있다. 먼저 노 대통령은 공동체를 위해 가치 있는 일을 성취하기 위한 시도 자체를 그 성패를 떠나 '역사적 진보를 축적해 가는 과정'으로 보았다.[41] 진정 가치 있는 일은 꼭 성공할 때에만 의미 있는 것이 아니고, 결과를 얻지 못하더라도 과정 자체에 의미가 있는 일이며, 그러한 노력이 축적되어 인류의 진보를 가능하게 하는 것이기 때문이다. 노 대통령이 지역주의 타파를 위해서 승산 없는 선거에 여러 차례 도전했고, 국민 통합이라는 가치에 대한 그의 헌신을 국민이 인정하여 마침내 대통령이 될 수 있었던 것처럼 원포인트 개헌 시도 역시 그와 같은 맥락에서 그 의미를 찾을 수 있다. 노 대통령 스스로 이 점을 거듭 강조한 바 있다. 즉 "결과를 얻지 못하더라도 과정 자체에 의미가 있고, 과정 자체에 가치를 부여할 수 있을 때

---

40 "제가 개헌을 발의하는 두 번째 이유는 '정치의 신뢰'를 위해서입니다. 신뢰 회복을 위해 한국의 정치풍토를 개혁하자고 하는 의제를 이 개헌안에 넣어놓고 있습니다. 정치 개혁의 요구입니다. '신뢰'는 규범 못지않은 사회적 가치입니다. (중략) 진실을 토대로 하지 않는 정치는 어떤 제도로도 극복할 수 없습니다. (중략) 저는 제 자신의 신뢰를 유지하기 위해, 그리고 우리 사회의 신뢰를 바로 세우기 위해 개헌을 추진하는 것입니다."(2007년 3월 13일 국무회의에서의 노무현 대통령 발언에서 인용).

41 노 대통령은 가령 6월 항쟁에 대한 평가에서도 이와 같은 인식을 드러내고 있다. 즉 "우리 국민은 수많은 좌절을 통하여 가슴에 민주주의의 가치와 신념을 키우고, 그리고 역량을 축적하여 왔습니다. 의미 있는 좌절은 단지 좌절이 아니라 더 큰 진보를 위한 소중한 축적이 되는 것입니다"(2007년 6월 10일 6·10 민주항쟁 20주년 기념사).

라야 움직일 수 있는 것입니다. 안 된다고 쉽게 포기하는 그런 사람이면 리더가 아닙니다. 이것은 우리가 거쳐 나가야 할 역사적 과정입니다"

(2007년 3월 13일 국무회의에서의 노무현 대통령 발언. 또한 제헌절에 즈음해 국민 여러분께 드리는 글에서 2007.07.17도 참조).

노무현의 민주주의

노무현 대통령의 개헌 관련 발언 자료

- 2002년 12월 26일 새천년민주당 중앙당선대위원 연수 대통령 당선자
  감사 및 격려사
- 2003년 3·1절 기념식 식사
- 2004년 5월 27일 연세대 특강 '변화의 시대, 새로운 리더십'과 관련한
  사료이야기 "7장의 메모는 어떻게 1시간의 강연이 되었을까"
- 2006년 2월 26일 출입기자 산행
- 2007년 1월 9일 개헌과 관련하여 국민 여러분께 드리는 말씀
- 2007년 1월 11일 개헌 관련 기자간담회 모두말씀 및 질문·답변
- 2007년 1월 17일 중앙언론사 편집·보도국장 오찬 간담회
- 2007년 1월 23일 대통령 신년연설-참여정부 4년 평가와 21세기 국가
  발전전략
- 2007년 1월 25일 대통령 신년기자회견 모두 말씀 및 질문 답변
- 2007년 1월 30일 지역 언론 편집·보도국장 간담회 대통령 발언록
- 2007년 2월 27일 인터넷신문협회 주최 취임 4주년 노무현 대통령과의
  대화
- 2007년 3월 8일 헌법 개정 시안 발표에 즈음한 기자회견
- 2007년 3월 13일 제12회 국무회의 개헌 관련 발언록
- 2007년 4월 29일 개헌 발의 유보와 관련하여 국민 여러분께 드리는 글
- 2007년 6월 2일 참여정부 평가포럼 강연
- 2007년 6월 10일 6·10민주항쟁 20주년 기념사

국정홍보처. 2008. 『참여정부 국정운영백서 2-민주주의』.

강태수. 2006. "집행부에 관한 헌법 개정론." 『헌법학연구』 제12권 제4호).

김문현. 2006. "헌법 개정의 기본방향." 『공법연구』 제34집 제4호 제2권.

김승환. 2001. "대통령 선거제와 헌법 개정." 『헌법학연구』 제7권 제2호.

김용호. 2001. 『한국정당정치의 이해』, 파주: 나남.

김인회. 2011. "참여정부 검찰 및 경찰개혁의 평가." 『진보와 권력』 참여정부 정책총서, 정부운영 편, 438-761.

김종철. 2007. "4년 연임제 원포인트 개헌론의 의의와 한계." 웹진 『시민과 변호사』(http://webzine.seoulbar.or.kr/)(2007a로 인용).

김종철. 2007. "대통령 4년 연임제 원포인트 개헌론에 대한 비판적 검토." 『헌법학연구』 제13권 제1호(2007b로 인용).

김형성. 2006. "헌법 개정의 과제와 전망." 『헌법학연구』 제12권 제1호.

남복현. 2007. "2007년 개헌 필요성과 그 방향에 대한 검토." 『한국 민주주의와 헌법 개정』(2007.03.14. 전라북도지역혁신연구회, 대통령자문정책기획위원회 주최).

문광삼. 2015. "현행 헌법상 통치구조 개편의 쟁점과 방향." 『공법연구』 제34집 제1호.

박명림. 2007. "헌법개혁과 한국 민주주의-무엇을, 왜, 어떻게 바꿀 것인가." 『헌법 다시 보기-87년 헌법, 무엇이 문제인가』, 함께하는 시민행동(편저).

송기춘. 2005. "정부형태와 국가경쟁력-최근의 개헌 논의와 관련하여." 『세계헌법연구』 제11권 제1호.

송기춘. 2007. "노무현 대통령의 대통령 연임제 구상 등의 문제점." 「한국 민주주의와 헌법 개정」(2007. 3. 14. 전라북도지역혁신연구회·대통령자문정책기획위원회 주최).

신우철. 2000. "현행 대통령제에 관한 몇 가지 생각-우리 헌정사의 경험을 반추하면서."『서울대 법학』제41권 1호.

신우철. 2005. "정부형태, 과연 바꾸어야 하는가?-최근 개헌론에 대한 헌법 공학적 비판과 대안." 국회 선진헌법연구회(대표 한나라당 김재원 의원).

윤명선. 2006.『미국헌법과 통치구조』. 서울: 유스북.

윤성식. 1992. "효율적인 정부와 민주주의-재무대리인이론의 관점에서."『한국행정학보』제26권 제4호(1992년 겨울).

윤태영. 2014. 기록.

이강로. 2007. "헌법 개정에 반대하는 이유." 숭실대학교 선거정당연구센터 주최 국민 대토론회「연내 4년 연임제 개헌", 어떻게 생각하십니까?」(2007. 2. 24).

임종훈. 1998. "미국대통령의 현실과 전망."『헌법학연구』제4집 제2호.

임종훈. 2006. "국가권력구조의 개편방향."『헌법학연구』제12권 제4호.

임지봉. 2007. "성급한 원포인트 개헌의 함정." 숭실대학교 선거정당연구센터 주최 국민 대토론회 발제문「연내 4년 연임제 개헌", 어떻게 생각하십니까?」(2007. 2. 24).

임혁백. 2003. "한국의 대통령제와 거버넌스 모색-제도와 운영방식을 중심으로."『아세아연구』제46권 4호.

장영수. 2007. "국민이 판단해야 하며, 정치권은 충분한 정보를 제공해야." 웹진『시민과 변호사』(http://webzine.seoulbar. or.kr/).

장훈. 2002. "한국 대통령제의 불안정성의 기원-분점정부의 제도적, 사회적, 정치적 기원."『한국정치학회보』제35집 4호.

전학선. 2006. "개헌 논의와 관련된 정부형태 개정논의."『헌법학연구』제12권 제4호.

정만희. 1997. "현행헌법상의 대통령 선거제도의 문제점과 개선방안."『동아법학』제23호.

정재황·송석윤. 2006. "헌법 개정과 정부형태."『공법연구』34집 제4호 제2
　　권.

정진민. 2006. "민주적인 대통령제와 정치제도."『명지대학교 사회과학논총』
　　제25집.

정태호. 2007. "대통령 임기제 개헌의 필요성과 정당성."『헌법학연구』제13권
　　제1호.

조셉 S. 나이스 외 편저, 박원준 역. 2001.『국민은 왜 정부를 믿지 않는가』.
　　서울: 굿인포페이션.

푸트남 저, 안청시 외 역. 2000.『사회적 자본과 민주주의』. 서울: 박영사.

최장집·박찬표 외. 2013.『논쟁으로서의 민주주의』. 서울: 후마니타스.

하연섭. 2002. "신제도주의의 최근경향–이론적 자기혁신과 수렴."『한국행정
　　학회보』제36권 제4호.

한상희. 2007. "민주화시대의 헌법."「헌법 다시 보기–87년 헌법, 무엇이 문
　　제인가」,『함께하는 시민행동』(편저).

신문·인터넷자료

《경향신문》. 2003.04.07. 〔클로즈업〕'분권형 대통령제' 한목소리(http://news.
　　khan.co.kr/kh_news/khan_art_view.html?artid=200304071949021
　　&code=910402&sort=dis).

《경향신문》. 2012.08.27. 〔최장집 칼럼〕책임정치를 위하여 (http://news.
　　khan.co.kr/kh_news/khan_art_view.html?artid=2012082720535
　　85).

《노컷뉴스》. 2007.01.09. 김근태 "개헌은 사실상 여당의 당론"(http://www.

nocutnews.co.kr/news/233447).

《뉴스와이어》. 2007.01.09. 민주노동당의 공식적 개헌반대의사(http://www.
newswire.co.kr/newsRead.php?no=217745).

《동아일보》. 2004.04.28. 〈사설〉改憲, 우선순위 아니다(http://news.donga.
com/3/all/20040428/8056099/1).

《동아일보》. 2006.11.08. 〔오늘과 내일/방형남〕 대통령 단임제 탓이오(http://
www.donga.com/fbin/moeum?n=column$i_09&a=v&l=20&
id=200611080403).

《동아일보》. 2006.06.24. 〔전진우 칼럼〕 5년 단임제, 끝낼 때 됐다(http://
www.donga.com/fbin/output?sfrm=4&n=200606240112).

《매일경제 TV》. 2006.11.09. 대정부 질문, 개헌·정계개편 쟁점(http://mbn.
mk.co.kr/pages/news/newsView.php?news_seq_no=142914)

《머니투데이》. 2007.07.05. "대연정 안 받으면 탈당" 협박도. 盧 대통령이 특정
지역에 매달려온 분 아닌가(http://media.daum.net/politics/others/ne
wsview?newsid=20070508112007987).

《서울신문》. 2007.01.10. "정국 전환·레임덕 막기 '일석이조'"라는 제하의 기
사(http://www.seoul.co.kr/news/newsView.php?id=20070110
004011).

《연합뉴스》. 2007.01.28. 연임제 개헌 50.8% 찬성..연내 개헌 51% 반대" 개헌
찬성률, 연내 개헌 반대율 각각 낮아져"(http://www.yonhapnews.
co.kr/politics/2007/01/28/0502000000AKR200701280116
00001.HTML).

《조선일보》. 2005.02.15. 〈사설〉개헌, 언제 논의할 지 얘기해 볼 만하다
(http://www.chosun.com/editorials/news/200502/20050215031
9.html).

《조선일보》. 2007.01.10. 〈사설〉대통령 개헌발언 때를 놓쳤다(http://news.
chosun.com/site/data/html_dir/2007/01/09/2007010901128.html).

《조선일보》. 2007.01.10. 정국 흔들어 레임덕 돌파 다목적 승부수(http://news.chosun.com/site/data/html_dir/2007/01/10/2007011000043.html).

《중앙일보》. 2006.05.07. 〔기명칼럼〕 개헌 언제하면 좋을까(http://article.joins.com/article/article.asp?total_id=2285803).

《중앙일보》. 2007.01.10. "판 뒤집어 정국 주도권 잡기"라는 제하의 기사(http://news.joins.com/article/2561450).

《중앙일보》. 2007.01.12. 〈사설〉 더 이상 개헌 문제로 국민 피곤케 말라(http://news.joins.com/article/2563781).

《프레시안》. 2006.11.07. 김한길 "우리당 정치실험 마감 … 내년 중 개헌"(http://www.pressian.com/news/article.html?no=50787).

《한겨레신문》. 2006.07.14. 김근태 의장 "4년 중임제로 원포인트 개헌해야"(http://www.hani.co.kr/arti/politics/assembly/141371.html).

《한겨레신문》. 2007.01.10. 한나라 "일체 개헌 논의에 응하지 않을 것"(http://www.hani.co.kr/arti/politics/politics_general/183272.html).

《한겨레신문》. 2007.01.11. 야4당 오찬 거부에 추진동력 잃을까 다시 직접 호소(http://www.hani.co.kr/arti/politics/bluehouse/183625.html).

《한겨레신문》. 2007.01.11. 여 개헌 드라이브 내부 '파열음'(http://www.hani.co.kr/arti/politics/assembly/183757.html).

《한겨레신문》. 2007.02.11. 탈당파 내일 교섭단체 등록 … 원내대표 최용규(http://www.hani.co.kr/arti/politics/assembly/189874.html).

《한겨레신문》. 2007.02.22. 노 대통령 탈당 논란부터 선언까지(http://www.hani.co.kr/arti/politics/bluehouse/192358.html).

《한겨레신문》. 2007.02.06. 열린우리 집단탈당 주역 김한길.강봉균(http://www.hani.co.kr/arti/politics/assembly/188930.html).

《동아일보》. 2007.01.10. 〈사설〉 왜 지금 改憲인가(http://news.donga.com/Series/List_70000000000489/3/70000000000489/20070109/8394

081/1).

4장
노무현의 정부 혁신론

이송평

I. 정부 혁신론 평가의 의미

1. 정부 혁신에 대한 왜곡된 잔상

노무현의 미완성 회고록 『성공과 좌절』에는 대통령의 역할에 대한 노무현의 생각이 담겨 있다. 이 유고의 본문은 '대통령 이야기 - 무엇을 하고자 했는가?'라는 제목으로 시작되는데 노무현은 이 제목 다음에 '무엇이 되고자, 무엇을 하고자?'라는 질문을 소제목처럼 붙인 뒤 이 질문에 답하는 것으로 전체 글을 시작한다. 답은 단 한 줄이었다.

구별이 되는 일일까? 대통령이 되고 나면 대통령의 일을 하게 되어 있다(노무현 『성공과 좌절』, 20).

"대통령이 되고 나면 대통령의 일을 하게 되어 있다"라는 말은 평범한 말이지만 어떤 사람의 말이냐에 따라 그 무게는 달라진다. 노무현의 말은 대통령직을 경험한 사람의 말이기 때문에 흘려들어서는 안 된다. 특수한 경험에서 나온 하나의 경구로 받아들여야 한다.

대통령이 되려는 이들은 무엇이 되려 하지는 않겠지만 무엇인가는 하고 싶어 한다. 그렇지만 노무현의 말대로라면 그들이 할 수 있는 일이란 대통령의 일에 포함되는 일로 제한될 수밖에 없다. 같은 글에서 노무현은 국정의 최고 책임자인 대통령의 임무로 '국방과 외교, 질서, 민생, 정부의 관리와 개혁, 위기관리, 국민 통합, 민주주의와 정치개혁' 등을 꼽았다. '그 시대의 역사적 과제'도 대통령의 중요한 일이겠지만 위에서 열거한 것이 대통령으로서 일상적으로 해야 할 일이라는 것이다(노무현 2009, 20).

그렇다면 노무현은 대통령 재임 시절에 무엇을 하려 했던 것일까? 이 질문에 대한 답은 여러 가지로 제시될 수 있다. 한국 민주주의의 수준을 한 단계 높이겠다는 원대한 전략적 목표를 가졌다는 답도 그 중 하나이다(이송평 2010). 그러나 이런 대답을 포함하여 그 어떤 답을 제시하든 변하지 않는 것은 그가 구체적으로 했던 일들은 대통령이라면 누구든 해야만 했던 '대통령의 일'이었다는 점이다.

물론 이것이 누가 대통령이 되더라도 마찬가지란 뜻은 아니다. 똑같이 '대통령의 일'을 하더라도 어떤 일을 우선순위로 하는지, 어떤 일에 더 많은 힘을 쏟는지에 따라 대통령의 모습은 달라 보이게 된다. 또 그 선택이 환경적 요인에 떠밀려서가 아니라 의지에 의한 것이라면 그 차이는 더 클 수 있다.

노무현은 대통령 재임 시절 다른 대통령들과 뚜렷이 구별되는 몇 가지 중요한 선택을 했는데, 그 중 하나가 정부 혁신이었다. 대통령에 취임한 직후부터 노무현은 공직사회를 대상으로 강력한 혁신 드라이브를 걸었으며 임기가 끝날 무렵까지도 혁신의 고삐를 놓지 않았다. 대통령이 직접 진두지휘했던 만큼 참여정부 내에서의 정부 혁신의 위상은 이전 정부들에서 진행된 행정 개혁이 차지한 위상보다 훨씬 높은 것이었다. 그렇지만 이 시도는 임기 내내 엄청난 도전을 받았다. 혁신을 준비하는 단계에서부터 의도된 오해가 시작되었고 혁신을 추진하는 단계에서도 여러 수준의 신랄한 비판을 견뎌야 했다.

노무현이 정부 혁신에 힘을 쏟는 것에 대한 비판은 크게 두 방향에서 나왔다. 하나는 보수진영에서 나왔고 다른 하나는 진보진영에서 나왔다. 진보진영에도 그런 요소가 있지만 보수진영의 태도는 명백하게 인상비평에 의지한 정치공세였다. 노무현이 정부 혁신을 통하여 자신의 지지 세력을 확충하려 한다는 것이 비판의 요지였다. 노무현의 입장에서 이런 비판은 자칫 국민들에게 정부 혁신에 대한 그릇된 인상을 심어줄 수 있는 것이었다. 그래서 노무현은 이런 비판에 대해 적극적으로 대응했다. 비판이나 반박이 임기 내내 계속됐다.

혁신적인 주체를 만들자는 것인데 무슨 문화혁명이 있고 편 가르기가 있겠습니까. 대한민국이 문화혁명이 가능한 나라입니까?
(노무현 2003, "전국 경찰지휘관 초청특강(2003.06.16)" 중에서).

혁신은 새로운 것을 하자는 것보다는 일을 제대로 하자는 것입니다. 무슨 대단한 진보를 이루자는 것이 아니라 최소한의 시스템을 제대로 정비하자는 것입니다(노무현 2005, "수석보좌관 회의(2005.01.03)" 중에서).

정부 혁신은 어느 정파의 정책이 아닙니다. 어느 당이든 해야 합니다. 국가적인 책임이자 국가적인 사업입니다. 공무원은 정치적 중립을 지켜야 할 위치에 있고 저는 어느 정파의 정치인이라고 하더라도 이 점에서는 의문의 여지가 없다고 생각합니다. 정파적 입장과 관계없이 노력합시다(노무현 2005, "지식관리 토론회(2005.08.22)" 중에서).

정부 혁신에 관한 기본법이라고 해 놓으니까 야당이 이름을 바꾸자고 하시는 모양입니다. 이름을 바꿔야 되는지는 국회가 알아서 할 일입니다만, 정부 혁신은 어느 정부의 것이 아니고 대한민국 것이라고 그렇게 이해를 해주시면 고맙겠습니다(노무현 2007, "신년 기자회견(2007.01.25)" 중에서).

노무현의 반박은 대개 어느 대통령인가는 해야 할 일을 하는 것뿐이라는 주장이었다. 그런데 이런 반박은 또 다른 비판의 빌미가 됐다. 대통령의 역할은 행정부 수반으로서의 역할 이상으로 정치적 역할이 중요한데 노무현이 행정부 수반으로서의 역할에만 치우쳐 있다는 비판이었다. 이런 비판은 진보진영에서 나왔는데 최장집이 대표적이었다.

최장집(2005)은 노무현의 정부 혁신에 대한 몰두를 "사기업 조직의 CEO와 같이 정부 조직의 혁신과 생산성을 높이는 관리자로 행위하는 것"이라고 규정하며 이를 노무현이 '반(反)정치의 정치관'을 가졌다는 자신의 주장의 근거로 삼았다.

노무현이 '반정치의 정치관'을 갖고 있다고 주장한 최장집의 비판 역시 인상비평이라는 혐의를 벗을 수 없다. 행정부 수반으로서의 직무를 사기업의 CEO의 행위에 비유하는 것도 적절하지 않거니와 행정부 수반으로서의 직무 수행을 개인적 정치관과 연결시켜 비판한 것 또한 과도한 비판이라 하지 않을 수 없다. 뿐만 아니라 대통령이 대통령의 일을 함에 있어 특정한 일에 집중한다는 것은 그 자체로 중요한 정치 행위라 할 수 있는데, 선택의 배경이나 의도에 대한 탐색 없이 선택된 행위나 결과로만 그 의미를 자의적으로 규정하여 비판하는 것도 바람직한 비판이라 할 수 없다.

그렇지만 문제가 상당히 많은 비판이었음에도 보수와 진보 양쪽에서 가해진 비판의 힘은 반박의 힘을 압도했다. 그리고 이런 힘의 불균형의 결과 노무현이 야심차게 추진했던 정부 혁신은 왜곡된 잔상의 일그러진 모습으로 남게 되었다.

2. 왜 정부 혁신이었나?

노무현은 왜 이런 보수와 진보 양 진영의 비판에도 불구하고 정부 혁신에 힘을 쏟았던 것일까? 대통령의 임무 중 정부 혁신을 특별히 중요하게 생각했던 이유는 무엇이었을까? 혹시라도 특별한 성과가 날 것이라고 기대했던 것일까? 그렇지는 않았던 것 같다. 정부 혁신과 관련해서 노무현의 어록을 살펴보면 노무현은 일관되게 성과에 연연하지 않는다는 태도였다. 임기 마지막 해를 앞두고 진행한 2007년 신년 기자회견에서도 노무현은 같은 입장을 견지한다.

(정부 혁신을) 열심히 했다고 공이 특별히 설 일도 없습니다. 〔······〕 정부 혁신만큼은 같이 도와주시면 좋겠습니다. 우리 사회를 보다 더 효율적으로 운영하기 위해 일 잘하는 정부, 책임 있게 일 잘하는 정부와 공직사회를 만들어 보자는 노력이기 때문에 저는 마지막까지 최선을 다 할 생각입니다(노무현 2007, "신년 기자회견 (2007.01.25)" 중에서).

노무현이 추진했던 정부 혁신의 방식은 이른 시간 안에 가시적 성과를 내기에 적합한 방식이 아니었다. 노무현의 정부 혁신은 이전 정부들인 문민정부와 국민의 정부에서 단행된 행정개혁과 마찬가지로 권위주의 시대를 청산하는데 그 목표가 맞춰져 있었다. 그러나 이전 정부들이 신공공관리(new public management) 노선에 의지하여 개혁을 단행했던 반면 노무현은 좀 더 뉴거버넌스(new governance) 노선에 가까운 방식으로 정부 혁신을 이끌었다.

신공공관리는 행정에 민간부분의 경영방식을 도입해 공공행정의 효율성을 제고하려는 관리기법(임주영·박형준 2015, 154)으로 외부 개혁의 단행을 그 특징으로 한다. 반면 뉴거버넌스는 기존 정부 주도의 공공서비스 전달방식에서 민간영역과 협력적 네트워크를 통해 사회문제를 해결하려는 시도로 시민의 자발적 참여와 협동을 중시하는 새로운 방식의 네트워크식 국정관리 체계이다(이종수 2013). 기본적인 철학에서 차이가 있는 것이다.

임주영·박형준(2015)의 최근 연구에 따르면 노무현의 정부 혁신의 논리를 파악하는 시각은 '신공공관리', '뉴거버넌스', '신공공관리·뉴거 버넌스 혼합형' 등으로 다양하다. 하지만 전임 김대중 정부의 행정개혁에 대한 평가가 대체로 '신공공관리'로 일치하고 있고 후임 이명박 정부의 행정개혁에 대한 평가 역시 '신공공관리·뉴거버넌스 혼합형'으로 일치한다. 이것은 노무현의 정부 혁신의 논리가 다소 모호하다는 뜻으로 해석될 수도 있지만 그만큼 뉴거버넌스의 요소가 강하다는 뜻으로도 해석할 수 있다.

뉴거버넌스는 민주적 의사결정방식의 확대에 관심을 갖는다. 그리고 네트워크 형성이 중요하다. 노무현 역시 네트워크 형성에 많은 공을 기울였으므로 가시적인 성과가 나온 것은 임기 말에 이르러서였다. 게다가 그 가시적 성과도 국민들의 평가가 아니라 국제사회 전문가의 평가에 의한 것이었다. 혁신 속도가 가장 빠른 나라라거나 혁신 지수 세계 7위 등의 평가를 받은 것이 대표적이다. 임기 내내 성과에 연연하지 않는다는 태도를 보였지만 임기 말에 나온 이런 성과에 대해 노무현은 상당한 만족감을 드러냈다. 2007년의 한 강연에서는 스스로를 혁신대통령이라 칭하기도 했다.

노무현의 자부심과 달리 국민들은 정부 혁신에 대한 노력과 성과에 대해서 별반 관심을 갖지 않았다. 그보다는 비판자들의 비판에 훨씬 더 많은 관심을 가졌다. 정부 혁신에 대한 비판은 참여정부의 국정운영 전반에 대한 비판으로 전이되어, 국민들은 '아마추어 정부', '386 정부', '토론 공화국', '로드맵 공화국', '위원회 공화국' '나토(NATO: No

Action Talk Only) 공화국' 등 야당의 비판에 훨씬 우호적인 태도를 취했다. 정부 혁신의 중요성에 대해 관심을 갖는 이들은 전문가들을 제외하곤 거의 찾아볼 수 없었다.

이 지점에서 다음 질문을 제기할 필요가 있다. 왜 노무현은 온갖 비판을 무릅쓰고 성과를 내기 힘든 정부 혁신에 그토록 힘을 쏟았던 것일까? 이 질문에 대한 답으로 '대통령의 일을 한 것일 뿐'이라는 도식적 답변은 더 이상 적절하지 않다. 노무현이 했던 일 자체는 대통령의 일이었을지 몰라도 이 일에 대한 노무현의 열정은 단순히 대통령의 직무 수준을 넘었기 때문이다. 따라서 이 질문에 대한 답으로는 노무현의 열정의 근원이 제시되어야 한다.

이 글은 노무현의 열정의 근원이 한국 민주주의를 한 단계 업그레이드 시키려는 나름의 원대한 목표에 닿아 있음을 보여주려 한다. 노무현은 공공부문에 대한 국민적 신뢰 제고야말로 한국 민주주의 발전을 위해 반드시 필요한 일이라고 생각하고 있었으며 단기적인 성과를 포기하더라도 근본적인 변화를 이룰 수 있는 방식의 개혁을 단행하였으니 그것이 바로 정부 혁신임을 보여주겠다는 것이다. 이 과정에서 정부 혁신과 관련된 각종 오해들을 해소할 것이고 결론적으로 한국 민주주의 발전을 위해서는 노무현의 방식이 여전히 유효함을 보여 줄 것이다.

노무현의 민주주의

II. 정부 혁신의 시대적 배경

1. 2002년의 시대적 과제

노무현이 정부 혁신에 열정을 쏟았던 이유를 알려면 무엇보다 먼저 시대적 배경을 이해할 필요가 있다. 노무현에게 있어 정부 혁신이란 일반적인 '대통령의 일'을 넘어서는 '그 시대의 역사적 과제'에 속하는 일이었기 때문이다.

노무현이 대통령에 당선되던 2002년은 이른바 한국 민주주의가 새로운 도약을 할 수 있는 시기인 것처럼 보였다. 폭발적으로 나타난 대중들의 정치 참여 열기는 새로운 시대가 눈앞에 있는 것처럼 보이게 했다. 이런 환경 속에서 당선된 노무현은 이른바 '87년 체제'의 한계를 극복하고 새로운 시대로의 도약을 꿈꾸었다. 대화와 타협의 민주주의 시대를 열겠다는 꿈이었다. 노무현은 임기 내내 자신의 꿈을 숨기지 않았다.

독재시대의 과제는 반독재 투쟁이었습니다. 87년 6월 항쟁으로 우리 국민들은 독재정권을 무너뜨렸습니다. 6월 항쟁 이후 시대의 과제는 독재체제에서 구축된 특권과 반칙, 부정과 부패의 유착구조를 해체하고, 권위주의 문화를 청산하고, 투명하고 공정한 사회를 만드는 것입니다. 그리고 독재정권이 만들어 놓은 지역 간의 분열구도를 통합하는 것이었습니다. 저는 이것을 민주주의의 2단계 과제라고 부르고 있습니다. 그 다음 시대의 과제는 관용의 정신을 바탕으로 하는 대화와 타협의 민주주의로 가는 것입니다. 정책을 중심으로 토론과 타협이 일상화되고, 연정·연합정부가 자연스럽게 받아들여지는 수준의 민주주의를 하는 것입니다(노무현 2007, "2007년 신년연설 – 참여정부4년 평가와 21세기 국가 발전전략 (2007.01.23)" 중에서).

노무현은 2002년 이전부터 각종 강연을 통해 한국 민주주의 발전을 3단계로 구분하곤 했다(이송평 2010, 25). 이 구분에 따르면 노무현이 임기 내내 시도했던 일은 민주주의 2단계 과제에 속하는 일이 된다. 그리고 이것은 대화와 타협의 민주주의가 이루어지는 민주주의 3단계를 예비하는 일이기도 했다.

실제로도 노무현은 대통령 취임과 함께 국정운영 원리를 '원칙과 신뢰·공정과 투명·대화와 타협·분권과 자율'로 정한 뒤 스스로 말한 민주주의 2단계 과제 달성과 민주주의 3단계 진입이라는 목표를 달성하기 위해 노력했다. 여기서 주목해야 할 것이 국정운영의 제1원리였던 '원칙과 신뢰'다. 노무현이 '원칙과 신뢰'를 앞세운 이유를 『참여정부 국정운영백서』는 이렇게 설명한다.

우리 사회는 오랫동안 특권층이 반칙을 해도 용납이 됐고 반칙을 해서 얻은 승리가 용인됐다. 그러나 반칙이 통하는 사회에서는 구성원 간의 자발적인 상호신뢰가 형성되지 않는다. 반칙과 불신이 성행하는 사회는 도덕적 자신의 부족으로 붕괴할 수밖에 없다(국정홍보처 2008, 『참여정부 국정운영백서』 제2권, 18에서).

노무현의 민주주의

결국 노무현이 '원칙과 신뢰'를 국정운영 제1원리로 삼은 것은 더이상 반칙이 용인되지 않는 신뢰받는 세상을 만들겠다는 의지의 표현이었다. 노무현의 관점에서 특권과 반칙을 일삼고 불신을 조장해 온 것은 권위주의 체제 하의 정치권력이었다. 이 정치권력은 민주화로 인해 붕괴했다. 그렇지만 이들의 수족 노릇을 하며 국민 위에 군림하던 공공부문은 이전 정부의 노력에도 불구하고 온전하게 개혁되지 못했다. 노무현은 이 공공부문의 개혁을 자신만의 방식으로 완수하려 했는데 그가 세운 목표는 신뢰받는 정부였다.

2. 공공부문 개혁의 역사적 맥락

노무현이 정부 혁신에 열정을 쏟았던 이유를 알기 위해 하나 더 살펴봐야 할 내용은 공공부문 개혁의 역사적 맥락이다. 역사적으로 볼 때 공공부문을 개혁하려 했던 것은 노무현이 이끈 참여정부가 처음은 아니었다. 공공부문 개혁은 87년 체제의 성립과 함께 시대적 과제로 떠올랐으며 이런 이유로 역대 정부는 행정쇄신, 행정개혁 등의 이름으로 공공부문 개혁을 단행했다. 이런 점에서 참여정부의 정부 혁신은 87년 체제의 공공부문 개혁의 흐름 속에서 파악되어야 한다.

권위주의 체제 하에서도 공직기강이나 조직개편 같은 시도가 없지는 않았다. 그렇지만 이런 시도들을 87년 체제 하에서의 공공부문 개혁과 비교할 수는 없다. 조직 개편의 경우 시도 자체가 적었을 뿐 아니라 변화의 폭도 제한적이었다. 제2공화국 출범 직후와 같이 시대적 요구에 부응하기 위한 개혁이 단행된 적도 있었지만 대부분의 경우 시대적 요구나 국민의 여망과는 거리가 멀었다. 대통령의 국정의지를 반영하는 수단이나 행정 편의를 위한 개편 수준일 뿐이었다.

87년 체제 이전의 정부 조직 개편 시도 가운데 그나마 개혁에 가까운 것은 1981년 10월의 정부 조직 개편이다. 당시 새로이 집권한 신군부는 박정희 정권과의 차별화를 위하여 '작은 정부 구현을 위한 정부 조직 개편'이라는 이름으로 행정개혁을 단행했다(박수경 2006, 85). 대통령에게 집중된 권력을 완화시켰으므로 전혀 근거 없는 표현이라고 할 수는 없지만 여전히 대통령의 권력이 막강한 2원 15부 4처 14청 5외국 1위원회의 정부를 '작은 정부'라고 보긴 힘들다. 다만 이 시기는 영국 대처 정부가 신공공관리 노선에 입각한 정부 혁신에 박차를 가하던 시기였으므로 용어 사용 등에서 어느 정도 영향을 받았던 것으로 볼 수 있다.

세계사의 측면에서도 공공부문 개혁은 1980년대 이후의 두드러진 현상이다. 1979년 집권한 대처(Margaret Thatcher)는 집권 기간 동안 이른바 영국병 치유를 내걸며 신공공관리 노선에 입각한 공공부문 개혁을 단행했다. 대처의 공공부문 개혁의 특징은 정부 관료제에 대한 불신에서 출발하여 작고 효율적인 정부를 지향하면서 정부 운영에 시장제도의 장점인 효율성, 성과지향성, 서비스 경쟁 등을 도입했다는 점이다. 시장경제 원리를 신봉하는 신자유주의의 정치경제적 논리에 충실한 이러한 행정개혁은 미국 등 다른 영미 국가에서도 활발하게 전개되었으며 전 세계적인 행정개혁의 흐름을 주도하였다.

1992년에 집권한 미국의 클린턴(William Clinton)은 신공공관리 노선이 이끈 공공부문 개혁 흐름에 새로운 대안을 제시한다. 대처 정부의 경우 복지국가의 위기나 심각한 경기침체의 요인을 공공부문의 문제로

노무현의 민주주의

인식하여 개혁을 단행했으나 클린턴이 집권한 시기의 미국은 상황이 달랐다. 클린턴은 철저하게 국정운영의 선진화에 초점을 맞췄고 이러한 명제에 부합하기 위하여 행태나 문화변수에 초점을 부여하는 방식의 점진적인 혁신전략을 채택하게 된다(국정홍보처 2008, 41).

1997년에 18년 만에 정권을 탈환한 블레어(Anthony Blair)의 노동당 정부 역시 신공공관리 노선에 속도 조절을 시도한다. 제3의 길을 표방한 블레어 정부는 지방 정부와의 관계에서 분권을 강조하고, 기업과의 관계에서 계급 타협을 시도하고, 시민사회와의 관계에서는 자율성을 보장하는 방식으로 변화를 꾀했다. 이후 블레어 노동당 정부의 중도혁신 노선은 새로운 영국식 모델로 자리 잡게 된다(국정홍보처 2008, 45).

1987년 민주화와 함께 한국 사회에서도 공공부문 개혁에 대한 요구가 분출한다. 1987년 이후의 한국 사회를 의미하는 87년 체제는 민주화와 자유화를 특징으로 한다. 이 두 가지 특징적 요소는 자주 충돌하는 모습을 보였지만 공공부문 개혁의 필요성에 대해서만큼은 일관되게 같은 입장이었다. 민주화의 요구는 공공부문의 권위적 요소를 제거하라는 것이었고, 자유화의 요구는 공공부문의 시장 등 민간영역에 대한 통제를 중단시키라는 것이었다. 어느 쪽의 관점에서든 권위주의 시대와 같은 공공부문의 역할은 더 이상 용납할 수 없는 것이었다. 그러므로 87년 체제의 역대 정권은 행정개혁을 시대적 과제로 받아들여야 했다.

1987년 이후 한국 사회에서 요구된 공공부문 개혁은 대처가 맞닥뜨린 상황과 반드시 일치했던 것은 아니다. 그렇지만 대처가 관료주의를 철폐하기 위해 동원했던 신공공관리 노선의 논리는 한국 사회에서도 여전히 유효한 것처럼 보였다. 따라서 김영삼, 김대중 정부 하에서의 공공부문 개혁은 신공공관리 노선의 기조를 따르게 된다. 작은 정부를 지향하는 것이 선으로 여겨졌으며 민영화 등이 권위주의 해체를 위한 방편으로 받아들여졌다.

신공공관리 노선은 영미 국가에서 이미 많은 문제점을 노출했다. 그래서 미국의 클린턴 정부와 영국의 블레어 정부는 이 노선의 기조에 따르면서도 적절한 수준의 변형을 시도했다. 노무현이 정부 혁신을 구상하던 시점은 클린턴의 정부 혁신과 블레어의 정부 혁신이 새로운 대안으로 여겨지던 시기였다. 이에 노무현은 신공공관리 노선의 기조를 잇되 클린턴 정부와 블레어 정부의 대안을 적절하게 반영한 새로운 방식의 공공부문 개혁을 시도하게 된다.

참여정부의 정부 혁신은 바로 이러한 역사적 위치에 놓여있다. 그런데 노무현이 구상한 정부 혁신은 이전 정부가 추진한 공공부문 개혁보다 훨씬 구상이 원대했으며 그 방식도 독특했다. 노무현은 정부 혁신을 통해 공공부문 전체를 근본적으로 바꿔놓으려 했다. 단순한 변화(change) 수준을 넘는 변혁(transformation) 수준이었다. 이 변혁을 통해 그가 달성하려 했던 것은 '국민에게 신뢰받는 정부'였고, 이를 위해 내세운 것이 바로 정부 혁신이었다.

III. 노무현의 전략과 선택

노무현이 혁신하려 했던 것은 공공부문만이 아니었다. 대통령에

노무현의 민주주의

당선된 뒤 노무현이 가장 많이 입에 올렸던 단어가 '혁신'이었는데 공공부문 뿐만 아니라 전체 대한민국을 혁신해 보겠다는 것이 애초 노무현의 구상이었다.

혁신, 이 문제는 따로 말씀드리지 않아도 여러분이 잘 알고 계실 것입니다. 기업도 혁신해야 되고 정부도 혁신해야 되고, 또 그 외에 일반, 공적, 사적인 많은 부분의 조직들이 다 혁신해야 합니다. 사회 문화도 혁신해야 하는 것이고요(노무현 2007, "대통령 국정과제 심포지엄 특강(2007.01.31)" 중에서).

모든 것을 혁신하고 싶어 했지만 그것이 뜻대로 되지는 않았다. 어떤 영역에서는 기대했던 것 이상의 성과가 나기도 했지만 어떤 영역에서는 기대만큼의 성과가 나지 못했고, 또 어떤 영역에서는 부분적인 성과에도 불구하고 전체적으로는 실망스러웠다. 이는 혁신리더의 리더십이 얼마나 작용했느냐 하는 것과 관련이 있었다.

전체적으로 볼 때 공공부문에서의 혁신은 정치사회나 시민사회 영역에서의 혁신보다 훨씬 체계적으로 이루어졌다. 노무현의 혁신의 논리가 애초 정부 혁신에서 출발했던 만큼 더욱 정교하게 기획된 까닭도 있었지만 행정부 수반으로서의 영향력이 좀 더 강하게 작용했기 때문으로 봐야 한다(이송평 2010, 240-245).

참여정부 정부 혁신은 임기 내내 지속적으로 진행되었다. 임기를 기준으로 나누어보자면 2003년이 혁신 기반 조성기에 해당하고 2004~2005년은 혁신 추진기, 2006년 이후는 혁신 확산기가 된다. 참여정부는 혁신 기반 조성기에 149개 로드맵 과제를 설정했는데 임기 말에 이르러 완수된 과제는 모두 144개였다.

　이중 기존에 논의가 없이 최초로 도입된 과제는 '기록관리 시스템', '제주특별자치도', '총액배분 자율편성 예산제도', '총체적 교육훈련 시스템' 등 48개(28.2%)였고 기존에 논의가 있었지만 참여정부에 와서 도입된 과제는 '교육자치제', '범정부 통합전산시스템 구축', '통합 국정평가 인프라 구축', '과학기술혁신본부 설치' 등 16개(10.7%)였으며, 기존 제도를 획기적으로 발전시킨 과제는 '정보 공동이용', '사회형평적 인재 채용', '공공기관 혁신' 등 34개(33.6%), 기존제도를 계승 발전시킨 과제는 '공직자윤리제도', '주민감시체제' 등 30개(20.1%)였다. '분권형 도시계획 구축', '사무구분 체계 개선' 등 11개 과제만이 관계 부처와 학계의 이견으로 완성되지 못했을 뿐 전체 목표 달성률은 86%에 이른다 (국정홍보처 2008, 70-73).

　참여정부의 정부 혁신에 대한 평가는 어떨까? 이 질문에 대한 답과 무관하게 설계자였던 노무현은 참여정부 정부 혁신에 대해 상당한 자부심을 가졌다. 혁신리더인 자신의 리더십이 무리 없이 발휘되었고 의도한 바대로 일이 진행되었을 뿐만 아니라 기대 이상의 성과가 났다고 보았기 때문이다. 여기에는 해외의 긍정적인 평가도 중요하게 작용하였다. 그래서 임기 말에 이르면 노무현은 스스로를 혁신 대통령이라 칭하기도 한다.

　참여정부는 정부를 혁신하고 있습니다. [……] 엄청난 시스템의 혁신이 이루어졌습니다. 모든 업무를 매뉴얼로 만들고 또 표준화해 가고 있습니다. 정부 정책의 품질관리 제도를 도입했습니다. 행정제도의 기반을 재정비하고 있습니다. [……] 국가 평가체계도 완

　　　　　　　　　　　　　　　　　　　　노무현의 민주주의

전히 새롭게 만들었습니다. 이제 사전점검 체제도 만들고 있습니다. 그리고 혁신하는 방법을 혁신했습니다. 혁신을 혁신했습니다. 그래서 많은 혁신기법이 지금 공직사회에서 적용되고 있고 많은 성공사례가 나왔습니다. [⋯⋯] 정부 혁신은 국제사회에서 주목을 받고 있습니다. 혁신 속도가 가장 빠른 나라, 혁신 지수 세계 7위, 참여정부 대통령은 혁신 대통령입니다(노무현 2007, "참여정부평가 포럼 월례강연회(2007.06.03)" 중에서).

노무현과 참여정부의 자부심에도 불구하고 참여정부의 정부 혁신에 대한 평가는 꼭 우호적이지 만은 않다. 그리고 노무현의 혁신 논리에 대한 의구심 또한 여전하다. 어째서일까? 여기에는 여러 가지 이유가 있겠지만 노무현의 의도에 대한 올바른 이해가 부족하다는 것이 중요한 원인이다.

노무현이 정부 혁신을 강하게 추동했던 것은 행정가로서의 목표 위에 정치가로서의 원대한 목표가 놓여 있었는데 이를 읽어내지 못할 경우 의문만 쌓일 수밖에 없다. 특히 결과만으로 모든 것을 평가하려 한다면 노무현의 정부 혁신은 올바르게 이해되지 않는다. 노무현처럼 전략가적 특성이 강한 인물을 평가하기 위해서는 반드시 의도에 주목해야 한다. 그래야 의문이 풀릴 수 있다.

1. 왜 단기성과에 기대지 않았나?

노무현의 정부 혁신의 가장 중요한 특징은 애초에 단기성과를 고려하지 않았다는 점이다. 5년 단임의 짧은 임기만 보장되는 정치적 상황에서 이런 태도를 취한다는 것은 다소 의아한 선택이 아닐 수 없다. 그러나 이 선택은 단순한 선호가 아니라 전략적인 고려였다는 점을 이해해야 한다. 이것은 노무현이라는 정치인의 특성이자 노무현 리더십의 중요한 특징이기도 하다.

대통령이 되면 5년 동안 자율의 문화를 뿌리내리게 할 것입니다. 물론 5년 만에 뿌리 안 내려지지요. 그러나 자율의 문화를 끊임없이 실험해 나가야 합니다. 실패하더라도 또 하고 또 하는 겁니다 (노무현 2002,『노무현-희망 혹은 상식』, 81에서).

이 대목에서 노무현은 공직사회에 자율의 문화를 뿌리내리게 하겠다면서 "실패하더라도"라는 단어를 동원하고 있다. 이는 반드시 이루겠다는 의지를 드러낸 것이며, 단기적 성과에 연연하지 않고 장기적 전망을 가지고 추진해 나가겠다는 의지를 보인 것이라고도 해석할 수 있다.

노무현의 이런 태도는 기본적으로 바람직하다. 새로운 정부가 출범할 무렵 시민사회가 으레 내놓는 요구는 눈앞의 이익보다는 장기적인 전망을 가지고 정책을 추진하라는 것이다. 이런 점에서 노무현의 태도는 모범적이라 할 수도 있다. 그러나 이것이 결과에 대한 우호적 평가를 담보하는 것은 아니다. 정치권력이 단기적 성과를 내지 못할 경우 이를 참아줄 정도의 인내심을 시민사회가 보여준 적은 거의 없기 때문이다.

어찌 보면 노무현의 태도가 지나치게 순진한 것처럼 보이기도 한다. 사실 단기적 성과는 또 다른 도전을 가능하게 하는 자산이 되기도 한다. 변화를 이루는 것이 목표일 경우에는 더욱 그렇다. 정치권력이 저항이 예상되는 개혁을 수행해야 할 경우에는 집권 초기에 빠르게 시도하는 것이 성공 확률이 높다. "어떤 정부든 개혁은 처음 6개월 안에 끝내야 한다"는 프리드먼(Milton Friedman)의 말이 경구처럼 받아들여지고 있는 것도 그런 이유다. 이런 관점에서라면 노무현의 태도는 그다지 환영할만한 것이 못된다. 그러나 선택은 행위자의 몫이다. 노무현의 선택은 신념에 가까웠다.

혁신이론을 보면, 위기감을 조장하라는 것과 단기성과를 내라는 말이 있습니다. 그런데 저는 단기성과를 내라는 데 대해 조금은 다르게 생각해야 한다는 의견을 가지고 있습니다. [……] 때때로 서로 다른 환경과 사회에 의해 조금 나쁜 평가가 나오는 경우가 있더라도 당장의 성과에 대해 일희일비하지 말고, 장기적으로 지속적으로 혁신을 해 성공시켜 나갔으면 좋겠다고 생각합니다(노무현 2006, "정부 혁신 및 정책 책임성 토론회(2006.05.27)" 중에서).

노무현이 단기성과의 중요성 자체를 부인했던 것은 아니다. 그리고 성과를 낼만한 준비가 부족했던 것도 아니었다. 6개월 안에 개혁을 이루려면 치밀한 사전 준비가 필요한데 참여정부는 역대 정부 가운데 그래도 가장 준비가 잘된 편이었다. 참여정부 이전 정부 가운데 참여정부만큼 체계적이고 정책 내용이 풍부한 인수위 보고서는 없었다(이정우 씨 2008, 137). 이런 점에서 노무현의 주장은 준비 부족에서 비롯된 변명이 아니라 신념이었던 것으로 이해되어야 한다.

노무현이 단기성과를 거부한 것은 정부 혁신만이 아니었다. 경제정책에 있어서도 노무현은 일관되게 단기적 경기부양을 거부했다. 노무현은 이전 모든 정부들이 경기부양책을 요구하는 시장의 요구에 굴복했다는 시각을 가지고 있었다. 부작용이 뻔히 예견됨에도 시장에 굴복하는 것은 정부가 해서는 안 된다는 입장이었다. 대통령이 되어 실제로 이런 기조를 유지해 나가자 경기부양책을 지나치게 터부시하는 것이 아니냐는 비판이 쏟아져 나왔다. 그리고 이 비판은 원칙만 고집하는 아집과 무능 때문에 경제가 무너진다는 불신감 조장으로 이어졌다. 그럼에도 불구하고 노무현은 자신의 정책기조를 유지했다. 신념이라고 해석할 수밖에 없다.

여러 예에서 보건대 노무현이 단기 성과를 외면했던 것은 성과를 내기 싫어서는 아니었던 것 같다. 그보다는 단기 성과의 유혹에 빠져드는 것을 경계했다고 보는 편이 옳다. 그렇다면 질문이 바뀌어야 한다. 단기적 성과를 외면한 것이 옳으냐의 문제가 아니라 5년이라는 제한된 임기에도 불구하고 중장기적인 정책을 추진하는 것이 옳으냐의 문제로 파악해야 한다. 비판이나 평가 역시 이런 위치에서라야 적절한 것이 된다.

노무현이 먼 미래를 보고 정부 혁신을 추진한 것은 개인적 신념뿐만 아니라 이전 정부의 행정개혁의 한계도 크게 작용했다. 김영삼 정부와 김대중 정부는 집권 초기에 강력한 행정개혁을 단행했는데 집권 중반기를 넘어서면서 애초의 취지에서 크게 후퇴하는 한계를 적나라하게 드러냈다. 작은 정부를 표방했던 김영삼 정부는 임기 말에 오히려 규모가 더 커졌으며, 민영화 등 신공공관리 노선에 따른 행정개혁을 단행했던 김대중 정부도 임기 말에 이르러 여러 가지 문제를 드러냈던 것이다. 이전 정부들이 87년 체제의 요구인 공공부문의 개혁에 성공하지 못하자 노무현은 보다 근본적인 변화를 추구하게 되었다. 임기 내에 무언가를 이루려하기 보다는 정권이 바뀌더라도 이어갈 수 있는 일관된 흐름을 만들어야 한다고 보았던 것이다.

참여정부 정부 혁신에 대한 오늘날의 일반적인 평가는 여러 산출물(output)을 내놓았지만 성과물(outcome)이 부족하다는 것인데 사실 이런 평가는 2차적인 것이다. 성과가 부족한 것은 기획자인 노무현이 감안한 것이었으므로 불가피했다고 해야 하며 그럼에도 불구하고 어느 정도의 산출물이 나왔다면 그것은 그 자체로 평가해야 하기 때문이다. 그렇다면 노무현의 정부 혁신은 무엇으로 평가해야 하는가? 성과 대신 일관된 흐름을 만들고자 하는 노무현의 의도가 옳았는지 여부와 결국 일관된 흐름을 만들어냈는지 여부가 평가 기준이 되어야 한다.

2. 왜 공무원의 혁신역량을 강조했나?

공공부문을 개혁하라는 87년 체제의 요구에는 공공부문 구성원인 공무원들을 개혁 대상으로 보는 시각이 담겨 있다. 권위주의 체제에서 공직사회는 주권자인 국민에게 봉사하는 대신 정치권력에 봉사했으며 정치권력의 비호 아래 정도를 넘는 권력을 국민에게 휘두르곤 했다. 그래서 민주화 이후 한국 사회에서는 공직사회의 역할과 시스템을 바꾸는 것 이상으로 공직사회 구성원에 대한 책임 추궁을 요구하는 목소리가 높았다. 이런 점에서 공무원을 개혁의 대상으로 설정한 김영삼, 김대중 정부의 행정개혁은 어느 정도 시의적절한 것이었다.

김영삼 정부는 '깨끗한 정부, 튼튼한 경제, 건강한 사회'를 모토로

했다. 여기서 주목할 점은 깨끗한 정부를 슬로건의 맨 앞에 배치했다는 점이다. 김영삼 정부는 스스로를 문민정부라고 칭할 정도로 이전 정부와의 차별성 부각에 신경을 썼는데 깨끗한 정부를 앞세운 것도 마찬가지 의도였다고 할 수 있다. 이전 정부들은 모두 부패한 정부였으나 더 이상 부패를 용납하지 않을 것이라는 정치적 메시지가 국정목표에 담겨 있었다. 부패와 깨끗함은 누구에 의해서 가려지는가? 공공부문에서 역할을 담당하는 공직자들일 수밖에 없다. 그래서 김영삼 정부는 공직자들을 대상으로 반부패운동을 활발하게 벌이는 방식의 행정쇄신을 단행하게 된다.

김대중 정부는 공공부문 개혁이라는 이름으로 정부 구조와 공공부문 전체의 개혁을 지향했다. 김대중 정부의 개혁은 '작지만 효율적으로 봉사하는 정부 구현'이라는 국정목표를 통해서나 정부개혁과제를 '경영혁신과제'라 부른 것에서 알 수 있듯이 대체로 영국 대처 보수당의 신공공관리 노선에 가까운 방식이었다. 이런 방식은 공공부문에 대한 불신과 과감한 민간 이양의 도모를 특징으로 한다. 김대중 정부도 민간 전문 컨설팅 기관에 정부 조직의 진단을 의뢰하는가 하면 공공부문의 민영화를 적극적으로 추진하는 등 공공부문에 경쟁과 시장의 논리를 대거 유입시켰다. 이런 시도는 공무원들을 개혁의 대상으로 보았기에 가능했던 시도들이었다.

전직 대통령들에 비해 노무현의 접근법은 상당히 파격적이었다. 노무현은 공공부문 구성원들에게 더 이상 개혁의 대상이 아님을 주지시키려고 애썼다. 오히려 힘을 실어주려고 했다.

과거에도 정부가 바뀌면 혁신 팀을 만들었지만 이번에는 다릅니다. 과거엔 교수가 이렇게 저렇게 하라 했지만 이번엔 그렇게 하지 않을 것이며, 공무원 자르는 것을 첫 번째로 삼지도 않고 작은 정부도 하지 않겠습니다(노무현 2003, "전국 경찰지휘관 초청특강(2003.06.16)" 중에서).

공공재 다루는 공익사업에 대해서도 민간으로 이양하라는 요구가 시민사회에서 끊임없이 나옵니다. 실제로 민영화했을 때 공익이 희생될 수 있고 공공 서비스가 열악해질 수 있어 함부로 할 수도 없습니다. 해결책은 딱 하나 뿐입니다. 공기업이 민영기업보다 효율적으로 경영되면 문제는 다 해결됩니다. 이걸 만들어 내야 합니다. 오늘 그거 하자고 모였습니다(노무현 2005, "전국 경찰지휘관 초청특강(2003.05.03)" 중에서).

공직자들이 사는 길은 혁신입니다. 큰 정부 작은 정부 논쟁이 있지만, 그 이전에 어떻게든 공직사회에 대해서 국민들의 불신이 있습니다. 공무원들을 보고 철밥통이라고 얘기들 합니다. 여러분들도 기분 안 좋고 부담되고 그럴 것입니다. 거기에 대한 대답이 혁신입니다. 혁신으로 계속해서 일 잘하는 공무원은 철밥통이면 어떻게 금밥통이면 어떻습니까. 다만 성과 있게 효율적으로 국민들에게 봉사하면 평생을 해도 시비가 없는 것입니다(노무현 2006, "혁신 현장 이어달리기(2006.04.12)" 중에서).

위 발언은 공무원들에 대한 노무현의 접근법이 전임 대통령들과 다름을 보여준다. 그렇다고 공무원들을 일방적으로 편들겠다는 태도는 아니다. 공직사회가 내부 혁신을 통해 국민들에게 신뢰받도록 하자는 것이므로 전임 대통령들과 목표는 같지만 접근법이 다른 것으로 파악해야만 한다. 노무현이 이런 태도를 취한 것은 전임 대통령들의 행정개혁이 성공적이지 못했다는 인식을 바탕으로 한다.

김영삼 정부는 반부패활동을 통한 의욕적인 행정쇄신을 단행했지만 집권 초기의 성과가 임기 말로 이어지지 못했다. 작은 정부를 지향해 집권 전반기 3년간 중앙행정기관 보조기관을 8.5% 가량 감축했으나 그 이후부터는 오히려 1.19% 확장되는 결과를 낳았고, 인사 적체를 이유로 도입했던 복수직급제는 엄청난 규모의 직급상향을 가져오는 등 많은 문제를 낳았다(국정홍보처 2008, 35-37).

김대중 정부의 공공부문 개혁의 경우 방식이 문제였다. 김대중 정부는 공공부문 개혁을 기업, 금융, 노동 부문 개혁 등과 함께 4대 부문 개혁으로 다루었는데 이 모든 부문에서 경쟁과 개방을 통한 민간주도의 시장주의적 개혁을 지향했다. 이는 영국의 대처 정부에 의해 경직된 관료제를 혁파하는데 그 효과가 입증된 신공공관리 노선의 차용이었다. 이로 인해 김대중 정부는 내용과 무관하게 반신자유주의 공세에 맞닥뜨리게 됐다.

김영삼, 김대중 정부의 행정개혁에는 또 다른 중요한 문제가 있었다. 집권 중반을 넘어서면서 나타나는 기강 해이였다. 김영삼, 김대중 두 대통령은 공통적으로 집권 초기에 강력한 개혁을 단행하여 큰 지지를 받았다. 그러나 임기가 지속될수록 개혁에 대한 피로를 호소하는 목소리들이 커졌고 기득권을 유지하려는 세력의 반발은 거세졌다. 이것은 이른 레임덕으로 이어졌는데 이로 인해 공직사회의 기강도 눈에 띄게 해이해졌다. 당연히 공공부문의 개혁은 초기의 힘을 현저하게 잃을

노무현의 민주주의

수밖에 없었다. 이런 관찰을 통해 노무현은 새로운 방식의 공공부문 개혁의 필요성을 절감하게 된다.

노무현은 공무원을 개혁의 대상으로 보는 방식보다는 그들 스스로가 변화를 주도하게 하는 방식이 개혁을 완수하는 데 효과적일 수 있다고 보았다. 그러나 공무원을 개혁의 대상으로 보는 시각이 엄존하는 상황 하에서 이러한 시도는 자칫 저항에 부딪힐 수 있었다. 그래서 노무현은 조심스럽게 접근한다. 이는 대통령직 인수위에서의 발언에서도 확인된다.

이번에는 정부개혁을 공무원들이 스스로 주도해서 해 보자는 제안을 드립니다. 되면 그대로 가는 것이어서 자율적 개혁이 되는 것이고 그것이 일이년 뒤 국민들한테 아니라고 평가되면 그때는 공무원 스스로 자율적으로 주도하는 개혁은 실패하는 것입니다. 실패하게 된 공무원들은 국민들한테 할 말이 없고 외부적 수술에 노출될 수도 있는 것이지요(노무현 2003, "대통령직인수위 6차 회의 (2003.01.23)" 중에서).

위 발언에서는 하나의 실험처럼 설명하고 있지만 이 무렵 노무현의 정부 혁신 구상은 이미 틀이 잡혀 있었다. 노무현은 1993년 지방자치 실무연구소 창립부터 일찌감치 자신만의 정부 혁신 방안을 연구해 왔기 때문이다.

제14대 총선에서 낙선한 노무현은 예고되어 있던 지방자치시대에 희망을 품고 연구소를 설립했다. 이 무렵은 미국에서 클린턴 행정부가 막 출범하여 정부 혁신을 단행하던 무렵이었는데 노무현은 분권과 전자정부 구현 등에 큰 관심을 보였고 이를 계기로 정부 혁신에 대한 학습을 시작한다. 1997년 정권교체와 함께 정치권력에 조금 더 가까이 접근한 노무현은 그 무렵에 출범한 영국 블레어 노동당의 중도혁신 노선을 학습하며 여기서 속도 조절의 논리를 장착하게 된다(이송평 2010, 120).

대통령 출마를 준비하면서 노무현은 김대중 정부의 행정개혁을 대체할 자신만의 정부 혁신 방안을 구체화 한다. 이 혁신 방안의 주요 특징 중 하나가 바로 공무원을 개혁의 대상이 아닌 혁신의 주체로 삼아 변화를 이끌어내는 것이었다. 이런 접근법은 해양수산부 장관 재직 시절의 경험이 중요하게 작용했다. 결국 공무원들과 더불어 업무를 해 나갈 수밖에 없는 상황에서 공무원들을 적대적으로 대하는 것이 옳은 일인가가 그가 스스로에게 던진 질문이었다.

참여정부에 와서 공직사회의 개혁이 감당하기 어려울 만큼 빠른 속도로 이루어졌는데 그로 인해서 공무원들 개인이 가지고 있던 안정된 지위가 상당히 많이 변화되었습니다. 〔……〕 공직자들에게 이런 개혁을 요구하고 동참하라고 요구하면서 '너희들은 나쁜 사람들이야. 아주 형편없는 조직이야. 두드려야 돼!' 이렇게 가는 것이 맞습니까? 아니면 '지난날 많은 병폐가 있었음에도 오늘날 한국 사회가 이룬 성취는 그들의 주도적 역할에 힘입었음은 사실이다'는 점을 부각시켜 용기를 북돋우면서 '여러분들은 세계 최고의 공무원이 될 수 있다. 충분한 자질을 가지고 있다. 이것만 고치자' 하는 것, 어느 쪽이 바람직하겠습니까?(노무현 2009, 『성공과 좌절』, 176).

노무현의 이 같은 설명은 공직을 경험한 사람으로서의 인식이 반영된 것으로 볼 수 있다. 공직사회 밖에서 볼 때는 공무원들이 개혁의 대상일 수 있지만 공무원들을 거느리고 국정을 수행해야 하는 입장에서는 그렇지 못하다고 주장을 하는 것이기 때문이다. 이런 점에서 위 발언은 재임 중 자신에게 가해졌던 관료들에게 포획됐다는 주장에 대한 항변으로도 읽을 수 있다.

어떤 의미에서 공무원들을 개혁의 대상으로 볼 것인가 아니면 혁신의 주체로 삼을 것인가는 문제의 본질이 아닐 수 있다. 87년 체제의 요구가 권위주의 체제의 공직사회를 민주주의 시대의 공직사회로 바꾸어놓으라는 것이었다고 한다면 더더욱 그렇다.

김영삼 정부의 행정쇄신이든 김대중 정부의 공공부문 개혁이든 노무현의 정부 혁신이든 사실상 모든 정부들이 87년 체제의 요구에 답한 것이라는 걸 감안한다면 이런 방식의 차이는 시대적 환경의 변화에 따른 각각의 선택으로 봐야 한다. 김영삼이 노무현의 방식을 택했다면 더 좋은 결과가 났을 것이라고 그 누구도 장담할 수 없는 일이고, 김영삼 정부와 김대중 정부의 행정개혁 경험 없이도 참여정부의 정부 혁신이 나올 수 있었다고도 장담할 수 없는 일이기 때문이다.

결국 공공부문 개혁과 관련해서 이 모든 시도들에 대한 평가는 각각의 의도한 바가 시대적 환경에 비추어 적절했느냐를 충분히 검토한 뒤에 이루어져야만 한다. 이런 점에서 공무원을 혁신주체로 삼은 것에 대한 비판과 관료들에게 포획되었다는 식의 비판은 본질과 동떨어진 지엽적인 문제 제기이거나 충분한 검토 없이 주장하는 인상비평이라 하지 않을 수 없다.

3. 왜 이념 중립적 성격을 강조했나?

노무현의 정부 혁신에 대한 가장 논쟁적인 쟁점은 노무현이 일관되게 유지해 온 이념 중립적 성격의 강조다. 이것은 관료들에게 포획됐다는 비판과 함께 진보진영 내에서 제기된 대표적인 비판의 지점이다. 그렇다면 왜 노무현은 이런 태도를 취했을까? 사실이 그러하기 때문이었다. 그렇지만 이에 대한 거듭된 강조는 정부 혁신에 대한 야당의 선동적인 비판으로부터 벗어날 필요에 의해서였다. 집권 초기에는 정부 혁신에 가해진 공세는 무분별하다 싶을 정도였다.

문광위에서도 한나라당 의원들은 갖가지 비유를 들어가며 파상 공세를 폈다. 정병국 의원은 '한국판 문화대혁명', '노위병', '노사공(노무현을 사랑해야 하는 공무원들 모임)', '매트릭스의 시스템 복제요원' 등 표현을 동원해 공세를 펼쳤다. 고흥길 의원은 '현 정부의 정책보좌관 제도와 주니어보드 구상은 전형적인 정치공무원 양성프로그램으로 히틀러의 SS(나치스 친위대)와 다를 바 없다'며 폐지를 촉구했다(《한국일보》 "野, '한국판 문화대혁명(2003.06.18)" 중에서).

사용하는 단어들에서 알 수 있듯이 이런 비판은 근거를 갖춘 비판이기보다는 정치 공세에 가깝다. 그러나 이런 공세가 여론조성에 있어 유의미한 효과를 내는 곳이 한국 사회다. 이런 공세에 제대로 대응하지 못할 경우 정부 혁신에 대한 여론이 나빠질 뿐만 아니라 혁신 주체가 될 공무원들도 흔들릴 수 있었다. 따라서 노무현은 어떻게든 대응을 하지 않을 수 없었는데 그가 가장 효과적인 대응이라고 생각했던 것이

노무현의 민주주의

바로 정부 혁신 논리에 내재한 이념 중립적 성격이었다.

〈표 4-1〉 혁신과 개혁의 상대적 개념 차이

	혁신(innovation)	개혁(reform)
어원	창조적 파괴 과거 익숙한 것으로부터의 단절	기존에 존재하였던 것을 다른 모습으로 만드는 것(reshaping)
추진 대상	사람(People), 과정(Process), 구조(Structure) 등	정부 조직 정치 및 행정체제와의 관계
추진 주체	리더 및 구성원 중시	정치집단 및 외부관계자 중시
과정적 특성	연속적 과정/지속성과 상시성	단기간 내 대규모 변화
가치지향성 or 정치와의 관계	정치이념 중립적 정치영역과 일정 거리 유지	정치이념 지향적 정치영역과 밀접한 관계

* 국정홍보처(2008). 『참여정부 국정운영 백서』 제7권 27에서 재인용.

〈표 4-1〉은 참여정부가 정리해 제시한 혁신과 개혁의 상대적 개념 차이다. 이 표는 정부 혁신에 대한 여러 가지 논란에 대한 참여정부의 입장이 잘 담겨 있다. 자신들의 정부 혁신은 슘페터(Joseph Schumpeter)가 제시한 '창조적 파괴'로서의 혁신의 입장을 따르고 있으며 정치집단과 외부 관계자들이 중심이 된 개혁이 아니라 내부의 리더와 구성원들이 혁신 주체가 되어 변화를 이끌어 내는 방식이고 단기간 내 대규모 변화를 도모하기보다 연속성, 지속성, 상시성을 추구한다는 것이 이 표의 설명이다.

〈표 4-1〉이 마지막으로 보여주는 것이 가치지향성과의 관계다. 이 표는 김영삼, 김대중 정부에서 행한 행정개혁이 정치이념 지향적이었던 반면 자신들의 정부 혁신은 정치이념 중립적이라고 설명한다. 이론적 기반이 그렇다는 것이다. 이는 노무현의 평소 주장을 그대로 반영하고

있는 것이다. 우리 헌법이 공무원의 정치중립을 강조하는 만큼 정부 혁신의 논리가 더 옳지 않느냐는 것이 노무현의 반박이었다.

그러나 이것이 진보진영 내부에서 제기되는 비판에 대한 반박이 될 수는 없다. 진보진영에서 문제 삼는 것은 진보적 의제를 등한시 하고 이념 중립적 의제에 매달린다는 것이었기 때문이다. 왜 사기업의 CEO처럼 행위 하느냐는 최장집의 비판도 이런 맥락의 비판이다. 이런 비판에 대해 노무현은 아무런 반박도 하지 않았다. 반박할 수 없었던 것일까? 그렇게 보이진 않는다. 노무현은 일찍부터 세력균형의 필요성을 소신으로 밝혀온 바 있기 때문이다.

> 힘센 사람이 왜 양보합니까? 가량 사과 하나를 유치원생과 대학생이 갈라먹어야 할 경우 대학생이 배가 무지 고프다면 합의가 되겠습니까? 그냥 먹어버리면 되는 거죠. 적어도 나 혼자 먹으려고 했을 때 상대방이 안 된다고 막아 나서서 치고받고 싸우다 보니 도저히 승부가 날 것 같지 않아서 서로 간에 '야, 이러지 말고 우리 반씩 갈라먹자' 하려면 서로 간에 힘이 비슷해야 이런 타협이 가능하겠죠? [……] 세력균형이 이루어져야 합니다. 제도 정치의 장에서, 그리고 여론의 장에서 세력균형이 이루어져야 대화와 타협의 문화가 생겨날 수 있습니다. 이것이 한국 민주주의의 최대의 과제라고 생각합니다(노무현 2001, [원광대 행정대학원 특강] "가치 문화의 시대를 열자(2001.10.25)" 중에서).

대통령 출마 전 한국 정치에 관한 노무현의 강연에서 가장 많이 등장하는 것 중 하나가 세력균형의 강조였다. 노무현의 시각에서 한국 사회는 지나친 보수편향의 사회였다. 그러므로 어떻게든 이를 시정할 필요가 있었다. 그러나 노무현은 한국적 정치 현실에서 대항 헤게모니 구축을 통한 헤게모니 교체까지 도모하기는 힘들다는 입장이었다. 현실적으로 추구할 수 있는 것은 보수와 진보가 세력균형을 이루는 수준이라는 것이었다.

노무현의 시각에서 공직사회가 이념 중립적 위치에 놓이는 것은 그 자체로 진보가 된다. 공직사회를 지배하는 정서가 권위주의 체제하에서 형성된 보수 편향적 성향이었으므로 공무원의 정치적 중립을 이룬다는 것은 그 자체로 진보진영의 정치적 승리라고 할 수 있기 때문이다. 그러나 노무현으로서는 이런 의도를 공개적으로 드러낸다는 것은 생각할 수 없었을 것이다. 이 의도가 강조되는 순간 정부 혁신의 논리에 내재한 이념 중립적 성격은 그 의미를 잃어버릴 것이기 때문이다. 이런 점에서 정부 혁신에 대한 노무현의 이념 중립적 성격 강조는 전략적 선택이었다고 봐야 한다.

정부 혁신은 좌파적 정책이 아니냐는 주장을 했던 이들이라면 노무현의 의도를 빗대 이중적 태도라고 비난할 수도 있겠다. 그러나 그렇다고 하여 참여정부의 정부 혁신 자체를 이념 지향적이라고 할 수는 없다. 노무현이 원한 것은 결과적인 이익이었으나 그 과정은 이념 중립적인 것이 분명했기 때문이다. 진보진영의 비판자들의 비판은 어떨까? 이는 노무현의 세력균형론을 얼마나 진지하게 받아들이느냐에 달려 있다고 본다. 노무현의 의도가 얼마나 유의미한 것이었는지는 정치적 입장에 따라 해석이 다를 것이므로 비판의 강도도 저마다 다를 것이기 때문이다. 다만 노무현의 의도를 알기 전보다는 비판의 강도가 낮아지게 될 것은 분명하다.

4. 왜 '원칙과 신뢰'를 앞세웠나?

참여정부의 정부 혁신의 핵심 키워드는 '원칙과 신뢰'다. 노무현이 '원칙과 신뢰'를 국정운영의 제1원리로 삼았던 이유를 이해하지 못한다면 정부 혁신에 대한 노무현의 의도를 제대로 이해했다고 할 수 없다. 노무현이 단기적 성과 내기를 외면했던 것도 공무원들을 혁신 주체로 대우한 것도 이념 중립적 성격을 강조해야만 했던 것도 다 원칙이 바로 선 정부가 신뢰받는 나라를 만들기 위해서였기 때문이다. 이미 앞에서 간략하게 설명했음에도 여기서 다시 '원칙과 신뢰'를 거론하는 것도 이런 이유에서다.

저는 사상의 완결성을 인정하지 않는 쪽입니다. 모든 사상은 소중하지만, 모든 사상은 완결성을 인정할 때 절대주의가 되고 사람에 대한 지배와 속박이 되기 때문입니다. 위대한 사상은 인정하지만 절대적인 사상은 인정하지 않는 쪽입니다. 사상이 완벽하지 않지만, 그래도 가장 존중할만한 사상이 있다면 계몽주의에서 비롯된 민주주의 사상이라고 저는 생각합니다. 민주주의는 자기 이론의 근거, 자기 가치의 근거에 대해서 스스로 불완전성을 인정하고 있기 때문에 위대합니다. 그리고 그저 관념의 세계 속에서만 존재하는 것이 아니라 역사의 현실로서 업적을 남기고 있기 때문에 위대합니다(노무현 2006, "정책기획위원회 오찬 발언(2006.12.28)" 중에서).

굳이 이름 붙이자면 노무현은 민주주의자다. 노무현은 민주주의가 곧 진보라는 신념을 가지고 있었다. 그래서 노무현은 스스로를 진보주의자라고 생각했다. 노무현에게 있어 진보적 목표는 성숙한 민주주의 사회를 만드는 것이었다. 민주주의는 완벽할 수 없다고 생각했으므로 그의 꿈은 좀 더 소박했다. 정치를 전쟁이 아니라 게임처럼 하는 대화와 타협이 가능한 민주주의의 실현이었다.

이제 한국도 '전쟁 민주주의' 말고 '게임 민주주의'를 했으면 합니다. 예전에는 정치 게임서 지면 전쟁에서 진 것처럼 돼서 정치게임이 죽기 아니면 살기 식이었는데, 이제 민선 대통령도 몇 번 지났고 그래서 이제 투표에 관한 한은 미국에도 큰소리 할 만큼 됐습니다. 투명하고 공정한 게임을 하기 때문에 여야 모두 정치를 게임으로 보고 갔으면 합니다. 게임에서 지면 다시 열심히 체력단련, 패자 부활하는 이런 식으로 가야 합니다. 제 또래 윗분들은 아직도 정치를 전쟁 개념으로 봅니다. 그 생각을 씻는데 노력해야 할 만큼 쉽지 않지만 그렇게 생각해 주고 게임 결과를 산뜻하게 존중하고 반대쪽에는 정책으로는 치열히 싸워도 인정했으면 합니다(노무현 2004, "LA 교포 간담회(2004.11.15)" 중에서).

노무현의 관점에서 민주주의가 실현되려면 시민사회와 국가의 관계도 이전과는 달라져야 했다. 민주주의는 시민사회가 국가에 대한 투쟁에서 얻어낸 전리품이다. 민주주의는 국가에 대한 민주적 통제를 전제로 한다. 그러므로 시민사회의 의심을 받는 국가는 제대로 된 민주국가라 할 수 없다.

1987년 6월 항쟁 이후의 민주화로 많은 부분이 개선되었지만 유감

스럽게도 시민사회가 국가를 신뢰하는 수준으로까지 발전하지는 못했다. 그 신뢰는 누가 어떻게 만들어내야 하는가? 노무현은 국가가 국민에게 신뢰받으려는 노력을 해야 한다고 보았다. 그래서 그는 국가가 자행해 온 특권과 반칙의 역사를 청산하고, 과거의 잘못을 국민에게 사과하며, 부단한 내부 혁신으로 국민들이 신뢰할 수 있는 수준의 변화를 이뤄내야 한다고 보았다. 이 모든 일을 해 내기 위해 앞세웠던 국정 운영의 원리가 바로 '원칙과 신뢰'였다.

노무현의 노력은 큰 정부를 원하는 진보의 목표를 달성하기 위해서도 반드시 필요한 것이다. 오늘날 보수와 진보가 맞서는 첨예한 쟁점 중에는 정부의 규모를 어느 수준으로 할 것인가도 포함된다. 대체로 보수는 작은 정부를 원하고 진보는 큰 정부를 원한다. 그런데 국가가 시민사회로부터 신뢰를 받지 못한다면 큰 정부가 필요하다는 논리는 지지를 받기 어렵게 된다. 국가가 개혁의 대상으로 남아 있는 한 정부의 규모를 줄여나가는 신공공관리 노선의 방식만이 유일한 개혁 처방으로 지지받을 수밖에 없게 된다.

노무현의 노력은 국가 재정 확충이라는 또 다른 진보적 목표 달성을 위해서도 필요하다. '증세인가, 감세인가'의 문제 역시 오늘날 보수와 진보가 격돌하는 지점이다. 진보는 대체로 증세를 원한다. 국가가 충분한 재정을 바탕으로 국민들에게 충분한 수준의 복지를 제공해야 한다고 보기 때문이다. 국가의 신뢰도는 여기서도 중요해진다. 세금에 대한 거부감은 동서고금을 막론하고 대부분의 사람들이 갖는 보편석인 정서다. 이런 보편적 정서 속에서 저항 없이 세금을 올릴 수 있는 방법은 폭압으로 짓눌러 강탈하는 방식과 국가에 대한 신뢰를 바탕으로 하는 자발적인 방식만이 있을 뿐이다. 그러므로 증세가 아무리 옳다고 하여도 국가에 대한 신뢰도가 낮은 상황에서는 정치적 지지를 받기는 어렵다고 봐야 한다.

결국 국가의 신뢰도 증진은 진보진영의 중요한 목표가 되어야만 한다. 그럼에도 불구하고 한국의 진보진영은 이 문제에 대해 큰 관심을 갖지 않았다. 과거에도 그렇고 지금도 그러하다. 어째서 그런가? 정치권력의 획득 이후 정치권력을 어떻게 운용할 것인가에 대한 고민이 부족하기 때문이다. 이런 점에서 노무현이 시대를 앞서 나갔다고 볼 수도 있다. 그러나 반대로 진보진영이 시대에 뒤쳐졌다고 볼 수도 있다. 어느 쪽으로 생각해도 무방하다. 그렇지만 한 가지 분명한 것이 있다. 노무현의 길이 진보의 올바른 방향이라는 사실이다.

IV. 노무현 정부 혁신론에 대한 비판과 반론

대통령에 취임한 뒤 노무현은 '선진 혁신국가 건설'과 '세계 10위권의 경쟁력 있는 국가', '국민이 편안하고 행복한 나라' 등을 국가 혁신 비전으로 제시하면서 정부 혁신을 직접 주도해 나갔다. 출범 초기 참여정부는 정부 혁신의 비전으로 '투명하고 일 잘하는 정부'를 제시했다. 그러다 임기 중반을 넘기면서 '국민에게 책임을 다하는 정부'를 정부 혁신의 비전에 추가했다. 이에 대해 참여정부 국정운영백서는 "'투명하고 일 잘하는 정부'의 비전이 어느 정도 달성되고 있다는 판단과 함께 큰 정부에 대한 비판에 대응하는 정부 혁신의 비전이라고 할 수 있다(국정홍보처 2008, 51)."라고 설명하고 있다.

'큰 정부' 논란 때문에 정부 혁신의 비전을 추가해야 했다는 것은 '큰 정부' 논란에 참여정부가 적잖이 곤경에 처했음을 의미한다. 그러나 참여정부가 겪은 논란은 비단 '큰 정부' 논란뿐만이 아니었다. 야권에서는 참여정부의 성격을 왜곡하는 정치공세를 지속적으로 전개했고 이런 정치공세 속에서 참여정부에 대한 국민적 신뢰는 점점 낮아져 갔다. 신뢰받는 정부를 만들겠다는 노력이 계속될수록 신뢰는 하락하는 현상을 빚게 됐던 것이다.

1. 로드맵 공화국, 위원회 공화국, NATO 공화국

'큰 정부-작은 정부' 논쟁은 진지하게 검토해 볼 수 있는 주제다. 그러나 정부 혁신에 대한 국민들의 인상을 좌우한 것은 이런 논쟁이 아니라 인상비평에 의지한 정치공세였다. 참여정부를 비판하기 위해 만들어진 신조어도 많았는데 그중에는 건달 공화국처럼 듣기에도 거북한 막말도 있었지만 참여정부의 특징을 포착한 신조어도 제법 있었다. 로드맵 공화국, 위원회 공화국, NATO 공화국 등이 그것이었다.

어떤 특징을 포착하여 만든 말이라고 하여 그 말의 쓰임이 항상 적절할 수는 없다. 그 특징이 중요하다고 하더라도 부분적인 것이라면 그 특징으로 전체를 포괄하려 드는 것은 적절하지 못하다. 특히 그 쓰임이 그 특징을 존중하기 위한 것이 아니라 희화화하기 위한 것이라면 더욱 그렇다. 그러므로 이에 대해 따져 볼 필요가 있다.

모든 비판의 출발점이 된 로드맵 공화국이라는 비판은 정부 혁신 로드맵에서 비롯됐다. 취임 초 참여정부는 '투명하고 일 잘하는 정부'

라는 정부 혁신 비전을 확립한 다음 '효율적인 정부, 투명한 정부, 함께
하는 정부, 봉사하는 정부, 분권화된 정부' 등 다섯 가지의 정부 혁신
목표를 설정한다. 그리고 이어 정부 혁신 로드맵을 제시하는데 그 숫자
는 앞에서 설명한 바대로 149개였다. 임기 말에 86%의 완수율을 보인
로드맵 과제는 6개 분야로 나눌 수 있다.

〈표 4-2〉 분야별 정부 혁신 로드맵

분야	행정개혁	인사개혁	지방분권	재정세제	전자정부	기록관리
과제 수	28	20	33	23	31	14

* 국정홍보처(2008), 『참여정부 국정운영 백서』 제7권 59에서 재인용.

　　각 분야별 특징을 살펴보자면 행정개혁 로드맵의 경우 '투명하고
일 잘하는 정부'를 구현하기 위하여 시민참여와 분권을 통한 거버넌스
형 행정개혁을 목표로 했다. 인사개혁 로드맵은 '공정성과 전문성에 기
초한 참여형 인사시스템'을 목표로 했고, 지방분권 로드맵은 '지방 활
력을 통한 분권형 선진국가'라는 비전에 맞게 그려졌으며, 재정세제 로
드맵은 '성장·분배의 상승효과를 창출하는 분권형 국가재정'이라는 비
전에 따라 설계되었다. 노무현이 각별한 애정을 보인 전자정부 로드맵
은 '세계 최고수준의 열린 전자정부 구현'이라는 비전하에 전 정부의
통합적 역량을 극대화한다는 목표를 가지고 있었으며, 기록관리 로드
맵은 '참여민주주의 시대 기록문화 정착'이라는 목표 아래 설계되었다
(국정홍보처 2008, 60-68 참조).
　　여기서 주목해야 할 점은 이 로드맵이 정부의 일방적 주도가 아니
라 각계 전문가의 의견과 국민의 의견까지 수렴하여 만들어졌다는 점

이다. 이것은 행정개혁의 목표가 그러했던 것처럼 참여정부가 거버넌스를 지향했다는 점이다. 참여정부 국정운영백서는 로드맵 과제가 만들어지는 과정을 이렇게 설명하고 있다.

> 정부 혁신 로드맵은 정부 혁신지방분권위원회가 중심이 되어 토론회 및 공청회, 워크숍을 통해 각계의 외부전문가, 일반국민, 관계 부처의 의견을 수렴하고 선진국의 혁신 동향을 참조하여 마련되었다. 이 로드맵은 단순히 해결해야 할 과제 목록을 수록한 것이 아니라, 실행을 담보하기 위한 목표, 추진일정, 주관부처를 제시하고 있다(국정홍보처 2008, 『참여정부 국정운영백서』 제7권 58에서).

이 설명에는 로드맵 공화국이라는 비판 외에 또 다른 비판의 대상이 됐던 참여정부의 두 가지 특징이 고스란히 담겨 있다. 정책을 주도한 것이 정부부처나 민간 전문 업체가 아니라 위원회였다는 점, 결과가 나오기 전까지 여론수렴에 수많은 토론이 있었다는 점이 그것이다. 이런 점에서 볼 때 로드맵 공화국이니 위원회 공화국이니 NATO 공화국이니 하는 것은 참여정부의 운영체계에 대한 보는 각도를 달리한 비판이라고 할 수 있다. 그렇다면 이런 비판은 적절했는가? 그렇게 보이진 않는다.

로드맵 공화국이라는 비판은 두 가지로 해석된다. 그 하나는 미래 설계에 집착한다는 것이고 다른 하나는 계획만 세울 뿐 실천이 없다는 것이다. 이 중 두 번째 비판은 임기 말에 이르러 대다수의 과제가 완수되었다는 결과물이 나온 상태이므로 더 이상 시비의 대상이 되긴 힘들다. 또 이에 대해 반박을 할 경우 과제가 완수되기 전에는 얼마든 가능

노무현의 민주주의

한 비판이 아니냐는 반박도 가능하기 때문에 더 이상의 논쟁거리는 되지 않는다고 할 수 있다. 따라서 현재까지도 논란이 될 수 있는 것은 미래 설계에 집착했다는 비판뿐이다. 임기 5년의 정부가 임기를 넘어서는 수준의 중장기 계획을 세우는 것이 옳으냐는 문제 제기는 여전히 가능한 것이기 때문이다.

참여정부는 '정부 혁신 로드맵'뿐만 아니라 '비전2030', '저출산·고령화 대책', '복지예산 확대 및 사회투자정책 추진', '행정중심복합도시', '공공기관 지방이전', '혁신·기업도시' 등 미래를 위한 장기과제를 상당히 많이 입안 추진했다. 이런 장기과제가 꼭 필요하냐는 문제 제기에 대해 참여정부는 이 모든 과제가 언젠가는 해야 할 일이며 미래 정부의 부담을 덜어주기 위해서라고 반박하곤 했다.

참여정부의 반박은 나름 일리가 있다. 모든 정부가 임기 5년 내에 가능한 단기적 과제들에만 몰두한다면 대한민국의 미래를 설계하는 역할은 정부의 손을 떠날 수밖에 없기 때문이다. 또 대통령에게 한 번의 짧은 임기만 보장되는 현 헌법 제도의 특성상 상당수 정책의 성과는 후임 대통령 시기에 나올 수밖에 없다. 따라서 만약 책임질 수 있는 일만 해야 한다면 대통령이 할 수 있는 일이란 주어진 현안을 처리하는 수준을 넘지 못하게 된다. 이것은 옳은가? 옳다고 할 수 없다.

그러므로 결국 미래를 내다보고 선제적으로 정책을 입안 추진하는 것은 대통령이 당연히 해야 할 일이라고 봐야 한다. 그리고 정치적 쟁점은 언제나 그 정책이 얼마나 시의 적절한 것인지 여부가 되어야 한다. 참여정부의 행정수도 이전과 이명박 정부의 4대강 사업이 좋은 비교의 예가 될 것이다.

위원회공화국이라는 비판은 참여정부의 특징을 잘 포착한 비판이다. 그러나 그 비판의 내용은 위원회가 정책을 좌지우지 한다거나 정부 부처 위의 옥상옥에 불과하다는 내용이어서 내실 있는 비판이라고 보기는 힘들다. 참여정부의 정부 혁신의 추진전략과 체계를 구체적으로 따져보지 않은 인상비평이기 때문이다.

위원회 공화국이라는 비판은 몇 가지로 나누어 살펴볼 수 있다. 가장 자주 거론된 것이 옥상옥이라는 '정부부처 홀대론'인데 이는 사실과 달랐다. 참여정부는 정부부처를 넘나드는 과제들을 총괄 조율할 목적으로 위원회를 두었던 것이므로 위원회를 옥상옥이라고 할 수는 없었다. 또 위원회의 기획과 정책화 작업의 전 과정에 장관을 비롯한 관계 부처를 폭넓게 참여시켰다는 점에서도 정부부처를 홀대했다고 볼 수는 없다. 그리고 국회와 감사원, 청와대 비서실로 하여금 위원회를 통제하도록 함으로써 위원회의 독단을 차단하려 했으니 위원회가 정책 결정을 좌지우지했다는 것 역시 과한 비판이라 하지 않을 수 없다. 능력 있는 위원회가 좀 더 영향력을 발휘할 수는 있어도 이를 일반화해서는 안 된다는 것이다.

NATO 공화국이라는 비판도 그러하거니와 위원회 공화국에 대한 비판은 네트워크 시대에 걸맞은 거버넌스라는 개념에 대한 몰이해에서 비롯된 비판이기도 하다. 민주화된 현대 사회는 더 이상 국가의 일방적인 통치나 지배를 허용하지 않으며 정부나 준정부뿐만 아니라 반관반민(半官半民), 비영리, 자원봉사 등도 공공활동에 참여시키는 경향이 뚜렷한데 이런 다양한 주체들이 결론에 합의하기 위해서는 이를 조정할 수 있는 기구가 반드시 필요하게 된다. 참여정부의 위원회는 바로 이런 기능을 수행하는 기구였으며 이 기구 내에서 활발한 토론이 이루어지는 것은 너무도 당연한 일이었다. 그런데도 이를 위원회 공화국이니

NATO 공화국이니 하고 비판한 것은 시대에 뒤쳐진 정책결정 방식에 대한 옹호나 집착이거나 내용 없는 말뿐인 인상비평이라 하지 않을 수 없다.

2. 큰 정부, 작은 정부, 효율적 정부

참여정부가 한국 사회에 던진 쟁점 가운데 하나는 큰 정부인가 작은 정부인가의 논쟁이다. 참여정부는 출범 당시부터 정부 규모의 문제가 중요한 것이 아니라는 입장을 강조했으므로 이런 논란은 참여정부 바깥에서 시작된 논쟁이라고 봐야 한다. 당연히 비판은 야당과 언론으로부터 나왔다.

이와 관련된 비판으로는 "'작은 정부 큰 시장'으로 가야 한다(김덕룡 2005.02.02)", "크고 비효율적인 정부 어디까지 갈 것인가(《동아일보》 2005.06.22)", "공무원을 위한 공무원의 정부(《문화일보》 2005.09.28)", "노무현 정권은 '큰 정부 작은 시장' 고집(강재섭 2005.10.14)", "부처 공무원 478명 또 늘렸다. 세금과 규제 더 늘릴 공무원 증원(《동아일보》2006. 01.18)", "'작은 정부, 큰 시장' 많은 문제 해결(박근혜 2006.05.09)", "정부 효율성·국가 경쟁력 위해 작고 효율적인 정부(박근혜 2006.10.18)" 등이 있다.

일반적으로 보수진영은 작은 정부를 지향하고 진보진영은 큰 정부를 지향한다. 그렇지만 크거나 작은 기준은 나라마다 다를 수밖에 없다. 정부의 규모가 지나치게 작은 경우라면 보수정부라도 규모를 키워야 하고 정부의 규모가 지나치게 크다면 진보정부라도 규모를 줄어야 하는 것이 옳다. 단지 보수냐 진보냐의 기준으로 정부 규모를 결정한다면 이는 그 자체로 정략적이라 하지 않을 수 없다.

오늘날 보수진영이 주장하는 '작은 정부론'은 복지국가를 거친 선진국에서 정부 규모를 줄이기 위한 논리로 대두된 것으로 우리나라의 현실에 비추어 이를 직접 적용하는 것은 여러 면에서 적절하지 않다. 우리나라의 정부 규모는 OECD 국가 가운데 가장 작은 편에 속하기 때문이다. 재정규모뿐만 아니라 실제 공무원 수에서도 그렇다.

〈표 4-3〉 인구대비 공무원 수 비교

구분	한국(2006)	일본(2003)	미국(2000)	프랑스(1999)	독일(2000)
* 공무원 1인당 인구 수(명)	36.0	28.7	14.2	12.9	18.1
* 전체 인구대비 공무원 비율(%)	2.8	3.5	7.0	7.8	5.5

* 국정홍보처(2008), 『참여정부 국정운영 백서』 제7권 127에서 재인용.

우리나라에서는 권위주의 시대 이래로 모든 것을 국가가 결정해 왔으나 정부의 규모 자체가 비대하게 유지되어 온 것은 아니었다. 권위주의 정치권력은 사회 전체를 통제했으므로 굳이 정부의 규모를 정도 이상으로 키울 필요는 없었기 때문이다. 민주화 이후 정부에 대한 개혁 논의가 활발하게 전개되면서 정부의 권한을 축소하는 과정에서 '작은 정부론'이 활용되기도 했다. 그러나 이것은 권위주의 해체를 위한 불가피한 선택이었다고 봐야 한다. 따라서 우리나라 현실에 비추어 '작은 정부론'을 따르지 않는다고 해서 큰 정부를 지향한다고 비판하는 것은 정도 이상의 비판이라고 할 수 있다.

참여정부는 큰 정부를 지향한 것이 아니라 효율적인 정부를 추구했다. 효율적인 정부의 추구는 차라리 '작은 정부론'에 가깝다. 정부의 규모를 줄이자는 주장 속에 이미 비효율 제거라는 주장이 담겨 있기 때문이다. 다만 참여정부가 효율적인 정부를 추구했던 것은 효율성 자체를 강조한 것이기 보다 국민의 신뢰를 강조했다는 점에서 '작은 정부론'과는 구별해야 한다. 효율적으로 일만 잘하면 규모의 크기는 문제가 아니라는 입장에서 접근한 것이므로 오히려 큰 정부의 가능성을 열어 놓았다고 볼 수도 있기 때문이다.

큰 정부의 가능성을 열어 놓았음에도 참여정부에 대해서는 정부로서의 제 할 일을 다 하지 못하고 권력을 시장에 넘겨주었다는 비판이 제기되기도 했다. 위 설명은 이런 비판에 대한 반론으로서의 의미도 있다고 생각한다. 큰 정부를 지향하는 입장이라면 큰 정부를 만들기 위해서 무엇이 필요한지에 대해서 좀 더 숙고해 볼 필요가 있다.

3. "지표로 말하자"

참여정부는 역대 어느 정부보다 무능한 정부라는 비판을 많이 받았던 정부였다. 더러 이유를 대기도 했으나 어떤 경우는 밑도 끝도 없는 비난이었다.

무능론의 예로는 "청와대, 행정부, 여당은 부도덕, 무능, 무질서의 본산이었다(한나라당 논평 2004.08)", "능력보다 코드를 중시, 결국 국정운영에서 무능과 혼란을 초래했다(전여옥 대변인 2005.08.22)", "국가 최고지도자의 무능과 무책임은 국가의 불행을 부른다. 무능해도 문제고 무책임해도 문제지만, 무능하고 무책임하다면 그것은 보통 일이 아니다(《조선일보》 2006.11.28)", "노무현 정권과 열린우리당이 역대 최악의 무능정권이라는 사실은 삼척동자도 다 알고 있다(나경원대변인 2007.01.19)" 등이 있다.

'대통령 무능론'에서 시작된 무능론은 '참여정부 무능론'으로 이어졌고 임기 말에 이르러서는 '민주세력 무능론'으로까지 확산되었다. 이렇게 확산되는 과정에서 민주세력 내부에서도 무능을 자성하는 목소리가 나오기 시작했고 이는 결국 정권교체의 중요한 빌미로 작용하게 된다.

참여정부는 임기 말에 이 무능론에 대처하는 데 전력을 기울였다. 대통령까지 나서서 대통령이 무능할지 몰라도 참여정부는 결코 무능하지 않으며 민주세력은 대한민국 발전에 엄청난 기여를 했다고 항변하기도 했다. 이런 항변 속에 노무현은 의미 있는 문제 제기를 한 바 있는데 그것은 유능과 무능을 나누는 기준은 지표로 따져야만 한다는 것이었다.

'경제가 어렵다'고 한다. '민생이 파탄'이라고도 한다. 이것은 진실인가? 거짓인가? 적어도 이 명제가 진실인지 여부를 판단하려면 판단의 기준이 있어야 한다. '어렵다' 혹은, '파탄'은 어떤 상태를 말하는 것인지 절대적 기준을 규정하고 지금의 지표를 검증하거나, 아니면 '언제보다' 또는 '어느 나라보다' 등과 같이 상대적 기준을 가지고 이야기해야 한다. 그렇지 않은 이야기들은 사실에 대한 객관적 이야기가 아니라 선동일 수 있다. 성장률, 증시, 물가 등 사실 여부를 입증해줄 수 있는 수많은 객관적 지표들이 있다. 그것이 불가능하면 최소한 '5공 시절보다', 또는 '어느 나라에 비해서 어렵다, 그래서 파탄이다.' 이렇게 이야기해야 한다(노무현 2007,『참여정부 4년 평가와 선진한국전략』중에서).

이런 주장을 바탕으로 참여정부는 임기 말에 역대 정부와 비교한 지표를 담은 각종 서적을 발간한다. 참여정부는 실패하지 않았으며 민주화 이후 민주세력이 만들어낸 성과는 괄목할만한 하다는 것을 입증하는 자료였다. 후임 정부인 이명박 정부나 박근혜 정부가 유능한가 무능한가를 검토해 볼 수 있는 기준까지 제시한 자료들이었지만 이런 자료 정도로는 '참여정부 무능론'과 '민주세력 무능론'이 저지되지 못했다. 야당과 보수언론이 생산 전파한 무능론의 정치적 파괴력은 객관적 자료의 위력을 뛰어넘을 정도로 대단했던 것이다.

여기서 다시 '참여정부 무능론'을 반박할 자료들을 재인용하는 우를 범하지 않겠다. 참여정부는 대통령비서실이나 참여정부평가포럼 등의 이름으로 『있는 그대로, 대한민국』, 『한국 정치, 이대로는 안 된다』, 『참여정부 4년 평가와 선진한국전략』등 무능론에 대한 반박자료들을 묶은 서적들을 여러 권 발간한 바 있기 때문에 이를 다시 재인용하여 소개하는 것은 큰 의미가 없으리라 보기 때문이다.

정부 혁신의 성과도 마찬가지다. 중장기적인 변화를 추구했기 때문에 눈에 띄는 성과가 부족하다는 비판을 받기도 했지만 5년간 거둔 성과가 미미했던 것은 아니다. 특히 국제사회로부터의 평가는 괄목할 만했다. 정부 혁신지수(GII), 정보화 마을, 전자 정부 등 11건의 사업이 UN, UNESCO 등 핵심 국제기구로부터 수상했고, 홈텍스 서비스를 비롯한 8건의 사업이 UN, OECD, 반부패포럼 등으로부터 국제적인 우수사례로 선정된 바 있으며, 조달시스템인 나라장터를 비롯한 16건의 사업이 UN을 비롯한 WIPO, APEC, ISO, BSI 등으로부터 표준으로 인정받기도 했다(길종백·하민철 2007).

여기서 굳이 '참여정부 무능론'을 반박할 자료를 재인용하지 않는 것에는 또 다른 이유도 있다. '참여정부는 무능하다'는 주장 자체가 객관적인 기준에 의한 비판이 아니라 정서에 호소한 정치 선동에 불과하다고 보기 때문이다. 이런 선동에 대해서는 객관적 성과를 변명하듯이 반복하여 제시하는 것은 의미가 없다. '참여정부 무능론'에 대한 항변은 그렇게 주장하는 이유를 대라고 되묻는 것으로 충분할 것이다.

오래지 않아 '참여정부 무능론'은 또 다른 반박에 직면할 것이다. 참여정부가 이미 제출해놓은 반박자료들은 하나의 기준이 되어서 후임 이명박 정부나 박근혜 정부와 비교될 것이고, 이를 '참여정부 무능론'의 선동적 실체도 드러날 것이기 때문이다. 이때는 '유무능을 가리는 것은 지표로써만 가능하다'는 노무현의 말도 하나의 경구로 받아들여지게 될 것이다.

V. 새로운 모색

참여정부의 정부 혁신이 중단된 지도 2016년 현재 기준으로 8년이 지났다. 여전히 노무현과 참여정부에 대한 시비가 계속되고 있지만 이런 시비는 시간이 흐를수록 점점 잦아들 것이다. 거기서 더 많은 시간이 흐르게 되면 어떤 평가들은 오랫동안 살아남아 그 시대 사람들의 인상을 지배할 것이고, 또 어떤 평가는 사람들의 기억에서 점점 사라져

노무현의 민주주의

남은 객관적 자료들이 그 자리를 대체하게 될 것이다. 그렇지만 무엇이 남고 무엇이 사라질지는 아무도 모른다.

노무현이 야심차게 추진했던 일들도 마찬가지다. 어떤 것은 오래 기억되고 또 어떤 것은 기억에서 사라지게 될 것이다. 이런 점에서 생각해 봐야 할 것이 정부 혁신의 계승 문제다. 노무현이 당장 성과가 나지 않더라도, 임기가 끝난 뒤에 비로소 성과가 나더라도 누군가는 꼭 해야 하는 것이라고 강조했던 정부 혁신이다. 그중 일부는 참여정부의 제도화로 인해 정권교체 후에도 살아남았지만, 정부 혁신의 원리와 기조는 이미 폐기된 지 오래다. 그렇다고 이를 아쉬워하는 목소리도 거의 들리지 않는다. 여기서 한번 생각해 볼 것은 노무현의 정부 혁신론이 이대로 폐기되어야 하는가의 문제다.

사실 이 문제는 시대적 환경과 함께 생각해 봐야 할 문제다. 참여정부에 대한 적대감만으로 정부 혁신을 일방적으로 폐기한 것도 옳지 못하지만, 시간의 흐름에 따라 바뀌는 시대 환경에 대한 고려 없이 노무현의 방식을 그대로 이어받는 것도 옳지 못하다. 노무현식으로 표현하자면 정부 혁신은 원칙과 전략 중 전략에 해당하는 것이어서 시대적 환경에 대한 고민 속에서 얼마든지 타협과 변형이 가능한 것이기 때문이다.

중요한 것은 노무현이 정부 혁신에 몰두한 이유를 올바르게 이해하는 것이다. 노무현이 무엇을 위해 임기 내에 성과를 내지 못하더라도 정부 혁신을 해야 한다고 보았는지에 대한 이해 없이는 정부 혁신의 계승이란 아무 의미가 없다. 또 왜 공무원을 혁신 주체로 대우했는지, 왜 이념 중립적 태도를 견지해야 했는지에 대한 이해가 없다면 정부 혁신의 계승은 계승이 아니라 낡은 것의 반복이 될 수밖에 없다. 그렇지만 노무현의 정부 혁신은 어떻게든 이어질 필요가 있다고 본다. 노무현의 정부 혁신은 당장이 아니라 미래를 염두에 둔 정책이었으므로 노무현이 꿈꾼 미래로 가지 못하고 있는 지금의 현실에서 노무현의 문제의식과 노무현의 방식은 여전히 유효할 수 있기 때문이다.

한편 노무현의 정부 혁신은 정권 획득이 요원한 만큼이나 정권 획득 이후의 일에 대해서도 고민이 적은 진보진영에 던지는 메시지로서도 의미가 크다. 대체로 진보주의자들은 큰 정부를 지향하지만 큰 정부를 만들고 싶다고 하여 만들 수 있을 만큼 현실이 녹록하지는 않다. 큰 정부를 만들기 위해서는 신뢰받는 정부를 만들어야 한다는 선결조건이 있으므로 누군가는 이 일을 해내야 하는데, 참여정부가 추진한 정부 혁신의 과정이 보여주는 것은 이마저도 쉽지 않다는 점이다.

그렇다면 해야 할 일은 무엇인가? 정부 혁신에 대한 깊은 관심과 관찰, 그리고 반복적인 복기가 필요하다. 노무현의 정부 혁신에 대한 평가가 필요한 것이 아니라 그 속에서 무언가 배우려는 자세가 필요하다. 무엇을 위해서인가? 목표는 다소 달라도 좋다. 노무현의 꿈꾼 미래로 가기 위해서가 아니라 진보주의의 목표를 달성하기 위해서라도 상관없다. 사람이 더 행복하게 사는 더 좋은 나라를 만들려는 것이면 충분하다. 적어도 노무현은 그랬다.

참고문헌

경향신문·참여연대 엮음. 2003.『김대중 정부 5년 평가와 노무현 정부 개혁 과제』. 파주: 한울.

길종백·하민철. 2007. "참여정부의 정부 혁신과 국가경쟁력."『한국정책학 회-하계학술대회』제3권.

노무현. 2009.『못다 쓴 회고록-성공과 좌절』. 서울: 학고재.

노무현 外. 2002.『노무현-상식 혹은 희망』. 서울: 행복한책읽기.

박수경. 2006. "역대 한국 정부의 조직개혁 변천사."『한국행정사학지』제19 호.

박수경. 2007. "노무현 정부 행정개혁의 특징."『정부학연구』제13권 2호.

안병철. 2008. "행정혁신의 저항요인."『한국 사회와 행정연구』제19권 3호.

안희정. 2010,『247명의 대통령』. 파주: 나남.

염재호·하민철·길종백. 2008. "노무현 정부의 정부 혁신 재평가: 개념적 분 석틀 구성을 중심으로".『정부학연구』제14권 3호.

은재호. 2006. "참여정부 정부 혁신의 평가와 과제: 연속성과 비연속성을 중 심으로."『행정논총』제44권 3호.

이송평. 2010. "노무현의 민주주의 혁신전략." 영남대학교 박사학위논문.

이송평. 2012.『노무현의 길』. 서울: 책보세.

이종수. 2013.『새행정개혁론』. 서울: 대영문화사

이정우 外. 2008.『우리는 무엇을 할 것인가』. 서울: 프레시안북.

임주영·박형준. 2015. "정권별 한국 행정개혁 가치규범의 정합성: 행정개혁의 핵심가치 언어 네트워크 분석을 중심으로."『한국행정학회보』제49권 제2호.

차의완. 2007.『정부 혁신의 전략과 변화관리』. 서울: KMAC.

참여정부대통령비서실. 2007.『있는 그대로 대한민국』. 서울: 지식공작소.

참여정부대통령비서실. 2008.『노무현 대통령 연설문집』. 서울: 국정홍보처.

국정홍보처. 2008.『참여정부 국정운영백서: 정부 혁신』. 서울: 국정홍보처.

참여정부평가포럼. 2007.『참여정부 4년 평가와 선진한국전략』. 서울:참여정
부평가포럼.

최장집. 2005.『민주화 이후의 민주주의』. 서울: 후마니타스.

황혜신. 2005. "역대정부와 참여정부의 정부 혁신 비교–문민정부, 국민의 정
부와의 비교를 중심으로."『한국행정학회 2005년도 하계공동학술대
회 발표 논문집』제3권.

기타

미디어 가온(한국언론진흥재단) 뉴스검색: http://www.kinds.or.kr(최종 검
색: 2016년 2월 13일).

5장
노무현과 당정분리론[1]

채진원

I. 당정분리론에 대한 평가의 의미와 배경

노무현 대통령은 제왕적 대통령과 제왕적 당총재의 권력을 거부하고 새로운 리더십의 필요성을 제기하였다. 그는 대통령이 집권 여당에 간섭하지 않는 당정분리의 원칙을 실천하는 한편 국무총리에게 내각

---

1   이 글은 2013년 11월 28일, 노무현재단의 노무현시민학교('노무현은 왜?' ②)에서 강연한 자료인 "제왕적 대통령제를 거부했나(당정분리론과 오해)"를 논문의 취지에 맞게 보완하여 동년 『오토피아(oughtopia)』 제29권 1호에 실린 "노무현의 당정분리론과 비판에 대한 이론적 논의: 정당약화론의 재검토"를 본 저술의 취지에 맞게 재구성한 것이다.

통할권과 함께 여당과의 정책협의권을 위임하는 분권형 대통령제를 대안으로 내세워 제왕적 대통령을 개선하고자 하였다. 그리고 그는 부처별 청와대 전담 수석제를 폐지하고 실질적 책임총리제를 실시하여 부처의 자율성과 책임성을 강화하고자 하였다. 또한 그는 당 총재직을 가진 대통령이 집권당을 매개로 국회를 좌지우지함으로써 입법권과 행정권을 양손에 거머쥔 대통령 중심의 국정운영방식을 개선하는 한편 제왕적 대통령제의 폐해로 등장한 대통령의 권한 남용과 권력 주변의 부정부패를 바로잡고자 하였다.

노무현 대통령은 과거 3김씨(김영삼, 김대중, 김종필)와 같이 공천권과 당직 임면권을 무기로 집권당과 국회 내 굳건한 지지기반과 영향력을 가질 수도 있었고, 자신이 속한 열린우리당을 일사분란하게 동원하거나 자신에게 반발하거나 반대하는 세력을 제압할 수도 있었다. 하지만 그는 그렇게 하지 않았다. 또한 그는 2006년 지방선거 참패 이후 국회의 파행과 교착 등으로 국정운영의 어려움과 복잡한 정치균열 상이 나타나자, 야당인 한나라당과의 대연정을 제안하여 그 위기를 돌파하려고 하였다. 하지만, 이것 역시 쉽지 않았고 결국 당정 관계의 갈등으로 비화되기도 하였다. 그는 당시 아파트값 폭등 등으로 민심의 이반이 가속화되자 열린우리당 지도부로부터 탈당의 요구까지 받았으며, 당내외에서 섣부른 당정분리론 때문에 무능한 국정운영이 야기된다는 비난과 수모까지 받아야만 했다.

그렇다면 대통령이 당 총재가 되어 당의 공천권과 당직 임면권 그리고 정치자금 분배권을 가지고 당과 국회 및 입법부 그리고 행정부와 사법부를 일사분란하게 운영해왔던 제왕적 대통령제를 개선하기 위한 정치개혁으로 제기되었던 '당정분리론'은 노무현 자신이 내걸고 추진한

　　　　　　　　　　　　　　　　　　노무현의 민주주의

정책일까? 그리고 과연 이러한 정책은 올바른 노선이었을까? 이러한 질문은 다소 어리석은 질문처럼 보이지만 전혀 무의미한 질문이라고만 볼 것도 아니다. 왜냐하면 '당정분리론'에 대한 태도가 뒤집히거나 비판받는 현상이 목격되었기 때문이다. 임기 말년인 2007년 6·10항쟁 20주년 기념식에서 노무현 대통령은 "당정분리와 같은 제도는 고쳐져야 한다"고 주장하기도 하였다. 또한 그는 퇴임 후인 2008년 11월 8일 자신이 개설한 토론사이트 '민주주의 2.0'을 통해 "당정분리는 저의 정책이 아닙니다"라는 제목으로 "당정분리는 대통령 후보가 되기 전 이미 민주당의 당헌당규로 결정된 것이며 한나라당도 뒤를 이었다"며 "저도 그것이 대세이고, 대통령 제도에 맞는 제도라서 찬성을 했고요…당정분리는 제가 하고 말고 할 문제가 아니었습니다"라며 당정분리 정책이 노무현 자신보다는 민주당의 것이었다는 입장을 밝힌 바 있기 때문이다.

　"당정분리와 같은 제도는 고쳐져야 한다"는 구절과 "당정분리는 저의 정책이 아닙니다"라는 제목의 글은 언급된 수사만을 보았을 때, 이런 표현을 쓸 수밖에 없었던 전체적인 맥락을 잘 모르는 독자들에게 많은 혼란을 줄 수 있는 글인 것은 분명하다. 하지만 여러 번 독해를 해보면 내용적으로 자신이 실천해왔던 '당정분리론'을 스스로 부정하려는 글이 아니라 당정분리론에 대한 오해를 불식하고 그것의 의미를 재강조하기 위한 매우 역설적인 글이라는 것을 이해할 수 있다. 이 같은 제목의 글을 통해 드러난 사실은 다음과 같은 것이다. 첫째, 당정분리론에 대한 오해가 많다는 것을 노무현 대통령 스스로 알고 있었다는 사실이다. 둘째, 당정분리론을 대하는 태도가 대통령 재임 이전과 재임 시절 초중반 그리고 재임 시절 말기와 퇴임 이후에 조금 달라졌다는 사실이다. 즉, 대통령 이전과 재임 시절 중반까지는 당정분리론의 원칙과 의미를 적극적으로 설명하고 실천하려는 '적극적 주창자'의 태도를 보여줬다면, 재임 시절 말기와 퇴임 이후에는 당정분리론을 오해하는 사람들을 상대로 그 오해를 풀어주기 위해 반론하거나 이전 정부와의 차별화 노선으로 당과 대통령이 공동으로 책임지지 않는 논리로 변질된 당정분리론을 비판하고 당과 대통령이 함께 책임지는 당정분리론의 원칙을 지켜내고자 '설득하는 방어자'의 태도를 보여줬다는 사실이다.

그렇다면 노무현 대통령의 태도가 '당정분리론의 적극적 주창자'에서 '왜곡된 당정분리론에 대한 방어자'로 바뀐 이유는 무엇일까? 그것은 주요하게 임기 말기와 퇴임 이후 약화된 대통령의 지위와 권력을 갖지 못한 자신의 처지를 반영한 것이라 추론된다. 즉, 열린우리당과 그 후계 정당인 민주당 대선후보자들이 임기 말년에 노무현 대통령과 차별화를 앞세우면서, 당정협의에 기초한 국정의 책임을 공유하기보다는 '왜곡된 당정분리론'으로 대통령의 책임만을 공격하고 비난하며, 국정 혼란의 원인을 당정분리론에서 찾고 그 책임을 대통령에게 일방적으로 돌리려고 하는 분위기 속에서 "자신의 정책이 아니라 민주당의 정책이었다"라고 이야기함으로써 왜곡된 당정분리론에 대해 대응하고자 했다고 추론된다. 즉 대통령의 당 지배권을 약화시키는 의미에서의 당정분리론과 또 다른 차원에서 발전된 당정일체론(당과 국무총리의 정책협력을 통한 국정운영에 대한 공동책임)이 노무현 대통령 자신이 실천해왔던 당정분리론의 핵심이라는 것을 알리고, 또한 이러한 관점과 맥락에서 참여정부의 공과(功過)를 객관적으로 평가해 주기를 원했던 것으로 보인다.

이 글의 목적은 노무현 대통령이 재임 시절 이전부터 퇴임 이후까지 자신의 정치철학으로 일관되게 주장한 '당정분리론'의 취지와 내용

노무현의 민주주의

을 당정분리론이 '정당약화론'이라고 비판하고 있는 학자들의 논거와 비교함으로써 당정분리론의 이론적 쟁점을 밝히고, 그 적절성을 평가하는 것이다. 즉 〈노무현 사료관〉에 보관중인 노무현 대통령의 발언록에 드러난 '당정분리론'을 통해 그가 왜 그것을 강조하게 되었는지에 대한 배경과 주요 골자를 살펴보는 한편 당정분리론을 비판하고 있는 대표적인 학자인 최장집, 박찬표, 강원택의 논의를 비교함으로써 그 정책의 이론적 적절성을 검토하고자 한다. 이러한 논의는 당정분리론을 '정당약화론'이라고 비판되고 있는 것을 재검토하는 계기가 될 것이다.

II. 노무현의 당정분리론에 대한 신념과 인식

1. 대통령 재임 이전 당정분리론에 대한 발언들

2001년 정치권에서는 이듬해 제16대 대선을 앞두고 일찌감치 대권 경쟁에 불이 붙었다. 야당에서는 이회창 한나라당 총재 대세론이 퍼졌고, 여당인 새천년민주당에서도 노무현, 이인제, 김근태, 한화갑 예비후보가 주목받았다. 집권 후반기에 접어든 김대중 대통령의 국정수행 지지도가 곤두박질치면서 민주당에서는 천정배, 신기남, 정동영 등 개혁성향 소장 의원들을 주축으로 정풍운동이 일어나고, 정부의 인사쇄신과 당정 개편을 요구하는 목소리가 터져 나왔다. 이때 새천년민주당 상임고문이자 최고위원으로 차기 대통령 예비후보였던 노무현은 '당정분권론'을 뼈대로 한 당헌 개정을 제안했다. 이러한 제안은 2001년 그가 자서전 출간을 목적으로 그간의 정치 역정과 정당 민주화 등 정치 현안에 대해 회고한 「노무현 대통령 2001년 자전 구술기록: 통합의 정치를 향한 고단한 도전」이란 제목의 원고를 통해서 밝혀졌다. 구술 가운데 녹취 테이프로 남아 있는 「2001년 대권 논의와 당정 분권에 대한 생각」 편은 노무현 대통령이 예비후보 시절부터 당정분리론에 대한 확고한 생각과 함께 분명한 자신의 정책으로 인식하고 있다는 것을 보여준다. 육성 구술은 당정분리론에 대한 노무현 대통령의 정치철학의 취지와 내용을 원형적으로 보여주고 있는 중요한 자료로, 그 전문을 인용하여 보면 다음과 같다:

최근에 내가, 당정분권론이라는 것을 애기했더니 당들이 대체로 후보 대권 분리론으로 받아들이면서 당내 연합을 전제로 한 것 아니냐, 당내 동교동을 의식한 것이냐, 아니면 다른 연합세력을 의식한 것이냐, 그리고 결국 당권을 장악할만한 자신감도 없고 하니까 당정분권론을 들고 나온 거 아니냐, 요런 관측들을 했었죠. 아울러서 이 부분에 관해서 기자들이 주자들한테 다 물어가지고 이인제, 김근태는 찬성이고, 동교동은 시큰둥 뭐 이런 식으로 취재를 해서 표현해 놓은 것이 있습니다. 내가 이 문제를 제기한 것은 정치의 현실적 조건을 전혀 도외시한 것은 아니지만 원칙적으로 우리 (정치의) 지도체제가 잘못됐다는 생각에서부터 비롯된 것입니다. 예를 들면 그동안에 우리가 국회에서의 자유투표제, 크로스보팅 제도를 많이 애기해 왔지 않습니까? 결국 대통령이 당을 장악하고 그 당을 통한, 당의 장악력을 통해서 의회 의원들의 투표행위를 장악하고 있다. 이런 것이 문제로 제기되고 그래서 제왕적 대통령제

노무현의 민주주의

다. 대통령이 국회를 지배하는 비민주적 행태 또는 제왕적 대통령제 이렇게 비판들을 우리가 많이 해왔지 않습니까. 그 부분에 대해서는 모두들 동의하거든요. 동의하는 것이고, 실제에 있어서 대통령제 국가의 모범인 미국에서는 대통령과 의회, 의회는 대통령과 분리된, 대통령이 당을 지배하지도 않고 의회를 지배하지도 않거든요. 그런 것이고, 한국이 유독 이렇게 대통령이 당을 통해서 의회를 지배하는 것은 유신시대의 잔재거든요. 공화당 정권의 잔재거든요. 청산되어야 될 것입니다. 근데 그렇게 되면 우리로서는 미국식 대통령제로 완전히 돌아가는, 미국식 정당제도로 돌아가는 방법과 정당체제는 이대로 두고라도 당정을 분리하면 유럽식 정당제도에 대통령제라는 그런 묘한 것이 됩니다. 본시 대통령제, 내각책임제가 아닌 곳에 당의 통제력이 강한 것이 상식적이지 않죠. 미국식 대통령제처럼 저렇게 당이 느슨하고, 내용을 자세히 얘기할 건 없고, 어쨌든 미국식 대통령제로 가는 방법이나, 아니면 대통령이 당권을 갖지 않음으로써, 제도적으로 대통령이 당권을 장악하지 않음으로써 당과 의회가 자율화하는 거 이런 방법이 있는데. 우리나라의 정당구조는 전통적으로 정당의 통제력이 강한 정당구조거든요. 미국은 또 정당의 통제력이 아주 약하고, 원내 중심이고 통제력이 느슨하고, 한국은 원내 중심이 아니면서 정당구조가 통제력이 강하지 않습니까? 이거 하루아침에 바꾸지 못 합니다. 정당의 구조를. 때문에 당정분리를 해주면 된다. 해주면서 당과 의회의 자율권, 말하자면 의회의 자율권을 당으로 맡겨주는 것이죠. 그러면서 당을 민주화해 가면 되는 거죠. 현실에 있어서 대통령의 권력이 원체 그동안 막강했기 때문에 당정분리만 해버려도 당은 아주 민주화될 가능성이 높습니다. 당정분리만 해도 민주화될 가능성이 높습니다. 당내 민주화가 안 되는 요인이 여러 가지 있지만 일단 그렇게 보고, 그래서 민주화 조치의 일환인데(요). 그걸 왜 이때 얘기를 꺼냈냐 하면 바로 우리 당의, 최근에 당의 초·재선 의원들이 대통령의 인사에 대해서 대통령의 전횡이라고, 대통령의 전단 전권 행사에 대해서 직접 문제 제기는 못하고, 결국 비서실과 동교동이라는 측근 조직에 대해서 문제 제기를 하면서 그들에게 책임을 물어라. 비서실과 동교동에 대해서 뭔가 책임을 묻고, 그렇게 하면서 인사를 다시 할 것을 요구했지 않습니까? 포괄적으로 인사쇄신을 요구한 겁니다. 인사쇄신을 요구했는데 그 부분이 받아들여지지 않고 아무튼 잠복된 상태로 있거든요. 잠복된 상태로 있기 때문에 이 부분은 결국 해소되어야 될 문제란 말이죠. 지금 상황을 보면 해소될 순 또 없단 말이죠. 왜냐하면 당헌상 대통령이 전권을 가지고 있어요. 대통령이 당 총재를 겸하고 전권을 갖고 있으니까, 갖고 있을뿐더러 지금까지 대통령의 리더십 스타일이 그게 아니었잖습니까? 전에 수십 년간 전횡해 오던 것을 지금 와서 당장 바꾸라고 하니 이 문제가 해결이 되기 어려운 문제이거든요. 결국 그래서 이 문제에 대해서 당내 갈등 문제를 말하자면 정리하고 해소하기 위해서, 당내 이런 갈등과 어떤 새로운 정치에 대한 요구, 정치 변화에 대한 요구나 현재의 당 현실과 미래에 대한 변화의 요구, 이런 것들을 적절하게 조정해서 문제 해결을 하기 위해서 내가 내놓은 것이 바로 이 당정분권론인데(요). 김대중 대통령 시대가 아니라 권력교체기로 들어가기 때문에 우리 당이 다음 소위 지도부를 뽑는 전당대회를 할 때 당헌을 우선 바꾸자. 제도적으로 당헌을 바꾸고, 경과조치를 두어서 대통령의 임기 말 적절한 시기에 새로운 당헌이 적용되도록 하고, 예를 들면 대통령 선거를 기점으로 해서 새로운 당헌이 적용되게 한다든지, 대통령 임기 말까지는 현재 당헌대로 가고 적절한 경과조치를 두고 시행시기에 관해서 대통령 교체 시기라든지. 그런 체제를 전제로 해서 당 체제를 만들어가지고, 그것도 역시 당헌이지요, 그지요? 당 지도부 구성을 해가지고 김대중 (대통령) 이후 새로운 당 운영을 하자, 그런 제안이었죠. 이렇게 되었을 때 이후에 집단지도체제로 갈 건지 단일지도체제로 갈 거냐라는 것은 협의, 당의 중지를 모아서 처리해 나가면 되는 것이고. 어쨌든 간에 내가 얘기했던 것은 단지 무슨 연합이나 무슨 이해관계를 동교동을 전제로 해서 이런 것이 아니라 당의 민주화 부분에 관한 것이고, 이것이 정치적으로 의미를 갖는 것은 이렇게 했을 때 한나라당과의 차별화가 가능합니다. 당의 민주화, 정치 민주화에 관해서 한나라당과의 차별화가 가능하거든요. 한나라당이 우리 당과 똑같이 총재 전권 체제이거든요. 총재 전권 체제이고, 실제로 한나라당 내부에서도 이회창 총재에 대해서 편협하다거나 또는 보복적 리더십, 홍준표 씨의 이야기지만, 보복적 리더십이라든지, 지난번 공천 과정에서 소위 독단적 그 권력 행사라는 것이 문제가 되기도 했고. 체제 자체가 총재 전권 체제로 되어 있고 당정 단일 체제로 되어 있거든요. 되어 있기 때문에 그 점에 있어서 차별화 전략으로서 의미가 있다는 것을 전제로 하고 주장을 했었는데(요).

이상으로 그의 육성 발언을 통해 드러난 당정분리론의 전체적인 개념을 정리해 보면 다음과 같다. 첫째, 당정분리론은 "내가 내놓은 것이 바로 이 당정분권론인데요"에서 드러나고 있듯이, 노무현 후보 자신이 16대 대권후보의 경쟁 과정에서 민주당 후보들과 한나라당 이회창 후보와도 차별화하기 위해 제시한 정책공약으로서 그 기원은 당권과 대권을 분리하자는 취지에서 출발되었다는 점이다. 둘째, 노무현 후보가 제시한 당정분리론이 문제를 삼고 있는 개혁의 대상은 "대통령이 당을 장악하고 그 당을 통한, 당의 장악력을 통해서 의회 의원들의 투표 행위를 장악하고" 있는 "제왕적 대통령제"와 "총재 전권 체제" 및 "당정 단일 체제"라는 점이다. 셋째, 노무현 후보가 문제가 되고 있는 "제왕적 대통령제"와 "총재 전권 체제" 및 "당정 단일 체제"를 박정희 유신정권의 잔재로서 청산의 대상으로 인식하고 있다는 점이다. 넷째, 노무현은 개혁의 방향으로 "미국식 대통령제와 미국식 정당제도로 쫓아 가는 방법과 유럽식 정당제도에다 당정을 분리하는 미국식 대통령제"를 검토하는 가운데, 이 둘의 차이를 대통령의 당과 의회에 대한 통제력의 강약 여부라고 인식하고 있다는 점이다. 다섯째, 노무현 후보는 개혁 방안으로 미국식 대통령제-정당제도는 당과 의회에 대한 대통령의 통제력이 약한 원내중심의 정당구조이지만 한국은 미국과 반대이기 때문에, 단기간에 개혁할 수 없다고 판단하고 그 대안으로 당에 대한 대통령의 통제력을 약화시키기 위한 방법으로 '당정분리론'을 제기했다는 점이다. 여섯째, 노무현 후보는 원내정당화와 의회의 자율권으로 표현되는 미국식 대통령제와 정당제도와 반대인 한국이 미국처럼 단시간에 변화할 수 없는 조건하에서 자신이 제시한 당정분리론이 당을 민주화 시킬 수 있는 매우 현실적인 방안이라고 인식하고 있다는 점이다.

2001년 육성발언 이후 노무현 후보는 자신의 당정분리론을 계속

216

해서 개혁담론으로 굳건히 세우기 위해 꾸준히 주변을 설득시켜 나갔다. 2002년 4월 새천년민주당 대통령 후보로서 국민참여 경선에 참여할 당시에도 자신의 당정분리론을 개혁 담론으로 제시하였다. 그는 연설에서 "총재가 공천권을 전적으로 행사하고, 공천권을 고리로 한 계보정치"는 구시대적 정치관이라고 비판하였다. 즉 당 총재인 대통령 후보가 공천권을 가지고 소속 의원을 통제해 선거에서 충성심을 유지하겠다는 것은 낡은 정치라고 비판했다. 또한 노무현 후보는 2002년 8월 23일 민주당 정책위원회 워크숍에서의 연설에서도 "우리는 당 개혁 방안을 통해 당정분리와 국민경선제, 상향식 공천제 등 혁신적 제도 개혁을 시행하고 있습니다. 우리는 이를 정착시킴과 동시에 정치 시스템도 과거의 피라미드식 수직 시스템에서 수평적 네트워크 시스템으로 바꿔야 합니다. 권력 부패의 원인인 제왕적 권력 문화를 타파하는 길입니다"라고 자신의 당정분리론을 강조하였다. 또한 2002년 9월 22일 노무현 대통령 후보 선대위 출범 선언 기자회견에서도 "민주당도 혁명적으로 개혁해야 합니다. 우리 당은 새 정치를 위한 실험에 착수해 위대한 업적을 남겼습니다. 국민경선제, 당정분리, 상향식 공천제등이 그 증거입니다.… 낡은 체질을 과감하게 던져버리고 당원들이 주인이 되는 정당 민주화를 이루어내야 할 것입니다"라고 자신의 당정분리론을 강조하였다. 2002년 12월 26일 새천년민주당 중앙선대위 연수에서 대통령 당선자로서 격려사를 하는 자리에서도 당정분리론을 거듭 강조하였다. 노무현 대통령 당선자는 "당정분리가 나오게 된 계기가 대통령이 당의 총재로서 또는 명예총재로서 당을 지배함으로써 빚어지는 하향식 정치문화, 수직적 정치문화 그래서 자율성과 창의성이 떨어져가는 이런 병폐를 막자고 하는 것"이라고 하면서 "당정분리라는 것은 당직 임면권과 공천권을 의미하는 것이기 때문에 이것은 확실하게 배제되어야 하고 스스로 공천권을 가진 당직을 맡는 것도 맞지 않기 때문에 그래서 저는 평당원의 자격을 가지려고 합니다"라고 하면서 자신의 약속을 준엄하게 지킬 것을 선언하였다.

2. 대통령 재임과 이후 당정분리론에 대한 발언들

노무현 대통령은 2003년 1월 18일 양당 총무와 만나 입법부와 행정부 관계에 대해 당정분리론의 관점에서 언급하였다. 그는 "과거엔 대통령이 정당을 통해 국회를 지배하려 했으나 이젠 당정분리가 됐고, 정당과 국회도 자율성이 강화돼야 한다. 주요 국정이 국회를 중심으로 운영되고, 대통령은 3권 분립의 원칙에 따라 대통령의 역할을 해나가야 한다"고 강조하였다. 또한 그는 "입법부와 행정부 간에 정책 중심의 대화가 이뤄지기 바라며, 정책은 일방통행하지 않고 대화로 협의해 나갈 것이다. 국가적 운명이 걸린 대외 문제나 통일 안보정책 등에 대해서는 사전 조율을 하면서 초당적 협력을 구하겠으며 주요 국정이 국회를 중심으로 운영되어야 한다"라고 언급하였다. 또한 그는 2003년 8월 12일 국무회의에서 노무현 대통령은 "당정분리로 대통령이 당을 좌우할 수 없다. 정부 법안의 국회 처리는 장관들이 직접 나서서 챙기라"고 당부하였다.

2005년 1월 3일 수석보좌관회의에서 노무현 대통령은 "당정분리와 총리 중심의 국정운영 원칙이 흐트러지지 않고 일관성 있게 추진되도록 하라. 올해는 원칙을 중시하는 한 해가 되어야 한다"라고 언급하

노무현의 민주주의

였다. 또한 그는 "정무적인 사안은 당에 믿고 맡기는 것이 원칙이며 정책 사안의 경우에는 각 부처가 책임지고 대처하고 청와대 정책실은 부처에 대한 지원 역할을 해 나가면 된다. 이 당정분리 원칙은 대통령이 국민에게 하는 약속일뿐만 아니라 정치의 자생력을 키우기 위해서도 중요한 원칙"이라고 강조하였다. 2005년 1월 4일 첫 국무회의에서 노무현 대통령은 "대통령은 정무적인 정치적 사안에 관해서 당정분리를 지켜나갈 것이다. 그러나 정책적 영역에 있어서 정부와 당은 긴밀하게 협력하는 관계를 계속해서 유지해 나가주기 바란다. 그래서 당정분리와 당정협력 관계를 잘 조화시켜 나가는 것이 매우 중요할 것으로 생각한다"라고 언급하였다. 또한 그는 "총리 이하 각료 여러분들께서 당정협력을 더욱더 강화해 주고 대통령은 당 운영에 개입하거나 간섭하지 않는 그런 원칙을 유지해 나가겠다. 당이 시끄럽고 해서 불안해하는 국민들이 많이 있지만 저는 지금 우리 정치도 자율적 능력을 가지고 있다고 본다"라고 하면서 "자율과 책임을 더 강화하는 문화를 만들기 위해서 당이 스스로 이와 같은 문제를 해결해 나가도록 지켜보는 그런 여유, 인내심이 필요하다. 정치가 발전해 가는 과정의 진통으로 저는 그렇게 보고 당의 자율을 존중하고 좀 기다려주는 것이 필요하다고 생각한다"라고 강조하였다. 2005년 1월 26일 열린우리당 집행부 13명과의 만찬 회동에서도 노무현 대통령은 당시 제기된 당정분리론의 갈등과 혼란의 문제에 대해 다음과 같이 발언하였다:

일희일비하지 마시고 또 섭섭할 때도 섭섭하다 하지 마시고 같이 꾸준히 갑시다. … 지금 열린우리당 그리고 당과 저 사이의 관계나 이런 것을 보면서 어쩐지 어떤 분들은 아직도 생소해 하시고 불편해 하십니다. 당정분리 관련하여 나는 이 새 질서에 대해서 완전히 익숙합니다. 아주 편안합니다. 나는 이 새 질서가 조금 아직까지 정착되지 않고 혼란스럽고 불안해 보이지만 그러나 조금 익숙해지면 합리적이고 정상적인 질서이고 훨씬 더 효율적인 질서가 될 것입니다. 그렇게 생각합니다. 국민들을 위해서 하루빨리 이 질서가 빨리 정착될 수 있도록 소위 시행착오 과정을 최대한 우리도 줄입시다.

노무현 대통령은 당정 관계의 갈등과 혼란의 원인으로 당정이 분리되는 새로운 질서에 당이 적응하지 못했기 때문이라고 보고, 시행착오를 최대한 줄이면서 빨리 정착될 수 있도록 노력해야 한다고 강조하고 있다. 또한 이것과 연관해서 2005년 6월 27일 '열린우리당 당원 여러분께 드리는 글(1) 〈별지〉'에서 당정분리론의 혼란에 따른 재검토 주장에 대해 반론을 제기하면서 거듭 설득하고자 하였다. 그는 "당정분리를 재검토해야 한다는 주장이 있습니다. 그러나 이것은 적절한 방안이 아닌 것 같습니다. 대통령과 당의 분리는 대통령이 임의로 만든 것이 아니라 시대적인 요구에 따라 만든 것이고 이미 당헌 당규로 제도화되어 있습니다. 누구도 함부로 돌이키기 어렵습니다"라고 지적하였다. 또한 그는 "당에 대한 대통령의 역할 강화를 주장하는 국회의원 어느 분도 옛날처럼 대통령의 지시 통제를 받기를 원하지는 않을 것입니다. 물론 과거 당 총재의 권력을 되돌려 줄 생각도 없을 것입니다"라고 언급하면서, 제왕적 대통령제의 시대 역행성과 당정분리론의 시대적 필연성을 거듭 강조하였다.

2005년 7월 5일 '국민 여러분께 드리는 글'을 통해 노무현 대통령

노무현의 민주주의

은 자신이 겪고 있는 국정운영의 혼란의 배경이 여당뿐만 아니라 야당과 국회 차원에서 당정분리론이 제대로 정착되지 못하고 있기 때문이라는 것을 알리고 정상적인 정치로 돌아가기 위해 무엇이 필요한지를 설득하고자 하였다. 그는 "미국과 우리의 대통령제는 제도와 문화가 전혀 다릅니다. 우리나라 국회의원에게는 당적 통제가 아주 강하고 자유투표가 거의 불가능하여 미국처럼 대통령이 개별 의원을 설득하거나 협상할 여지가 없습니다. 우리는 대통령이 야당 의원을 만나는 것도 자유롭지 못 합니다"라고 전제하였다. 그런 뒤 그는 "이런 상황에서 대통령에게 법도 고치고, 정부를 통솔하여 경제도 살리고, 부동산도 잡고, 교육과 노사문제도 해결하라고 합니다. 이 모두가 정상적이라고 보기 어렵습니다. 비정상적인 정치를 바로잡아야 국정이 제대로 될 수 있습니다"라고 강조하였다. 마찬가지로 2005년 7월 28일 '열린우리당 당원 여러분께 드리는 글(2)'에서 노무현 대통령은 자신이 겪고 있는 국정운영의 혼란과 어려움의 배경에는 당정분리론이 전반적인 정치문화로 정착되지 못해서 발생하는 문제임을 밝히고 정상적인 정치로 돌아가기 위해서는 당정분리론의 정착이 절실하다는 것을 거듭 강조하고 있다. 그는 다음과 같이 발언하였다:

대통령이 당을 지배할 수가 없게 된 현실에서는 당정 간에 주도권 다툼이 있게 됩니다. … 저는 그동안 이 모순을 관리하기 위하여 한편으로는 당정분리를 엄격히 지키면서, 한편으로는 총리에게 보다 많은 권한을 위임하고 총리로 하여금 원활한 당정협의를 통하여 당정일체를 이루어 가도록 했습니다. 그러나 많은 당원들은 이해하기가 어려웠던 모양입니다. 적지 않은 당원들이 어떤 때는 대통령의 뜻이 무엇인지 묻고, 없다고 하면 왜 대통령이 지도력을 행사하지 않느냐고 나무랍니다. 또 어떤 때는 우리가 거수기냐고 불평을 하기도 합니다. 심하면 청와대 인사를 비난하고 간섭하기도 합니다. 저는 당정분리제도가 대통령의 권력을 제한하자는 국민적인 여망에서 비롯된 것이고, 장차 국정의 운영에 있어서도 대통령에 대한 당과 국회의 위상과 권위가 더욱 높아질 것이라는 점을 고려하여 총리에게 보다 많은 권력을 이양함으로써 당을 정권의 중심에 서게 하는 것이 시대정신에 맞는 국정운영이라 생각하고 있습니다. 이것은 각기 다른 선거로 선출되는 국회와 대통령 간의 권력의 이원화와 그에 따른 정통성의 갈등을 합리적으로 조절하는 적절한 방법이 될 것입니다. 이러한 유연한 정권 운용의 필요성은 여소야대 국회에서 야당이 연합하여 대통령이 지명하는 총리를 반대하고, 스스로 총리 지명권을 행사하려고 할 때 극명하게 나타날 수 있습니다. 프랑스의 동거 정부가 바로 그 실제 사례인 것입니다. 이러한 정치 현실을 고민해 보지 않은 사람에게는 권력의 이양이라는 대통령의 제안이 참을 수 없는 가벼움으로 보일지 모르나, 대통령으로서는 비정상적인 우리 정치제도와 변화하는 정치 현실 속에서 수많은 갈등과 고민을 거쳐 나온 결론이라는 점을 이해하여 주시기 바랍니다.

2005년 9월 15일 언론사 논설위원들과의 간담회에서 노무현 대통령은 "당정분리는 당에 대한 대통령의 권력을 약화시킬 수밖에 없다. 당에 대해 아무런 통제력을 행사할 수 없는 대통령이 효율적 제도라고 생각하진 않지만 이미 우리가 약속한 것이고 이를 수용해야 한다"라고

노무현의 민주주의

당정분리론에 대한 자신의 일관된 논지를 강조하였다. 또한 임기 말년인 2007년 6월 8일 원광대학교 명예박사학위 수여식 강연에서 노무현 대통령은 17대 대선을 앞두고 열린우리당 대선 후보자들이 참여정부와 차별화하기 위해서, 참여정부와 무관하고, 공동책임을 지지 않는다는 의미에서 '왜곡된 당정분리론'을 들고 나온 것을 역설적으로 재검토해야 한다고 비판하면서 당정분리론의 올바른 의미를 거듭 강조하였다. 그의 발언을 들어보면 다음과 같다:

열린우리당이 분해되고 있는 것이지요. 차별화한다는 겁니다.… 2002년에 제가 그때 후보였는데 후보가 좀 흔들리니까 바깥에 있는 누구하고 내통을 해요. 그랬지 않습니까? 바깥에 있는 후보하고 내통해 가지고 후보 바꾸려고 그랬어요. 당정분리, 저도 받아들였고 또 그 약속을 지키기 위해서 노력했습니다. 그동안 그랬어야 할 이유가 있어서 당정분리를 채택했습니다. 앞으로는 당정분리도 재검토해 봐야 합니다. 책임 안 지는 것 보셨죠? 대통령 따로 당 따로, 대통령이 책임집니까, 당이 책임집니까? 당이 대통령 흔들어 놓고 당이 심판받으러 가는 데, 같은 겁니까, 다른 겁니까? 어떻게 심판해야 하지요? 책임 없는 정치가 돼 버리는 것이지요. 정치의 중심은 정당입니다. 대통령 개인이 아니고요. 대통령의 정권은 당으로부터 탄생한 것입니다. 이제는 당정분리라는 것도 재검토해 볼 필요가 있습니다.

마찬가지로 2008년 11월 8일 민주주의 2.0 사이트에서 퇴임한 노무현 전 대통령은 사이트에 올라온 '왜곡된 당정분리론'과 관련한 누리꾼의 질문에 대해 답을 하면서 당정이 함께 공동으로 책임지는 '당정분리론'을 지키기 위해 자신이 어떻게 노력했는지를 소상히 밝히고자 "당정분리는 저의 정책이 아닙니다"라는 다소 오해를 부르는 제목의 글을 올렸다. 그는 "간략히 해명하면, 당정분리는 제가 후보가 되기 전에 이미 민주당의 당헌 당규로 결정이 된 것입니다. 그리고 한나라당도 뒤를 이었고요. 당시 각 당이 국민 앞에서 민주주의 개혁 경쟁을 하면서 내놓은 것이 당정분리 제도였던 것입니다. 물론 저도 그것이 대세이고, 대통령 제도에 맞는 제도라서 찬성을 했고요. 그런데 제가 대통령이 되고 나니 많은 사람들이 당정분리를 폐기하자고 권고하기 시작했습니다"라고 정황을 설명하였다. 그 뒤 그는 "가능한 일이 아니지요. 이처럼 당정분리는 제가 하고말고 할 문제가 아니었습니다. 저는 국민에게 한 당의 약속과 규범을 존중하자고 한 것뿐입니다.… 나중에는 당정분리 때문에 국정 운영이 잘못되었다는 비판까지 나오기도 했습니다. 그 사람들에게 묻고 싶은 말이 있습니다. 당정 일체라는 것이 무엇을 말하는 것인가요? 대통령이 당 총재가 되고, 공천권을 가지고, 주요 당직에 대한 임명권을 가지는 것을 말하는 것 아닌가요? 이것과 당이 정치의 중심이 되어 책임정치를 해야 한다는 것은 전혀 다른 이야기입니다"라고 하였다. 이 같은 발언은 "당정분리가 자신의 정책이 아니다"라는 것을 강조하기 위한 것이라기보다는 자신이 일관되게 실천해온 당정분리론이 당과 정부가 무관하게 분리되어 책임을 지지 않는다는 의미의 '왜곡된 당정분리론'으로 변질되고 있는 것에 대한 비판이라 할 수 있다.

　　　　　　　　　　　　　　　노무현의 민주주의

Ⅲ. 노무현 당정분리론에 대한 기존 평가와 주요쟁점

노무현 대통령의 당정분리론을 비판한 학자는 대표적으로 고려대 명예교수인 최장집, 목포대 박찬표, 서울대 강원택이다. 우선 당정분리론에 대한 최장집의 비판은 자신의 저서인 『민주화 이후 민주주의』(최장집 2005)의 후기인 다음의 글에서 잘 드러난다.

좋은 정당은 통치자로서의 유능함을 발휘하는 동시에 민주주의의 사회적 기반을 강화하는 '현대판 군주'이자 '민주주의 엔진'이 아닐 수 없다. 이러한 퍼스펙티브에서 우리는 노무현 정부에 들어와 나타난 문제들에 접근할 수 있다. 문제 중에 하나는 대통령 스스로가 정치의 경계를 좁히고, 탈정치화를 앞장서 실천하면서 이를 민주적 개혁이라고 주장해 왔다는 것이다. 3김 정치를 극복할 탈권위적 리더십이니, 정치는 당에 맡기고 정책은 책임종리에게 맡기고 국가 전체적 과제에 집중하겠다는 등의 논리는 당정분리, 원내정당화, 정책정당화 등 현 정부에 들어와 자주 사용되는 개념들은 정치논리를 부정적으로 보는 반(反)정치의 정치관을 집약하는 것으로 보인다. …당정분리라는 말이 표현하듯, 대통령은 정부와 사회를 매개할 수 있는 정당과의 관계로부터 스스로 격리시키고 거리를 두었다. 대통령은 정당을 기반으로 선거에 집권했음에도 불구하고, 자신의 정당이 갖는 특정의 정치적 관점 내지 이념을 발전시키거나 그에 기초하여 사회의 갈등과 균열에 접근하는 정당의 지도자로서 행위 하기보다, 사기업 조직의 CEO와 같이 정부 조직

의 혁신과 생산성을 높이는 관리자 혹은 파당적 쟁투로부터 벗어
나 국가 전체의 지도자로서 행위 하는 데 관심을 집중하고 있는 것
처럼 보인다. …따라서 정당정치를 부정하는 인식을 공공연히 드
러내거나, 이를 우회 혹은 초월하여 국가전체의 발전을 위한 지도
자의 역사적 결단을 강조하는 것은 민주주의의 발전과 병행하기
어렵다. 이러한 정치에 대한 이해의 방법, 리더십 스타일은 결국 정
당정치의 역할을 축소시키고, 그럼으로써 민주주의를 약화시키는
데 일조할 것임이 분명하다(최장집 2005, 284-286).

그리고 위의 비판 글과 비슷한 논조의 주장은 또 다른 저서인 『어
떤 민주주의인가』(최장집 2007)에서도 잘 드러난다. 인용해 보면 다음과
같다:

노무현 정부가 … 당정분리나 국민경선제 등 정당의 역할을 최
소화하려는 접근도 민주주의발전에 부정적인 영향을 미쳤다(최장
집 2007, 26).

오늘날 노무현 정부는 스스로 참여정부라고 호명하고 있다. 그
것은 민주주의 핵심가치와 원리를 강조한다는 점에서 긍정적이다.
그러나 실제 내용이 구현되는 방식은 그런 원리에서 크게 벗어나
있다. … '당정분리'에 대한 강조는 정책 투입을 위한 정당의 역할
을 최소화하는 효과를 낳았다. 정당의 역할이 급격하게 축소된 것
만큼 정치과정과 정책결정 과정에서 이들 집단의 참여 확대는 그
어느 때보다 비약적으로 증가했다. 현 정부가 '위원회 정부'라거나

'보고서 정치'를 즐긴다는 비판의 소리를 듣게 된 것도 이런 정황
을 반영한 결과라 하겠다(최장집 2007, 109).

최장집의 비판을 한마디로 정리해보면, 노무현 대통령이 추구했던
당정분리론은 원내정당화와 연관된 것으로 정당의 역할과 기능을 축
소시키고 약화시키는 이른바, 민주주의의 약화를 초래하게 되는 반(反)
정치적 조치라는 것이다. 즉, 당정분리가 원내정당화와 연관되어 있기
때문에 정당의 기능을 축소시키는 것이고, 결과적으로 축소된 정당 기
능에 따라 투입 기능이 약한 정당에 기반을 두는 것은 결국 민주주의
의 약화를 초래하게 된다는 것이다. 아마도 최장집 교수가 노무현 대통
령의 당정분리론을 이러한 논법으로 비판하는 이론적 배경에는 민주주
의가 발전하기 위해서는 이른 바 계급정당과 이념정당으로 표현되는 대
중정당 모델과 책임정당정부 모델에 기초한 국정운영이 옳다는 기본
가정이 깔려있고, 그런 가정에서 보면 대중정당 모델과 책임정당 모델
과 거리가 먼 원내정당화(원내정당 모델)와 관련이 있는 당정분리론은
부정적인 비판의 대상이 될 수밖에 없다는 것이다.

우선 본격적으로 반론하기 이전에 사소한 비판에 대한 오해를 지
적해 보면 다음과 같다. "노무현 정부가 … 당정분리나 국민경선제 등
정당의 역할을 최소화하려는 접근도 민주주의발전에 부정적인 영향을
미쳤다"는 주장이 설득력을 얻기 위해서는 단순히 "민주주의 발전에
부정적인 영향을 미쳤다"라는 식으로 애매모호한 표현에 그쳐서는 객
관적인 비판으로 보기엔 미진한 부분이 있다. 전체적인 영향력이 얼마
인지를 보여주는 객관적인 데이터를 제시한 다음에 긍정적인 영향력과
부정적인 영향력이 각각 어느 만큼인지 설득력 있게 입증하지 못하면,

비판을 위한 비판, 부정을 위한 부정 이상의 의미가 없을 것으로 보인다. 또한 최장집이 참여정부를 '위원회 정부'라고 비판하고 있는 것은 정치과정과 정책결정과정에 다양한 이해당사자를 참여시키는 이른 바, 협치(協治)를 통해 권력의 정당성과 효율성을 증진시키고자 하는 새로운 통치방식 혹은 변화된 국정운영방식인 거버넌스(governance)를 정당 약화로 오해한 것에서 기인한 것으로 보인다.

박찬표(2012)도 노무현 대통령의 당정분리론을 다음과 같이 비판하였다:

> 당정분리는 결국 대통령을 집권당으로부터, 그 결과 집권세력을 지지자와 국민으로부터 멀어지게 하는 결과를 가져왔다. 권력의 책임성의 결여라는 민주주의의 본질과 관련된 중대 문제를 초래한 것이다(박찬표 2012, 68).

> 하나는 국민 참여경선 등의 의도하지 않은 결과로 인한 당의 응집력과 조직적 정체성의 약화이다. 보다 중요한 요인은 조직으로의 정당과 정부 속의 정당 영역에서 개혁파가 목적의식적으로 추구한 원내정당화와 당·정 분리 조치였다. 정당으로부터 의원들의 자율성을 제고하고(원내정당화), 집행부 내의 정당과 의회 내의 정당을 분리하는 것(당정분리)이 개혁론의 핵심이었고, 그것은 한마디로 '정당 정부에 대한 부정'이라 할 수 있을 것이다. 결국 열린우리당의 실험이 실패로 귀결된 것은, 목적과 방향은 옳았지만 방법에서 문제가 있었거나, 또는 의도하지 않은 개혁의 부작용으로 인한 것이 아님을 알 수 있다. 열린우리당이 추구한 정당개혁의 목표 자체

에 문제가 있었던 것이다. 단적으로 '당·정 분리'는 그 자체 정당정
치에 반하는 것이라 할 수 있다. 정당의 최대 목표는 집권이며, 정
당의 여러 기능 중 가장 중요한 것이 정부를 구성하는 것인데, 집
권당이 정부(대통령)와 당의 분리를 추구한다는 것은 정당의 목표
와 기능을 스스로 부정하는 것이 아닐 수 없기 때문이다(박찬표
2012, 69-70).

　　박찬표가 당정분리론을 비판하는 논리와 그 이론적 가정은 최장집
의 논리와 매우 유사하다. 즉 당정분리가 문제가 되는 것은 목적과 방
향은 옳은데 방법상의 문제 혹은 의도하지 않은 부작용 때문에 문제가
되는 것이 아니라, 당정분리의 배경이 되고 있는 원내정당화 그 자체가
문제라는 것이다. 즉 원내정당화가 내각제와 같이 입법부와 행정부가
융합되어 있는 책임정당정부 모델을 부정하면서, 정당의 조직적 정체성
을 약화시키기 때문에 문제라는 것이다. 정당 기능을 약화시키는 원내
정당화와 연관된 당정분리가 정당의 목표와 기능을 부정하는 반정당적
조치이기 때문에 열린우리당의 실패와 같이 책임성 결여와 같은 민주
주의 문제를 초래한다는 것이다. 또한 그는 원내정당화와 관련이 있는
당정분리가 정당정치를 부정하는 반(反)정당정치 조치이기 때문에, 권
력의 책임정치를 결여하게 되어 민주주의를 약화시키는 문제를 초래하
게 된다는 것이다. 그의 관점에서 보면 원내정당화 때문에 열린우리당
이 실패했다는 것이다. 본격적으로 반론하기 이전에 사소한 비판에 대
한 오해를 지적해 보면 다음과 같다.
　　박찬표는 열린우리당의 실패 원인을 원내정당화 때문이고, 열린우
리당의 실패가 민주주의의 약화라고 주장한다. 하지만 이러한 비판은

객관적 자료를 통해 설득하기에는 논리적 근거가 부족해 보인다. 열린우리당이 실패하게 된 배경에는 다양한 변수들이 있을 것인데, 이 변수들 간에 영향력을 보여주는 논리적 근거가 부족한데도 불구하고 원내정당화 때문에 실패했다고 주장하는 것은 설득력 없는 일방적인 논리에 지나지 않는다. 열린우리당이 실패한 이유는 한편으로 원내정당화를 추진하면서 동시에 다른 한편으로 기간당원제를 고집하는 대중정당화를 펼쳤기 때문에 거기서 오는 충돌과 혼란이 있었을 것이고, 이러한 것들이 열린우리당의 정당 정체성 형성을 어느 한 쪽으로 굴러가도록 방향성을 잡지 못하게 했기 때문에 실패라는 결과에 이르게 되었다고 보는 것이 적절하다. 그리고 열린우리당의 해산이 민주주의의 실패라고 보는 것도 설득력이 떨어진다. 이 논리에는 정당이 성공하면 민주주의가 발전한 것이고, 정당이 실패하면 민주주의가 발전하지 않는 것이라는 인식이 깔려있다. 이런 인식은 자칫 민심과 유리된 정당이 해산을 당하는 것을 '민주주의의 실패'로 해석할 공산이 크다는 문제점을 안고 있다. 물론 정당의 해산을 민주주의의 실패로 볼 수도 있지만, 정당을 거부하는 유권자의 힘의 관점에서 볼 때는 민주주의의 발전으로도 볼 수 있다는 것을 간과하는 것이다.

이어서 서울대 강원택(2011) 역시 노무현 대통령의 당정분리론을 다음과 같이 비판하였다:

> 그러나 …이러한 주장(필자 삽입: 원내정당화)을 온전히 받아들여 노무현 대통령이 당정분리로까지 나아간 것은 현실 정치를 고려하지 않은 지나친 이상주의적 태도였다고 비판할 수밖에 없다. 한국 정치에서 대통령과 집권당 간의 연계는 대통령에 대한 당의 복속

노무현의 민주주의

을 의미하는 것이었지만, 그럼에도 불구하고, 대통령의 의회 장이
라는 차원으로 넘어 내각제적 속성을 지난 한국 정치의 운영 특성
상 그 나름대로 중요한 의미가 있었다. 당정협의를 열고, 현역 의원
이 내각에 입각하고, 행정부가 법안 제출권을 갖는 한국 정치제도
에서 내각제적인 요소는 제1공화국부터 유지되어온 것들이다. 즉,
대통령이 국회의 지원을 얻기 위해서는 일정한 정체성과 규율로 단
합된 집권당과의 원활한 소통과 긴밀한 협력관계를 구축하는 것은
매우 중요한 일이었다. …노무현 대통령은 정치개혁이라는 명분하
에 당정분리를 받아들였고, 이를 경직적이라고 할 만큼 엄격하게
실천했다. 노무현 대통령은 당정분리의 원칙에 따라 열린우리당을
국정운영의 중요한 파트너로 간주하지 않았고, 대부분의 정치적
결정과정에서도 소외시켰다. 또한 임기 초반에 정무수석실을 폐지
함으로써, 청와대 내에 집권당을 포함한 국회와의 제도적 대화 창
구를 없애버렸다. …대통령은 중요한 결정을 내릴 때 당과 사전에
상의하지 않았고, 당의 의견을 들으려고도 하지 않았다. 당정분리
를 중요한 정치개혁으로 받아들였던 이상주의적 입장은 임기 후반
이 되면서 크게 바뀌는 모습을 보였다. 임기 말 노무현 대통령은
당정분리의 문제점을 다음과 같이 지적하고 있다. … 당정분리, 저
도 받아들였고, … 그동안 그랬어야 할 이유가 있어서 당정분리를
채택했습니다. 앞으로는 당정분리도 재검토해 봐야 합니다. 책임
안지는 것 보셨죠? 대통령 따로 당 따로, 대통령이 책임집니까, 당
이 책임집니까? 당이 대통령 흔들어 놓고 당이 심판받으러 가는
데, 같은 겁니까, 다른 겁니까? 어떻게 심판해야 하지요? 책임 없는
정치가 돼 버리는 것이지요. 정치의 중심은 정당입니다. 대통령 개

인이 아니고요. 대통령의 정권은 당으로부터 탄생한 것입니다. 이제는 당정분리라는 것도 재검토해 볼 필요가 있습니다. – 원광대학교 명예정치학 박사 학위 수여식, 연설, 2007.06.08(강원택 2011, 28).

2004년 총선 승리로 당내 리더십이 커진 정동영 의장은 통일부 장관으로 불러들였고, 당시 정의장의 대안이 될 만한 위치에 있었던 김근태 의원도 보건복지부 장관으로 입각시킨 후 당내 입지가 강화된 정세균 의장 역시 곧 상공부 장관으로 입각시켰다. 즉, 노무현 대통령은 당정분리를 선언했지만, 당의 독자적인 리더십의 형성을 교묘하게 방해함으로써 당의 결집을 약화시키고 대통령의 의지를 관철시키려 했다. 노무현 대통령은 수석 당원이라는 이름하에 당정분리를 시도한 듯이 보이지만, 사실상 집권당의 정치적 구심점을 약화시켜 자신의 의지를 관철할 수 있도록 만들었다는 점에서 또 다른 형태로 당을 '통제'해온 것이라 할 수 있다. 열린우리당이 창당 이후 얼마 가지 못하고 사라진 것은 당의 사실상의 리더인 노무현 대통령이 당정분리라는 원칙하에 당으로부터 거리를 두었고, 또 한편으로는 열린우리당이 독자적으로 당의 단합과 정체성 강화를 이끌어낼 효과적인 리더십을 창출해내지 못하게 만들었다는 사실과 관련이 있다(강원택 2011, 30-31).

원내정당화의 분위기속에 중앙당 조직은 약화됐고, 구심점이 되어야 할 노무현 대통령은 당정분리의 원칙하에 당으로부터 벗어나 있었다. … 노무현 대통령은 열린우리당의 성공적인 의회 진입과 함께 새로운 정치질서 형성의 가능성은 높였지만, 정작 이를 제도적으로 뿌리내리도록 하는 노력에는 소홀했던 것이다. … 2004년 총선 이후 열린우리당은 새로운 정치질서를 구축할 효과적인 기구로 제 역할을 하지 못했고, 정당 체계의 제도적 변화도 확립해 내지 못 했다. 이렇게 된 데는 여러 가지 원인이 있겠지만, 노무현 대통령의 정당정치에 대한 잘못된 인식과 깊은 관련이 있다 … 이렇게 된 데는 노무현 대통령의 의회나 정당정치의 경험이 비교적 짧았다는 사실과도 관련이 있을 것이다. 그러나 동시에 … 이른바 '원내정당화'의 주장에 영향을 받은 바도 있는 것으로 보인다(강원택 2011, 26).

강원택의 당정분리론에 대한 비판의 요지는 다음과 같다. 노무현 대통령이 추구한 당정분리론은 변형된 대통령의 새로운 당 통제 방식으로, 집권당인 열린우리당을 국정 파트너로 인정하지 않음으로써 집권당의 단합과 정체성 강화를 이끌어낼 효과적인 리더십을 창출할 수 없도록 방해하여 열린우리당을 실패하게 만들었다는 것이다. 그는 노무현 대통령의 당정분리론이 한국의 대통령제가 가지고 있는 내각제의 속성을 부정하면서 정당의 조직을 약화시키는 논리인 '원내정당화'의 주장을 거의 그대로 받아들였다고 보고 있다. 다시 말해서 노 대통령의 정당정치에 대한 잘못된 인식인 원내정당화가 이상주의적 견해로서 그 자체로 문제가 있다는 것이다. 강원택이 당정분리론을 이렇게 비판하는 이론적 가정에는 원내정당화란 곧 정당 조직의 정체성 약화라는 등식이 강하게 깔려있기 때문으로 보인다. 본격적인 반론에 들어가기 이전에 사소한 비판에 대한 오해를 지적해 보면 다음과 같다. 첫째로 강원택이 노무현 대통령의 당정분리론에 대한 관점이 당정분리론의 재검토로 변경되었다는 근거를 2007년 6월 8일 원광대학교 명예정치학 박사 학위 수여식에서 연설 중 "앞으로는 당정분리도 재검토해 봐야 합니다"에서 찾고 있지만 이러한 해석은 당정분리론을 폐지하겠다는 해석보다는 당정분리론을 책임 있게 해야 한다는 것을 강조하기 위한 '노무현의 역설의 레토릭'으로 해석하는 것이 더 타당하다. 둘째로 강원택은 당정분리론을 노무현 대통령의 '변형된 대통령의 당 통제 방식'이라고 주장하면서, 그 근거로 정동영 의장을 통일부 장관으로, 김근태 의원을 보건복지부 장관으로, 정세균 의장을 상공부 장관으로 입각시킨 것을 예로 들지만 이 예는 사실관계를 확인하는 차원에서 김병준 전 청와대 정책실장, 조기숙 전 청와대 홍보수석의 인터뷰[2]를 통해 확인된 사실관계를 볼 때, 강제와 타율이 아닌 본인들 스스로 입각을 하고 싶어서 요구된 측면이 강하고, 당 지도부 차원의 합의에 따라 내각제적 속성을 가진 당정협력의 차원에서 행사된 합법적인 리더십의 예라는 점에서 새로운 당 통제 방식이라고 보기에는 적절치 못하다고 할 수 있다.

그렇다면 본격적으로 노무현 대통령의 당정분리론에 대한 세 학자의 비판에 관한 핵심적인 쟁점사항을 살펴보고자 한다. 최장집, 박찬표, 강원택이 노무현의 당정분리론을 비판하고 있는 것은 원내정당화와 정당약화론에서 명확하게 드러나고 있듯이, 대중 정당 모델의 관점에서 당정분리론을 비판하고 있다는 것이 특징이다. 이 학자들이 공통

---

2   필자는 2012년 9월 22일, 김병준 전 청와대 정책실장과 조기숙 전 청와대 홍보수석을 상대로 관련 내용을 인터뷰하였다.

적으로 설정하고 있는 이론적인 가정은 "원내정당화론은 곧 정당약화론이다"라는 가정이다. 이런 전제하에서 원내정당화론과 연관된 당정분리론은 정당을 약화시키는 조치이고, 따라서 정당을 약화시키는 당정분리론은 민주주의를 약화시킨다는 논리로 연결되고 있다. 당정분리론을 비판하고 있는 배경으로 원내정당화론을 비판하는 관점에는 자신들이 가정하고 있는 대중정당 모델, 책임정당정부론, 내각제 정부론의 근거가 되는 입법부 권력과 행정부 권력 간의 권력 융합적인 책임정당정부 모델은 적실성이 있는 대안으로 자리를 잡고 있다는 점이다. 특히, 이러한 대중정당 모델과 책임정당 모델의 관점에서 보면 새로운 국정운영 모델인 거버넌스라는 개념은 보이지 않게 된다.

IV. 비판에 대한 반론: '네트워크정당 모델'에 대한 오해

우선, 당정분리론이 원내정당화론의 연장선상에 있으면서 정당을 약화시키는 노선이기 때문에 문제라는 비판은 과연 정당한 비판일까? 본질적으로 당정분리론이 정말 정당의 정체성을 약화시키는 노선일까? 원내정당화론에서 나온 당정분리론은 정말 정부의 책임성을 약화시키고, 결과적으로 민주주의를 약화시키는 것일까? 이러한 논리 전개의 배경에는 암묵적으로 원내 정당화론(원내정당 모델, 유권자정당 모델, 네트워크정당 모델)을 비판하고 있는 경쟁적인 정당 모델인 이른바 대중정당 모델과 책임정당정부 모델이 대안적인 모델로 시대적 적실성이 크다는 가정이 설정되어 있다. 하지만 이것은 원내정당화론(원내정당 모델,

유권자정당 모델, 네트워크정당 모델)에 대한 오해에서 나온 반대논리에 불과하다는 점에서 불가피하게 대중정당 모델의 시대적 한계를 논의하는 가운데 대안정당 모델의 관점에서 반론을 펼 수밖에 없다.

〈표 5-1〉 정당 모델과 정부 모델의 연계 비교

	대중정당 모델-책임정당정부 모델	네트워크정당 모델-거버넌스정부 모델
작동시기	19세기, 산업화, 민족국가시대	21세기, 후기산업화, 지구화, 정보화
대표자 역할상	대리인(delegate)	토의진행자(deliberator)
강조 기능	이익집성(interest aggregation)	이익통합(interest integration)
유권자참여수준	선거, 투표, 당원	선거, 투표, 당원, 지지자, 시민단체
강조 조직	'조직으로서의 정당'	'정부 내 정당'과 '유권 속의 정당'의 연계
정부책임의 수준	'대표위임'(mandate)에 따른 '결과중심'의 책임성(responsibility)	시민/유권자의 참여(participation)와 반응성(responsiveness)에 따른 '과정중심'의 책임성(accountability)

선진 민주국가와 한국에서 대안정당 모델을 둘러싼 논의와 논쟁을 보면, 전형적으로 '정당약화론과 정당위기론 등에 근거한 민주주의 약화론'을 통해 일정한 위기의식을 조장하면서, 자신의 이론적 정당성을 관철시키고자 했던 사람들이 바로 대중정당 모델 혹은 책임정당정부 모델을 신봉하는 사람들이었다는 것을 상기할 필요가 있다. 이들은 '정당약화론'과 '정당위기론', '민주주의 위기론'과 같은 공포와 위기의식을 실제보다 과도하게 부풀리면서 암묵적으로 정당이 추구해야 할 바람직한 표준모델 혹은 이상적인 정당 모델로 '대중정당 모델' 혹은 책임정당정부 모델을 제시하였다. 문제는 이들이 19세기 초 산업화 시기의 서구 민주주의가 변증법적인 과정을 통해 '하나의 단계'로 상정했던 국

노무현의 민주주의

민주권(popular sovereignty)에 기초한 이 모델에 절대적 의미를 부여했다는 데 있다. 또 이들이 당정분리론과 원내정당론 및 거버넌스론을 비판하거나 반대하는 논리로 사용하고 있는 '정당약화론'의 주요 내용에는 항상 '정당 정체성의 약화', '진성당원제도의 약화', '책임정치의 약화' 등과 같이 대중정당의 정체성을 설명할 때 나오는 핵심 어구들이 연계되어 논의되고 있다. 이들은 대중정당 모델과 책임정당 모델을 절대적으로 상정한 나머지 이들 정당 모델들이 역사적으로 쇠퇴했다는 것과 더불어 이것을 개선하기 위한 대안적인 정당 모델에 대한 논의마저 거부하고 있는 실정이다. 즉 이들은 대중정당 모델의 쇠퇴에 맞서기 위해 변화된 환경에 적응하면서 생존해야 하는 정당들의 자구노력 즉, 탈(脫) 대중정당 모델적인 역할 변화나 행동양식의 변화를 '정당의 위기 현상' 혹은 '정당 약화 현상'으로 오해하여 결과적으로 '생존을 위한 정당의 변화'를 거부하고 있다는 점이다(채진원 2012).

첫째로 대중정당 모델과 책임정당정부 모델의 절대성과 시대적 한계를 비판한 라이트(Wright), 엡스테인(Epstein), 로손과 메르클(Lawson and Merkl) 등 많은 학자들은 유럽의 선진 산업사회가 후기산업사회로 이행하면서 1960년대 산업사회에 기반을 둔 대표적인 정당인 대중정당 모델은 '사망'(demise)하였다고 분석하였다(Scarrow 2000, 82; 채진원 2012). 특히, 달톤과 와텐버그(Dalton & Wattenberg 2000)는 후기산업사회로의 이행과 사회구조의 파편화에 따라 정당과 시민들 간의 지지 관계가 '근본적'으로 변화함으로써 정당의 '이익집성 기능'(interest aggregation function)이 약해졌기 때문에 듀베르제(Duverger)와 샤츠슈나이더(E. E. Schattschneider) 등에 의해 정식화된 '책임정당정부 모델'(model of responsible party government)과 '대중정당 모델'은 작동하기 힘들게 되었다고 주장하였다(Dalton & Wattenberg 2000, 266-283; 채진원 2012). 또한 코울과 그레이(Caul and Gray 2000, 236)도 대중정당 모델과 책임정당정부 모델은 시대착오적인(anachronistic) 것이 되었다고 분석하였다. 그들에 따르면 대중정당 모델에 기초한 책임정당정부 모델은 지난 산업화 시기에 매우 '이상적인 정당 모델'로 추앙받았으나, 정파성(partisans)과 정당일체감(party identification) 등이 쇠퇴한 현대 정당체제에서는 생존할 수 없다고 주장하였다(채진원 2012).

2000년 이후 달톤(R. Dalton)의 동료인 패럴(D. Ferrell)과 맥알리스터(I. McAllister)는 이른 바 정당약화론을 비판적인 차원에서 그것의 실체를 규명하려고 했다. 그들에 의하면, 정당약화론은 '정당일반'의 문제가 아닌 '대중정당 모델'에 국한되어 나타나는 문제라고 보았다. 즉, 대중정당의 약화로 인하여 정당의 이미지는 과거에 비해 상대적으로 약화된 것이 사실이지만, 실제 정당 기능의 필요성은 과거와 같이 변함이 없다고 주장하였다(Dalton, Ferrell and McAllister 2011; 채진원 2012). 또한 대의민주주의에서 '정당이 수행하는 기능'과 '정당에 대한 시민들의 이미지'를 구별하여 정당의 위기문제를 바라본 웹(Paul D. Webb)은 서구 민주주의국가에서 유행처럼 터져 나온 정당 위기는 결코 놀랄 일이 아니라고 지적하면서 그것의 본질은 안정적인 계급 균열의 시대에 유용성이 컸던 '조직'이 강조된 대중정당 모델이 쇠퇴한다는 경험적 증거 때문이라고 밝혔다. 그러면서도 그는 대중정당 모델의 쇠퇴에도 불구하고 정부를 구성하여 정책을 결정하는 정무를 구성하는 정당의 기능(task of governance)은 쇠퇴할 수 없다고 주장하였다. 또한 그는 현대의 정당들이 작동하고 있다는 것은 변화된 시대에 정당이 적응(adaptation)하여 살아남았다는 것을 경험적으로 입증하고 있다는 점에서, 새로운 시대에 정당이 생존하기 위해서는 미디어 환경과 능동적인 시민참여에 부응하도록 정당의 기능을 다각화하여 새로운 '시민적인 정통성'(popular legitimacy)을 정립시켜야 한다고 주장하였다(Webb 2005; 채진원 2012).

상술한 바와 같이, 여러 논자들의 논의를 살펴보면 정당약화론의 실체가 사실은 정당 일반의 약화가 아닌 대중정당 모델의 약화 현상을 너무 크게 과장하고 일반화해서 빚어진 '과도한 일반화의 오류'에서 탄생한 오해임을 보여준다. 따라서 대중정당 모델이 강조했던 '조직으로서의 정당'의 특성들이 약화되거나 쇠퇴하는 것이 곧 '정당의 약화'로 인식될 필요는 없다. '대중정당 모델의 약화'를 '정당 일반의 약화'로 보는 것은 대중정당 모델을 정당의 표준적인 모델로 절대화하고 이상화하기 때문에 발생하는 오해에 불과하다. 이러한 오해가 빚어진 배경에는 정당의 세 기능이 똑같은 비중으로 작동할 수 없으며, 환경변화에 맞추어 그것의 비중이 달라질 수 있다는 것을 다층적으로 인식하지 못하기 때문이다(Jun 2002, 771; 채진원 2012). 다시 말해서, 1) 조직으로서의 정당(Parties as Organization), 2) 정부 내 정당(Parties in Government), 3) 유권자 속의 정당(Parties in the Electorate)과 같이 키(Key 1964)가 정립한 정당 기능의 세 가지 측면에 대한 비중이 항상 동일하지는 않다는 점을 인식하지 못했기 때문이다. 대중정당 모델의 약화를 정당 일반의 약화로 등치 하여 정당과 민주주의에 대한 위기의식을 고조시키는 것은 '조직으로서의 정당'의 비중이 약화되어도 '정부 내 정당'과 '유권자 속의 정당'의 연계된 비중이 커짐으로써 변화된 시대 환경에 적응(adaptation) 하는 새로운 정당의 모델이 탄생할 수 있다는 것을 상상하지 못하기 때문에 나오는 오해이다.

둘째, 그렇다면 대중정당 모델 혹은 책임정당정부 모델의 시대적 한계를 직시한 학자들은 대안적 정당 모델에 대해 어떤 것을 고민했을까? 특히, 한국적인 맥락에서 제시된 원내정당화론(원내정당 모델, 유권자정당 모델, 네트워크정당 모델)을 주창했던 논자들의 문제의식은 무엇이었는가? 한국적인 맥락에서 임성호(2003)는 한국 정당의 바람직한 방향으로 '조직으로서의 정당'을 강조하는 대중정당 모델은 시대착오적인것으로 적실성이 떨어진다고 진단하면서, 그 대안으로 원내정당 모델(parliamentary party model)을 주장하였다. 그는 원내정당화의 핵심을 '조직으로서의 정당'(party as organization)을 약화시킴으로써, 상대적으로 '정부 내 정당'(party in government)과 '유권자 속의 정당'(party in the electorate)의 연계 기능의 비중을 높이는 것으로써 선구적인 개념 정립을 시도하였다(채진원 2011; 채진원 2012). 정진민도 임성호의 원내정당 모델을 수용하면서도 '유권자 속의 정당 기능'을 더욱 활성화시키자는 취지로 '유권자정당 모델'(정진민 2011)을 제시하였다. 그러나 채진원(2012)은 임성호의 '원내정당 모델'과 정진민의 '유권자정당 모델'을 대체하는 것이 아닌 보완하기 위한 개념으로 '(의원-유권자) 네트워크정당 모델'을 제시하였다. 그는 이 원내정당 모델과 유권자정당 모델은 공통적으로 '조직으로서의 정당'의 쇠퇴를 개선하기 위한 대안으로 '정부 내 정당'과 '유권자 속의 정당'의 연계 기능의 강조를 제시하였지만, 각 정당 모델에 대한 '이름 붙이기'에 따라 정당 기능의 특정 측면의 비중만을 더욱 강조함으로써 네트워크를 배제한다는 오해[3]가 있었다고 비판하고, 이러한 오해를 바로잡고자 하였다. 특히, 그는 새로운 이름 붙이기를 통해 '네트워크'에 초점을 맞추고, SNS와 플랫폼을 동반하는 지구화와

---

3   오해에 대한 부분은 정진민(2009)과 채진원(2010) 참조.

정보화시대에 부응하기 위하여 '정부 내 정당'과 '유권자 속 정당'의 연계 비중을 더욱 강화해야 한다고 강조하였다. 또한 그는 이 이념형으로서의 '네트워크정당 모델'은 당원뿐만 아니라 의원과 공직 후보자의 지지자 등 적극적인 시민들의 참여를 기반으로 하는, 이른 바 정당과 시민정치(시민사회단체)를 연결하려는 '시민참여형 네트워크정당 모델'[4]과 '플랫폼 네트워크정당 모델'[5]로도 구체화될 수 있다고 강조한다.

또한 그는 〈표 5-1〉처럼, 국민주권 이론에 기초한 대중정당 모델과 책임정당정부 모델이 지구화, 후기 산업화, 정보화, 탈물질주의 도래 등으로 표현되는 전환기적 시대상황에 따라 정부의 이익집성기능(aggregation function)과 '결과중심'의 책임성(responsibility)의 약화를 보완하기 위해 '네트워크정당 모델'이 탄생하였다는 것을 강조하였다. '네트워크정당 모델'은 토의민주주의(deliberative democracy)를 근거로 정부의 이익

---

4 채진원, 2014, "박원순 당선=퇴행? 시대착오적인 대중정당론."《오마이뉴스》(06.19) 참조. 시민참여형 네트워크정당 모델은 '강한 정당론'인 대중정당 모델과 비교하여 '약한 정당론'으로서 정당과 시민정치와의 양립가능성을 보장한다. 특히, 시민참여형 네트워크정당 모델은 3김씨와 같은 보스(boss)가 조직(조직수준의 정당 기능)을 장악하여 '사인화된 정치'(personalized politic)를 펴는 것과 대비하여 사인화된 개인이 아닌 '시민 네트워크' 즉, 공직 수준의 정당 기능과 유권자수준의 정당 기능의 '네트워크'를 강조한다.

5 플랫폼 네트워크정당 모델에 대한 설명은 채진원(2015), 154 각주 4번 참조. 이 모델은 "'공직자 수준정당'과 '유권자 수준정당'의 연계를 on과 off 상에서 강화하기 위해 정보와 콘텐츠를 일방향이 아닌 쌍방향으로 공유, 생산, 확산할 수 있도록 온라인상의 플랫폼(정책, 캠페인, 청원, 민원, 미디어, 커뮤니티 등)을 정당에 장착하여 시민참여를 활성화하는 정당 모델이다. 대표적인 예로는 독일 해적당의 Liquid Feedback, 영국 노동당의 청원담당 플랫폼인 Campaign Engine Room, 당원과 지지자의 네트워크인 Members Net, 영국을 위한 정책플랫폼인 Your Britain 등이 있다."

통합기능(integration function) 및 시민·유권자 참여(participation)와 반응성(responsiveness)을 기초로 하는 '과정 중심'의 책임성(accountability)을 제고하여 정부 정통성의 위기(crisis of legitimacy)를 극복하고자 하는 이른바, '거버넌스 정부 모델'(governance model)과 짝을 이룬다는 것을 강조하였다(March and Olsen 1986; Hendricks 2010; 임성호. 1999; 정진민 2007; 채진원 2011; 채진원 2012). 그리고 그는 키이(Key 1964)의 정립한 정당기능론의 관점에서 볼 때, 쇠퇴하는 대중정당 모델에 대한 대안정당 모델의 상을 재구성하여 〈표 5-2〉처럼 논의할 수 있다고 강조하였다.

〈표 5-2〉 대안정당 모델별 부각되는 정당 기능과 행위자 비교

	대중정당 모델	포괄정당 모델	선거전문가정당 모델	카르텔정당 모델	네트워크정당 모델
시대배경	국가 건설기, 산업화 시대	후기산업화	후기산업화	후기산업화	지구화, 정보화 시대
주요 목표	이익집성과 이익표출	이념약화+ 지지층확대+ 선거승리	이념약화+ 지지층확대+ 선거승리	국가체계의 행정 대변	이익조정과 이익통합
부각되는 정당 기능	'조직으로서의 정당'	유연화된 '조직으로서의 정당'	유연화된 '조직으로서의 정당'	'정부 내 정당'	'정부 내 정당'과 '유권자 속의 정당' 간 연계기능
부각되는 행위자	이념적 활동당원(정파)+ 특정계급계층조직	당지도부(당관료)+ 중도적인 유권자	선거전문가 + 각 분야전문가 + 중도적인 유권자	공직자+행정당관료	의원-일반유권자 간 네트워크

* 출처: 채진원(2012)에서 재인용

채진원(2012)에 의하면, 대중정당 모델은 '정부 내 정당'과 '유권자 속의 정당' 간의 직접적 연계보다는 '조직으로서의 정당' 기능에 대한 비중을 극대화하는 모델로 평가된다. 이에 비해 네트워크정당 모델은

노무현의 민주주의

'조직으로서의 정당'보다는 의원과 공직자를 행위자로 하는 '정부 내 정당'과 '유권자 속의 정당' 간의 네트워크에 대한 비중을 극대화시키는 모델로 평가된다. 따라서 네트워크정당 모델은 대중정당 모델이 추구하는 이념정당, 정파정당, 계급정당과 달리 정당의 정책결정이나 후보 선출 과정에 의원들과 인지적 유권자가 연계되는 개방적이고 네트워크적인 정당구조를 지향한다. 또한 네트워크정당 모델은 '조직으로서의 정당' 기능의 비중을 다른 기능에 비해 상대적으로 약화시킴으로서, 정당이 이념과 정파 성향이 강한 소수의 당원들과 계파들만의 정당이 아니라 의원들과 정당 및 후보를 지지하는 일반 유권자의 네트워크정당으로 발전할 수 있도록 사회적 지지기반을 넓히는 데 중점을 두게 된다.

그는 이상의 논의를 근거로 하여 정당의 일반적인 변화와 발전 경향을 추론하기 위하여 '네트워크정당 모델'의 특징을 다른 대안적 정당 모델과 비교하여 다음과 같이 정리하였다. 부각되는 기능에 있어서 '조직으로서의 정당'을 강조하는 대중정당 모델, 유연화된 '조직으로서의 정당'을 강조하는 포괄정당 모델과 선거전문가정당 모델, '정부 내 정당'을 강조하는 카르텔정당 모델, 그리고 '정부 내 정당'과 '유권자속의 정당'의 네트워크를 강조하는 '네트워크정당 모델'은 각각 그 고유한 차이가 있다. 특히, 그는 '네트워크정당 모델'이 대중정당 모델의 시대적 의의와 한계에 따라 다음과 같은 점에서 시대적 적실성이 크다고 강조하였다. 대중정당 모델은 책임정당정부 모델의 조직적 기반이자 실현체로서, 비교적 산업화 시대와 국민국가의 건설기에 '조직으로서의 정당' 기능을 강조함으로써 적실성을 가질 수 있었다고 그 모델의 의의를 지적하였다. 즉, 산업구조와 사회적 이익구조가 비교적 안정화되고 단순했던 산업화 시대와 국민국가 시대에서는 대부분의 사람들이 회사, 노조, 이익단체 등의 조직생활에 익숙하고 이것에 따라 공동체의식이나 집단적 정체성이 잘 형성되어 대중정당 모델과의 연계성이 높아 정당이 잘 운영될 수 있었다. 특히, 이 대중정당 모델은 보통선거권을 갖게 된 노동자 대중들을 당원으로 조직하고 선거 참여에 동원함으로써 대중민주주의의 시대를 선도하고, 민주주의라는 제도를 시민들의 생활문제와 연결하는 데 크게 기여하였다고 보고 있다(채진원 2012).

하지만 그는 대중정당 모델이 20세기 후반부터 심화된 지구화, 후기 산업화, 탈냉전, 정보화 등으로 불리는 변화된 시대 환경과 부딪히면서, 그 정당 모델이 강조해왔던 '조직으로서의 정당' 기능이 타격을 받고, 그것의 작동에 제동이 걸림으로써 한계에 봉착할 수밖에 없었다고 보고 있다. 왜냐하면 개방적인 사회구조로 전환되면서 비교적 단순하면서도 위계적이고 폐쇄적이던 인간관계와 사회 이익들이 복잡하게 원자화·파편화가 되었고, 사회적 유동성과 불확실성이 커졌으며, 사회적 이질성이 확대되었기 때문이다. 특히, 새로운 미디어의 발달과 정보통신기술의 발전 그리고 대학교육의 확대에 따른 시민들의 인지적 능력의 향상은 인터넷과 SNS 등을 통한 시민들의 직접행동을 강화시킴으로써 유권자들이 선호하는 '유권자 속의 정당' 기능을 활성화시켜 놓았기 때문이다. 결국 이런 변화된 상황으로 인하여 그동안 '조직으로서의 정당 기능'을 통해 비교적 '이익표출과 이익집성'을 잘 조직해왔던 대중정당 모델은 그 한계에 직면할 수밖에 없었다. 만약 이러한 변화된 시대상황 속에서도 대중정당 모델에 변화를 주지 않고 이 모델을 무리하게 고집해 작동시킨다면 어떤 일이 벌어질 것인가? 그것은 이른바 '관료주의적 대중정당'처럼, 관료주의적이고 폐쇄적인 이념정당의 이미

노무현의 민주주의

지로 인하여 더 많은 불신과 위기 상황에 노출되어 유권자들의 비판 여론에 따라 스스로 분열하거나 해산당하는 운명에 처할 수밖에 없을 것이다(채진원 2012).

이러한 관점에서 볼 때, 대중정당 모델과 책임정당정부 모델을 신봉하는 사람들에 의해 비판받고 있는 논리인 당정분리론은 곧 원내정당론이고, 원내정당론은 정당약화론이며, 이러한 정당약화론은 곧 민주주의 약화론이라는 등식은 올바른 것일까? 이것은 원내정당 모델 또는 네트워크정당 모델에 대한 오해에서 나온 판단에 해당한다고 볼 수 있다. 최장집, 박찬표, 강원택과 같이 당원의 이념적 정파성을 강조하여 '조직으로서의 정당'의 비중이 큰 대중정당 모델(계급정당·이념정당)을 정당이 추구해야 할 이상적인 표준모델로 삼는다면, 당정분리나 참여경선제에 따른 '정당 조직의 약화'가 정말 문제가 될 것이다. 하지만 시대착오적인 정당의 이념성과 조직성을 약화시키는 대신 '정부 내 정당' 기능과 '유권자 속의 정당' 기능의 네트워크를 강조하는 원내정당 모델 또는 '네트워크정당' 모델에서는 폐쇄된 조직과 이념성을 줄이는 대신 대통령이 가지고 있던 공천권을 국민들에게 돌려주는 조치로 후보자의 선출 과정을 개방하여 대선후보들과 유권자들을 연계시켜 더 많은 유권자들의 참여가 보장된다면 그만큼 쇠퇴하고 있는 '조직으로서의 정당 기능'을 다른 두 기능을 활성화시키는 방식으로 보완함으로써 정당의 사회적 기반을 더욱 다층적으로 확대할 수 있기 때문에 더 이상 정당의 약화는 문제가 되지 않을 것이다.

특히, 당정분리론은 '조직으로서의 정당'의 비중을 상대적으로 약화시키고 '정부 내 정당 기능'과 '유권자속의 정당 기능'의 네트워크를 강화시키기 위한 필연적인 조치에 해당한다. 즉 '강력한 제왕적 대통령에 의한 정당 조직의 장악과 그것에 따른 자율성이 약한 국회와 국회의원' 그리고 '강한 원외정당 중심의 조직정체성과 당 기율에 따른 국회 내 타당 의원과의 교류와 협력의 약화'는 필연적으로 의회정치에 대한 유권자의 불신에 따른 지지기반을 약화시키기 때문에 이러한 문제를 극복하기 위해서는 당정분리는 필연적일 수밖에 없다(임성호 2003; 정진민 2007; 채진원 2012). 그러한 필연적인 관점에서 볼 때, 당정분리와 원내정당화는 쇠퇴하는 '조직으로서의 정당'의 한계를 '정부 내 정당'과 '유권자 속 정당'의 네트워크를 통해 정당 조직의 존재 기반을 더욱 확대하려고 했다는 점에서 바람직한 정당개혁 방안이라 평가할 수 있다.

결국 최장집, 박찬표, 강원택이 제기하는 '정당약화론'은 잘못된 가정에 근거한 오해에 불과하다. 이러한 정당약화론은 '정당'을 다층적 수준의 정당기능론(조직으로서의 정당, 정부 내 정당, 유권자 속의 정당)에서 보지 않는 '오해'에서 비롯된 측면이 강하다. 하지만 의원과 유권자를 상징하는 '정부 내 정당'과 '유권자 속의 정당'의 연계를 강조하는 '네트워크정당 모델'에서는 정당의 약화는 더 이상 문제가 되지 않는다. 왜냐하면 이 모델에서는 '조직'을 줄임으로써 오히려 '네트워크'를 강화할 수 있기 때문이다. 즉 공천 과정에 유권자의 참여를 보장하여 대선 후보들과 유권자들 그리고 국회의원과 유권자들을 연계시켜 더 많은 유권자들의 참여가 확대된다면 그만큼 쇠퇴하고 있는 '조직으로서의 정당' 기능을 대신해서 다른 두 기능의 비중이 커져 당의 토대를 확대할 수 있기 때문이다(채진원 2012).

노무현의 민주주의

V. 노무현 당정분리론의 시대적 의미와 거버넌스적 계승

이 글은 노무현 대통령이 추구해왔던 당정분리론이 자신의 정책인 것인지, 그리고 이것을 비판하는 학자들이 존재하는 가운데 바람직한 정책이었는지에 대한 이론적 쟁점을 해결하기 위한 실험적 시도로 시작되었다. 대통령의 어록 이외에 관련자들에 대한 인터뷰를 포함하여 풍부하게 다루지 못한 점 등 많은 한계가 있다. 그럼에도 불구하고 몇 가지를 밝히는 데 기여하고자 하였다. 첫째는 서론에서 문제로 제기한 것처럼 당정분리론은 노무현 대통령의 정책이 아닐까라는 의문에 대해 분명하게 노무현의 일관된 정책이라는 것을 확인할 수 있었다. 둘째, 노무현의 당정분리론에 대한 비판이 정당한가라는 질문에 대해서도 그렇지 않다는 것을 확인할 수 있었다. 즉 당정분리론을 비판하는 사람들은 주로 대중정당 모델 혹은 책임정당정부 모델을 절대시한 나머지 그것의 한계를 숨기고, 오히려 정당약화론에 기초한 민주주의 약화론이라는 것을 담론화하여 그것의 한계를 극복하려는 대안적 정당 모델에 대한 논의를 방해하고 있다는 점이다. 핵심적으로 원내정당화 혹은 네트워크정당 모델이 곧 정당약화론이란 논리는 잘못된 가정에 근거한 오해에 해당된다.

이러한 논리가 정당하지 않다는 점에서 당정분리론의 정치개혁적인 의미가 결코 폄하되어서는 안 될 것이다. 그렇다면 당정분리론이 정당약화론이 아니라면 어떻게 봐야 할까? 한마디로 당정분리론은 한국 정당정치가 극복해야 할 정치개혁의 핵심으로서 새로운 국정운영(통치)방식인 '대통령의 거버넌스'로 볼 수 있다. 즉 정당의 총재가 대통령이 당선됨으로써, 정당을 매개로 행정부와 입법부 및 사법부의 권력을 총체적으로 독점하게 되는 이른 바 제왕적 대통령제의 폐해를 극복하기 위해 그동안 대통령이 독점하고 있었던 공천권, 정치자금분배권, 당직 임면권, 공직 임면권 등 권력을 다양한 행위자인 입법부, 행정부, 사법부, 원내정당 조직, 의원들, 시민들에게 위임 분산시키고 그들을 참여시킴으로써, 즉 협치를 통해 민주주의 발전과 새로운 국정운영 모델에 초석을 두었다는 점이다. 이러한 거버넌스적 관점에서 보면, 당정분리는 당정이 별개로 각자 움직인다는 것이 아니라 대통령이 당 총재의 권력을 포기하고 당직 임면권과 재정권, 공천권을 갖지 않는다는 것이 핵심이고, 국정운영의 권한과 책임의 분리가 아니라 대통령이 집권 여당을 지배하지 않는다는 것이 요체라 할 수 있다. 각자 고유한 영역을 존중하고 협력해서 국정에 대한 책임을 공유하는 것이다. 당정분리론은 대통령이 지닌 당 총재권한의 포기이지 평당원으로서 리더십 책임, 정부 여당의 책임정치를 포기하겠다는 것이 아니다.

노무현 대통령이 추구했던 당정분리론은 과도기적인 한계에도 불구하고, 한국 의회와 정당 및 정부가 정치개혁으로 지향해야 할 방향이 원내정당화와 네트워크정당 및 거버넌스 정부라고 하는 것을 분명히 제시하였고, 그러한 방향 아래 새로운 관행을 정착시키는 데 일조했다는 점에서 큰 의의가 있다. 즉 노무현 대통령이 제왕적 대통령제를 개혁하기 위해 실천한 당정분리론은 지구화, 후기산업화, 정보화 등으로 표현되는 전환기적 시대상황에 부합하는 국정운영의 방향성으로 민간과의 협력과 의사소통이 중요해지는 수평적 네트워크로의 전환 요구에 부응하기 위한 거버넌스적 시도였다는 점에서 그 의의는 매우 크고, 또한 수평적 당정 관계라는 새로운 권력 문화의 가능성을 열었다는 점에서 한국 정치 발전에 크게 기여하였다고 볼 수 있다. 노무현 대통령이 당정분리론을 통해 제기한 거버넌스에 대한 문제의식은 집권당이 누가 되더라도 상관없이 초당적인 차원에서 계승되고 발전될 필요가 있다. 이러한 흐름은 이미 가시화되고 있다. 노무현 대통령의 당정분리론에 따라 설계된 당청 정정책 협력 모델이 이명박 정부에서 고위당정협의회라는 방식으로 새로운 당정 관계의 관행을 정착시키는 데 도움을 주었으며, 박근혜 정부에서도 '당정청 정책협의회'와 야당과의 소통 및 협력 강화를 위해 '여야 지도부급 6인 협의체'라는 새로운 당정청 관계를 디자인하는데 많은 시사점을 주고 있다.

참고문헌

강원택. 2011. "참여민주주의와 정당정치: 제도화의 실패와 정당 재편의 좌절." 강원택·장덕진 엮음. 『노무현 정부의 실험』. 서울: 한울.

노무현. 2001. 2001년 자전 구술기록: 통합의 정치를 향한 고단한 도전. 노무현 사료관.

노무현. 2002. 10월 17일 세계지식포럼 노무현 후보 연설. 노무현 사료관.

노무현. 2002. 12월 26일 새천년민주당 중앙당선대위 연수 대통령 당선자 감사 및 격려사. 노무현 사료관.

노무현. 2002. 4월 새천년민주당 대통령 후보 국민참여경선 당시 발언. 노무현 사료관.

노무현. 2002. 8월 23일 민주당 정책위원회 워크샵 연설. 노무현 사료관.

노무현. 2002. 9월 22일 노무현 대통령후보 선대위 출범 선언 기자회견문. 노무현 사료관.

노무현. 2003. 1월 18일 양당총무회담. 노무현 사료관.

노무현. 2003. 5월 1일 MBC TV 100분 토론. 노무현 사료관.

노무현. 2003. 8월 12일 국무회의. 노무현 사료관.

노무현. 2005. 12월 4일 열린우리당 당원에게 드리는 편지. 노무현 사료관.

노무현. 2005. 1월 26일 열린우리당 집행부 13명과 만찬. 노무현 사료관.

노무현. 2005. 1월 3일 수석보좌관 회의. 노무현 사료관.

노무현. 2005. 1월 4일 대통령 발언록-첫 국무회의. 노무현 사료관.

노무현. 2005. 6월 27일 열린우리당 당원여러분께 드리는 글(1). 노무현 사료관.

노무현. 2005. 7월 28일 열린우리당 당원 여러분께 드리는 글(2). 노무현 사료관.

노무현. 2005. 7월 5일 국민 여러분께 드리는 글. 노무현 사료관.

노무현. 2005. 8월 30일 열린우리당 의원 초청 만찬. 노무현 사료관.

노무현. 2005. 8월 25일 KBS 특별방송. 노무현 사료관.

노무현. 2007. 6월 10일 6·10민주항쟁 20주년 기념사. 노무현 사료관.

노무현. 2007. 6월 8일 원광대학교 명예박사학위 수여식 강연. 노무현 사료
관.

노무현. 2008. 11월 8일 '민주주의 2.0' 사이트. 노무현 사료관.

박찬표. 2012. "열린우리당의 정당개혁과 그 결과에 대한 연구."『기억과 전
망』겨울호(통권 27호).

임성호. 1999. "전환기 한국정부 권력구조: 과정중심의 '이익통합적' 모델을
위한 시론."『호남정치학회보』제11집.

임성호. 2003. "원내정당화와 정치개혁."『의정연구』제9권 1호.

정진민. 2007. "민주화 이후의 정치제도: 원내정당화를 중심으로."『국가전
략』제13권 2호.

정진민. 2009. "원내정당론을 둘러싼 오해들에 대한 정리."『한국 정치연구』
제18집 1호.

정진민. 2011. "정당의 후보선출과 공정성: 유권자정당 모델을 중심으로."『의
정연구』제17권 3호.

채진원. 2010. "원내정당 모델의 명료화: 대안적 정당 모델들과의 비교논의."
『의정연구』제16권 2호.

채진원. 2011. "지구화시대 한국 정당 거버넌스의 모델과 전략." 임성호 외.
『지구화시대의 정당정치』. 서울: 한다D&P.

채진원. 2012. "'오픈 프라이머리 정당약화론'의 재검토: 다층적 수준의 정당
기능론을 중심으로." 중앙선관위.『選擧硏究』제3호.

채진원. 2014. "박원순 당선=퇴행? 시대착오적인 대중정당론."《오마이뉴스》
(06.19).

채진원. 2015. "오픈프라이머리 정당약화론과 네트워크정당 모델." 정진민·임
성호 외.『정당 정치의 변화, 왜 어디로』. 서울: 형설.

청와대 특별기획팀. 2007. "[정책리포트] 당정분리."(06.08).

최장집. 2005. 『민주화 이후의 민주주의』 개정판. 서울: 후마니타스.

최장집. 2007. 『어떤 민주주의인가』. 서울: 후마니타스.

Caul, Miki, and Mark Gray. 2000. "From Platform Declarations to Policy Outcomes: Changing Party Profiles and Partisan Influence over Policy." Russell Dalton and Wattenberg, Martin P., eds. *Parties without Partisans: Political Change in Advanced Industrial Democracies.* New York: Oxford Press.

Dalton, Russell j. and Wattenberg. Martin P. 2000. *Parties without Partisans: Political Change in Advanced Industrial Democracies,* New York: Oxford Press.

Dalton, Russell J., David M. Ferrell and Ian McAllister. 2011. *Political Parties & Democratic Linkage: How Parties Organize Democracy.* New York: Oxford University Press.

Hendricks, F. 2010. *Vital Democracy. A Theory of Democracy in Action.* New York: Oxford University Press.

Jun, Uwe. 2004. "Parteien und Parteiensystem." Ludiger Helms and Uwe Jun, eds. *Politische Theorie und Regierungslehre.* Frankfurt a.m.: Campus.

Key, V. O. 1964. *Politics, Parties and Pressure Groups.* New York: Crowell.

March, James G. and Johan P. Olsen. 1986. Popular sovereignty and the search for appropriate institutions. *Journal of Public Policy* Vol. 6, No. 4.

Scarrow, Susan E. 2000. "Parties without Members? Party Organization in a Changing Electoral Environment." Russell J. Dalton and Martin P. Wattenberg, ed. *Parties without Partisans: Political Change in Advanced Industrial Democracies.* New York: Oxford Press.

노무현의 민주주의

Webb, Paul. 2005. "Political Parties and Democracy: The ambiguous Crisis." *Democratization* Vol. 12, No. 5.

6장
노무현과 선거제도 개혁론

조기숙

I. 노무현 선거제도 개혁론에 대한 평가의 의미와 배경

1. 선거제도 개혁에 대한 노무현의 오래된 생각

　　노무현 대통령의 사후에도 상대 진영이 아니라 같은 진영에서 끊임없이 제기되는 비판 중 하나는 노 대통령이 야당인 한나라당에 대연정을 제안한 것이다. 임기 중 노무현 대통령의 지지도가 비교적 높았던 중반기에 대연정 발언은 대통령 지지도를 10-15%나 하락시켰다. 대연정을 철회하면서 노 대통령의 지지도가 다시 회복되었으니 대연정 발언이 얼마나 지지자에게 큰 충격을 주었는지 짐작할만하다. 노 대통령은 직접 작성한 서신을 통해 그리고 TV에서 진행된 국민과의 대화에서도 "권력을 통째로 줄 용의가 있으니" 선거제도를 바꾸자고 제안했다.

이 글은 노 대통령의 대연정 제안 그 자체를 평가하지는 않는다. 이 글의 목적은 노 대통령이 왜 대연정을 통해 야당에게 권력을 다 내놓으면서까지 그토록 선거제도를 바꾸고 싶어 했는지 그 진의를 살펴보는 것이다. 대통령이 선거제도를 이야기하자 정치인은 물론이고 언론과 지식인도 "경제는 뒷전이고 정치 이야기만 한다", "국정실패에 대한 알리바이를 만든다", "무슨 음모가 있는지 분명히 밝히라"는 반응을 보였다. 심지어 경제를 포기한 대통령이라며 '경포대'라는 신조어가 나오기도 했다. 이들의 비판은 얼마나 정당한가?

이 장의 목적은 노 대통령이 왜 권력을 주면서까지 선거제도 개혁을 원했는지 그의 육성을 통해 살펴보는 것이다. 선거제도의 개혁이 그 당시 그렇게 절박했던 이유는 무엇인지, 이것이 국민들이 원했던 민생과 경제와는 도대체 어떤 연관을 가지는지, 이러한 제안에 대한 정치인, 지식인, 언론의 반응은 어땠는지, 그들의 반응은 민주주의 담론의 장에서 어떤 긍정적인 혹은 부정적인 역할을 했는지 검토하는 것이다.

이를 위해 다음 절에서는 우선 선거제도 개혁에 대한 노 대통령의 생각을 소개한다. 놀랍게도 선거제도에 대한 노 대통령의 생각은 다른 정책에 대한 생각과 마찬가지로 오랫동안 변하지 않고 일관되었다. 2005년 6월부터 9월 사이에 있었던 대연정과 선거제도 개혁에 대한 노 대통령의 발언은 아주 오래전부터 지속되었던 생각의 일단일 뿐이었다. 3절에서는 이러한 노 대통령의 선거제도 개혁 제안에 대한 정치인, 언론, 지식인의 반응을 소개한다. 4절에서는 비판 일색인 이들의 반응이 정치학적 이론이나 기존 연구에 비춰 얼마나 타당한지 살펴보겠다.

노무현의 민주주의

끝으로 본문의 핵심 내용을 요약하고 향후 한국 민주주의의 발전을 위해 노 대통령의 행동과 생각을 어떻게 평가하고 계승해야 할지, 민주정치의 발전을 위해 한국의 담론 시장은 어떻게 변해야 할지 필자의 생각을 밝히는 것으로 이 장을 맺을까 한다.

2. 왜 노무현은 선거제도 개혁에 집착했는가?

1) 노무현의 대연정 제안의 배경과 경과

노무현 대통령이 연정에 대한 생각을 처음으로 외부에 비친 것으로 알려진 것은 2005년 6월 24일 당정청 11인 회의이다. "정부와 여당이 비상한 사태를 맞고 있다. 야당과 연정이라도 해야 하는 것 아니냐. 여소야대 상황에서 법안 통과가 안 된다. 우리 정부는 내각책임제적 요소가 있으니까 국회의 다수파에게 총리 지명권과 조각권을 주면 국정이 안정되지 않겠느냐"는 취지의 발언을 했다고 전해진다.[1] 그 자리에 참석했던 대다수의 인사들이 반대했다고 한다.[2]

---

1 《연합뉴스》, 2005.07.28.
2 일부 언론이 당시 홍보수석이었던 필자가 그 자리에 참석한 것으로 보도했지만 이는 사실이 아니다. 또한 모 진보언론의 편집국장은 노 대통령이 대연정으로 정국주도권을 잡기 위해 필자를 통해 의도적으로 이를 언론에 흘렸다고 추측하기도 했다. 필자가 이는 전혀 사실이 아니라고 해명했지만 그는 믿는 눈치가 아니었다. 그만큼 당시의 분위기는 진실은 실종되고 음모와 추측이 난무했었다.

7월 4일 노 대통령이 주재한 청와대 수석·보좌관 회의에서 노 대통령은 연정에 대한 공식 언급은 없었으나 야당과 사안별 정책공조가 단기적으로 가능한 대안이라고만 말했다. 하지만 홍보수석의 브리핑을 언론이 왜곡[3]하자 대통령은 직접 장문의 서신을 작성했다. 2005년 7월 5일 노 대통령은 연정을 공론화하기 위해 청와대 홈페이지에 '우리 정치, 진지한 토론이 필요하다'는 기고문을 올렸다. "대통령에게 국회해산권이 없고, 미국처럼 개별 의원을 설득하거나 협상할 여지가 없다"면서 "대통령에게 법도 고치고 경제도 살리고 부동산도 잡고 교육과 노사문제도 해결하라고 하는데 정상적이라고 보기 어렵다"는 내용이었다. 연정이 개헌 시도로 의심받고 정략적으로 받아들여지자 6일의 2차 서신에서는 '연정 논의와 개헌은 무관'함을 밝히기도 했다.

7월 7일 노 대통령은 중앙언론사 편집·보도국장 초청 간담회를 통해 '권력을 내각제 수준으로 이양할 용의'가 있다며 열린우리당, 야3당에 연정 토론회를 제안한다. 이에 한나라당, 민주당은 '연정불가'를 확인한다. 7월 8일 당정청 11인 비공식 회동을 갖고 연정을 포함한 권력구조 개편 공론화를 위한 대화를 야당에 공식 제의하기로 결정한다. 7월 10일 문희상 의장은 취임 100일 기자회견을 열어 야당에 총리지명

---

3 "우리 헌법에 내각제적 요소가 있기 때문에 이를 살려 대연정을 제안한다"는 필자의 브리핑 내용을 《조선일보》는 "노 대통령이 내각제 개헌을 추진하려고 한다"고 기사화했다. 그리고 이는 정권연장을 위한 수순이라는 설명도 덧붙였다. 왜 오보를 냈느냐는 필자의 질문에 해당기자는 "남들과 똑 같이 쓰면 재미가 없잖아요"라고 응수했다. 출입 기자를 상대로 오보 대응은 하지 않으려고 사과와 정정보도를 요구하자 기자는 그럴 생각이 없다며 절차에 따라 오보 대응을 하라며 당당하게 요구했다.

노무현의 민주주의

권을 제안하기에 이른다. 그러나 7월 12일 민노당은 연정 불가 입장을 최종 확인한다.

2005년 7월 28일 노 대통령은 "당원동지에게 드리는 편지"를 통해 정권교체 수준의 대연정을 제안하게 된다. 당시 다수당이었던 새누리당에게 총리 지명권을 줄 테니 지역주의를 깨는 선거제도로 개혁하자는 것이다.

> 열린우리당이 주도하고 한나라당이 참여하는 대연정이라면 한나라당이 응할 리가 없을 것입니다. 따라서 대연정이라면 당연히 한나라당이 주도하고 열린우리당이 참여하는 대연정을 말하는 것입니다. 물론 다른 야당도 함께 참여하는 대연정이 된다면 더욱 바람직할 것입니다.

> 그리고 이 연정은 대통령 권력하의 내각이 아니라 내각제 수준의 권력을 가지는 연정이라야 성립이 가능할 것입니다. 따라서 이 제안은 두 차례의 권력이양을 포함하는 것입니다. 대통령의 권력을 열린우리당에 이양하고, 동시에 열린우리당은 다시 이 권력을 한나라당에 이양하는 것입니다.

> 권력을 이양하는 대신에 우리가 요구하는 것은 지역 구도를 제도적으로 해소하기 위하여 선거제도를 고치자는 것입니다. 굳이 중대선거구제가 아니라도 좋습니다. 어떤 선거제도이든 지역 구도를 해소할 수만 있다면 합의가 가능할 것입니다. 당장 총선을 하자는 것도 아닙니다. 정치적 합의만 이루어지면 한나라당이 주도하

는 대연정을 구성하고, 그 연정에 대통령의 권력을 이양하고 그리고 선거법은 여야가 힘을 합하여 만들면 됩니다.

우리 정치의 많은 문제가 지역주의에서 비롯되고 있습니다. 지역 구도 하에서 정치인이 선거에서 이기는 길은 끊임없이 상대방 지역과 상대 당에 대한 불신과 적대감을 자극하고 지역이기주의를 부추기는 것입니다. 의정활동도 오로지 지역감정과 지역이기주의를 중심에 놓고 대결하게 됩니다. 지역으로 편을 가르고 대결이 심화될수록 지역민심은 더욱 단결하는 구조이니 정책정당도 대화정치도 설 땅이 없어집니다.

이 일을 하자면 우리 모두가 기득권을 포기하는 결단을 해야 합니다. 대통령과 열린우리당은 정권을 내 놓고 한나라당은 지역주의라는 기득권을 포기해야 합니다. 어느 하나도 쉬운 일은 아닙니다. 그러나 그럴만한 가치가 있고, 하기만 하면 모두가 승리할 수 있는 일입니다.

노 대통령은 하루 뒤인 7월 29일 기자회견을 열어 다시 한 번 선거제도 개편의 필요성을 역설했다. 대연정 제안으로 정국이 들 끓던 한 달 새 40%대였던 노 대통령의 지지도는 20-15% 이상 추락해 20% 후반을 기록했다. 9월에 대연정 제안을 포기한 후 지지도는 노 대통령의 임기 중 지지도의 균형점이라고 할 수 있는 30-35% 대로 다시 회복되었다. 그만큼 대연정 제안은 국민 다수로부터 지지를 받지 못했을 뿐만 아니라 핵심 지지층이었던 호남지역에서의 지지도 하락을 가져오

노무현의 민주주의

기도 했다.

　노 대통령은 왜 갑자기 대연정 제안으로 많은 이들을 놀라게 했을까? 사실 대연정 제안은 갑작스러운 것도 새로운 것도 아니었다. 연합뉴스(2005.07.28)는 "노무현 대통령은 대선후보 시절부터 권력구조와 관련한 발언을 자주해 왔다"며 '책임총리제' '현행 헌법체계 내 내각제 또는 이원집정부제 운용' '과반수 정당 내각 구성권 이양' 등을 꾸준히 주장해왔고, 2005년 4·30 재·보선 이후 '연정'이라는 말을 구체적으로 언급하기 시작했으며, 7월 28일에는 '한나라당 주도 대연정'으로 자신의 생각을 보다 분명히 했다고 보도한다. 이는 매우 정확한 보도이다. 특히 연합뉴스의 이 기사는 기자의 이름을 밝히고 있지 않지만 한국 언론에서는 보기 드문 매우 성실한 추적 기사이다. 여기서 한 가지 강조할 것은 대선 후보 시절 이전인 국회의원 시절부터 소선거구에서 중대선거구제로의 변화를 주장하는 선거제도 개혁에 대한 노 대통령의 입장은 변함없이 일관됐다는 점이다. 우리의 현행 헌법이 프랑스 헌법을 모델로 했기 때문에 노 대통령의 대연정 제안은 독일 모델보다는 사실상 프랑스식 동거 정부와 같다고 볼 수 있다. 노 대통령은 이 점을 분명하게 인식하고 있었고 대연정 제안은 갑작스러운 게 아니라 오래전부터 기회만 있으면 언급되었다.

　노 대통령이 연정을 제안한 배경은 앞에서 언급한 윤태영의 국정 일기에도 잘 나타난다.

　　청문회 스타가 되었을 때 정치를 왜 시작했냐는 물음에 '분노 때문에 시작했고 지금도 식지 않아서 한다.'고 대답했다. 그러나 대통령이 된 지금의 나에게 주어진 어려운 과제는 한국사회에 있는

'증오와 분노'를 해소하는 것이다.

노 대통령의 대연정 제안은 2005년 9월 5일 청와대 수석보좌관회의에서도 이어진다.

연정을 제안한 것은 '포용과 상생의 정치를 하자. 그리고 이를 통해 분열 구도를 극복하자' 이런 뜻입니다. 다시 확인합니다. 민생 경제가 매우 중요합니다. 그런데 우리 정치가 욕설과 야유, 싸움질로 얼룩진 소모적 정쟁과 대립의 문화를 극복하지 않고는 민생 경제를 올바로 다루어 나갈 수가 없습니다. 또한 우리는 서로 적대적일 수밖에 없는 과거 역사를 가지고 있어서 아직도 우리 정치가 불신과 적대의 정치를 벗어나지 못하고 있습니다.

노 대통령은 연정 제안이 과거사 해결과도 맥을 같이 하는 것이란 설명을 덧붙였다.

민주화 운동을 했던 많은 사람들이 아직도 용서하기 어렵다고 합니다. 그러나 언제까지 우리가 과거를 정리하지 않을 수 있습니까? 또 언제까지 여기에 발목이 잡혀있을 수는 없습니다. 그래서 과거사 정리라는 적절한 과정을 거치고, 용서하고 화해하고, 그다음에 과거의 분열의 역사에서부터 비롯된 분열 구도를 해소하고, 그다음에 우리가 서로 신뢰하고 존중하는 대화와 타협의 문화를 다시 만들어 가면 그 안에서 양극화 해소, 노사정 대타협 등 민생 경제 문제도 제대로 풀려갈 수 있다고 생각합니다.

노무현의 민주주의

노 대통령의 오래된 연정 구상은 2004년 1월 김효석 민주당 의원을 교육부총리로 임명하려던 시도에서 구체화되었다. 그러나 김 의원 본인이 고사했을 뿐 아니라 민주당 등 야당의 반발이 커 포기한 바 있다. 대연정 제안은 한나라당 박근혜 대표와의 9월 7일 영수회담으로 이어졌고 박근혜 대표는 준비해온 거절의 답만 되풀이하며 생산적인 회담을 거부했다. 결국 노 대통령은 9월 21일 청와대 수석보좌관 회의에서 "논란이 될 수 있는 정치적 사안은 제기하지 않겠다"는 입장을 표명함으로써 사실상 대연정 관련 논의를 종료했다. 노 대통령의 지지도는 다시 임기 중 평균 균형점인 35%를 회복했으나 선거구제 개혁은 물 건너가고 말았다. 다음 절에서는 노 대통령의 대연정과 연계한 선거구제 개혁 논의와 관련된 담론 시장이라고 할 수 있는 우리의 언론에 나타난 정치인, 지식인, 언론의 논평을 살펴보겠다.

II. 선거제도 – 대연정 제안에 대한 담론

1. 민주 사회에서 담론의 의의와 기능

민주주의는 권력을 총구에서 담론으로 이동시켰다. 따라서 민주 정치의 수준은 담론이 결정한다고 할 수 있다. 어떤 정치적 쟁점이 떠올랐을 때 이를 어떻게 해석하고 어떻게 분석하며 어떤 대안이 생산되는지는 전적으로 그 사회 담론 시장의 여론 형성 기능에 달려있다. 민주 사회일수록 언론과 지식인의 역할이 중요한 이유이다. 우리 사회는 담론 시장이 어느 수준의 민주주의를 누릴 만큼 발전했는지는 대연정과 선거제도 개혁이라는 노 대통령의 화두에 어떻게 반응했는지를 보면 알 수 있다.

노 대통령의 제안에 가장 직접적이고 재빠른 대응은 당연히 정치권 이해당사자로부터 제기되었다.[4] 연정의 일차적 대상으로 인식되고 있는 민주노동당의 김성희 부대변인은 "일고의 가치도 없다"고 논평했다. "국가보안법, 비정규직법 등 정책적 입장에서 열린우리당과 민노당 사이엔 현해탄 같은 격차가 존재한다. 오히려 실개천 정도의 입장 차이뿐인 민주당 및 한나라당과의 연정이 실현 가능한 일일 것"이라고 말했다. "노 대통령의 연정 발언은 과거 보수정치세력들이 활용해 온 정치적 짝짓기의 일환으로 나온 것"이라고 의도를 해석하기도 했다. "노 대통령은 연대를 하려면 개혁을 요구하고 있는 국민들과 해야 하며, 민생정치의 실패로 신음하고 있는 서민들과 연대해야 한다"며 "지금 뚜렷한 돌파구도 보이지 않는 상황에서 일체의 근본적인 문제는 외면한 채 손쉬운 수단으로 연정을 구상하고 있다"고 비난했다. 심상정 원내 부대표도 이날 "연애 연자의 연정인 줄 알았다"며 "국면 전환을 위해 노 대통령이 이용해 온 성동격서식 정치의 일환"이라고 주장했다.

한편 민주당 유종필 대변인은 "대통령이 국정 실패 탈출구로 연정을 하려는 것 같은데 연정보다는 대통령이 당적을 이탈하고 초당적인 국정운영을 해야 한다"며 "교섭단체 요건을 완화해 각 정당과 협상을 통해 국정을 운영하는 것이 바람직하다"고 덧붙였다. 한나라당의 전여

---

4   정치권 반응은 전홍기혜, 이지윤, "연정이라도 해야 하는 것 아니냐", 《프레시안》 2005.07.04.

노무현의 민주주의

옥 대변인은 "노무현 대통령은 우리 정부에 내각책임제 요소가 있기 때문이라고 연정의 근거를 댔다"며 "바로 며칠 전에는 대통령제 아래서 야당이 장관 해임 건의안 내는 것조차 없는 일이라고 하더니 자고 일어나보니 우리 정부가 내각책임제로 변모해 있는 희한한 꼴"이라고 노 대통령이 제시한 연정의 근거에 대해 문제를 제기하며 연정 구상에 대해 반대를 분명히 했다.

노 대통령은 "우리 정치, 진지한 토론이 필요하다"는 2005년 7월 6일 청와대 브리핑 원고에서 "내용의 타당성이나 현실성에 관한 논의는 어디로 가버리고 '속셈'이니 '승부수'니 '스타일'이니 하는 이미지 이야기나 게임의 논리만 무성하지 않기를 바랍니다"라고 호소했으니 담론 시장에 아무런 영향을 미치지 못 했다. 언론과 지식인의 논평도 대부분 게임의 논리로만 접근하고 있었기 때문이다.

대연정과 선거제도 관련 논란이 있었던 2005년 7월과 10월 사이에 이와 관련해 쏟아져 나온 기사는 차치하고라도 〈표 6-1〉처럼 10개 중앙지 사설만 132건, 언론인(부장, 논설위원 이상이 작성한) 기명 칼럼 79편, 전문가 논평 52편이 게재되었다. 중앙지의 사설을 신문사(가나다 순)별로 살펴보면 《경향신문》 10건, 《국민일보》 14건, 《동아일보》 19건, 《문화일보》 11건, 《서울신문》 11건, 《세계일보》 11건, 《조선일보》 15건, 《중앙일보》 19건, 《한겨레신문》 11건, 《한국일보》 11건(가나다 순)으로 나타난다. 중앙지의 데스크 칼럼은 객원논설위원까지 포함하면 《경향신문》이 4건, 《국민일보》 13건, 《동아일보》 12건, 《문화일보》 8건, 《서울신문》 13건, 《세계일보》 4건, 《조선일보》 5건, 《중앙일보》 6건, 《한겨레신문》 2건, 《한국일보》 12건이다. 전문가 칼럼52건의 분포는《경향신문》 2건, 《국민일보》 4건, 《동아일보》 2건, 《문화일보》 9건, 《서울신문》

3건,《세계일보》4건,《조선일보》4건,《중앙일보》7건,《한겨레신문》6
건,《한국일보》11건이다. 언론사별로 대연정과 선거제도 개혁 관련 사
설을 포함한 총 칼럼 수는《한국일보》가 34건으로 가장 많고《동아일
보》33건,《중앙일보》32건,《국민일보》31건으로 그 뒤를 따르고 있다.
반면,《경향신문》16건,《한겨레신문》19건,《세계일보》18건으로 가장
낮은 빈도를 보이고 있다.《동아일보》와《중앙일보》가 이를 정부에 대
한 비판적인 의제로 활용했다면《경향신문》과《한겨레신문》은 의제를
회피하고 있음을 엿볼 수 있다.

〈표 6-1〉 언론사별 대연정 관련 사설 및 기명 칼럼 빈도 (2005년 7월~10월간)

언론사	사설	언론인	학자/전문가	합계
경향신문	10	4	2	16
국민일보	14	13	4	31
동아일보	19	12	2	33
문화일보	11	8	9	28
서울신문	11	11(2)	3	25
세계일보	11	3(1)	4	18
조선일보	15	4(1)	4	23
중앙일보	19	6	6	31
한겨레	11	2	6	19
한국일보	11	12	11	34
합계	132	75(4)	51	258

* 언론인 칼럼 빈도 중 괄호는 외부 언론인 칼럼

이 주제가 우리 사회엔 처음 던져진 새로운 의제이기도 하고 권력
구조, 선거제도, 대연정 등 고도의 전문성을 요한다는 점에서 민주 사

회라면 언론사의 공식 입장보다는 전문가 사이에서 활발한 토론이 이루어져야 바람직할 것이다. 보수, 진보를 막론하고 언론사의 정치적 성향이 강한 한국적 상황을 고려하면 언론사의 직접적 입장 표명은 가능한 늦춰야 하고 초기에는 전문가의 참여가 더 필요하다고 할 수 있다. 그러나 사설이나 언론인 칼럼의 수가 전문가 칼럼을 압도한다는 점에서, 그리고 초반부터 무작정 노 대통령이 던진 논제의 부당함을 밝히는 사설이 전면 게재됨으로써 우리 사회에서는 언론사의 정치적 입장이 담론을 이끌고 있음을 알 수 있다. 이렇게 언론사가 사설을 통해 입장을 먼저 정하면 그 신문사에 기고하는 전문가는 사설의 기본 테두리를 벗어나기 어려울 것이다.

한 가지 흥미로운 점은 언론의 진보, 보수와 같은 이념적 입장과는 무관하게 이구동성으로 대연정/선거제도 개혁 제안에 대해 비판적이며 권력게임적, 음모론적 시각에서 접근하고 있다는 것이다. 한국의 언론은 정치적 목적을 강화하기 위해 프레임을 만들고 같은 현상도 다르게 해석하는 정파적 언론이라는 기존의 연구결과(김정아·채백 2008; 임양준 2009; 2013; 임미영 외 2010; 임순미 2010a 2010b; 2011; 2012; 박기수 2011; 이현숙 2013; 주영기 2013; 이소영 2014; 조기숙 2015)와는 매우 대조적이다. 무엇보다 이성적 분석이나 대안의 제시, 혹은 노 대통령이 왜 이를 시급한 문제로 생각하는지, 정치와 민생 문제가 어떤 관련이 있는지를 분석하려는 노력은 찾기가 매우 어려웠다. 소수의 칼럼을 제외하고는 감정적으로 노 대통령을 비판하거나 연정 논의를 당장 중단하라는 요구, 음모론적 시각, 정치와 민생이 무관하다는 정치 경제 분리론, 민생에 전념하라는 경제 제일주의 등이 대세를 이룬다. 담론 시장의 생명이라고 할 수 있는 다양성, 합리적이고 이성적인 논의, 대안에 대한 평가 및 새로운 대안에 대한 모색은 많지 않았다.

그럼에도 불구하고 전문가 칼럼 51개는 사설이나 언론인 칼럼에 비해 비교적 의견의 다양성이 존재했다. 노 대통령의 대연정 제안에 반대하는 입장이 압도적으로 많기는 했지만 이에 대해 직간접적으로 긍정적인 평가를 내린 칼럼이 4개, 중립적으로 장단점을 따져본 칼럼이 5개, 대통령의 생각에 동의하지는 않지만 구체적으로 선거제도의 방법이나 연정의 방법 등 대안을 제시한 칼럼이 15개에 달한다. 부정적 입장을 단정하기보다는 선결조건에 대한 질문을 통해 대연정의 부당함을 부각시킨 강준만 교수의 칼럼도 논의의 활성화라는 점에서 담론 시장에 긍정적 기여를 했다고 생각된다. 그러나 언론사의 칼럼과 내용에서 큰 차이가 없거나 전문성은 없고 오히려 품격이 더 떨어지는 말장난 식의 칼럼도 있어 전문가 칼럼이 전체적으로 언론사 칼럼과 크게 다른 것은 아니었다. 사견이지만 총 51개 중 22개의 칼럼이 노 대통령의 입장에 동의하는 것과는 별개로 나름대로 전문성과 대안을 지닌 칼럼이었다고 판단된다.

전문가 칼럼은 앞에서도 지적했듯이 사설이나 언론인 칼럼보다는 다양한 의견이 제시되었고, 결론을 내리고 지식을 짜 맞추는 방식이 덜했고, 다양한 대안을 제시했다는 점에서 담론 시장의 다양화, 합리화에 약간은 기여했다고 생각한다. 어떤 주제든지 언론은 전문가에게 보다 많은 지면을 개방함으로써 담론의 시장 기능을 활성화할 수 있다고 본다. 담론 시장은 다양한 의견이 상호 토론되고 논박되는 가운데 독자가 나름대로 자신의 판단을 형성할 수 있게 도와줌으로써 정상적인 기능을 할 수 있기 때문이다.

노무현 대통령의 대연정/선거제도 개혁에 대한 언론의 사설과 언론인 칼럼은 진보, 보수할 것 없이 한목소리를 냈는데 담론 시장에 나타난 특징을 다음과 같이 요약할 수 있다. 첫째, 격한 감정적인 대응이다. 둘째, 불순한 의도를 의심하는 음모론적 접근이다. 셋째, 민생과 정치를 동떨어진 것으로 보고 경제에 집중하라는 정치·경제 분리론 혹은 경제 제일주의적 시각을 견지한다는 점이다. 넷째, 연정 대신 새누리당과 대화와 타협을 통해 상생정치를 하라는 막연한 조언 이외에는 연정을 대신할만한 구체적인 대안이 거의 없다는 점이다. 선거제도 개혁의 필요성을 인정하는 경우에도 여야가 합의해서 국회에서 처리하라는 원론적인 주장 밖에는 없었다.

여기에서 한 가지 예외가 있다면 《조선일보》와 일부 《한겨레》와 《중앙일보》 사설이라고 할 수 있다. 《조선일보》 사설은 위의 네 가지 카테고리 어디에도 속하지 않는다. 《조선일보》 사설은 감정적이지도 않고, 섣부른 음모론을 제기하지도 않으며, 막무가내로 민생경제 우선주의를 강하게 외치지도 않고, 막연한 상생의 정치를 주문하지도 않는다. 왜 노 대통령의 제안이 의심받는지 구체적으로 조목조목 이유를 제시하거나, 여당에게 구체적인 행동강령을 제안하거나, 한나라당에 대해서도 균형 잡힌 비판을 함으로써 노 대통령의 프레임에 말려들어 실수하지 않도록 조언하고 있다. 연정을 반대하며 노 대통령의 의제에 말려들어가는 다른 언론과는 달리 《조선일보》가 독자적으로 의제를 주도하려는 노력을 볼 수 있다. 또한 회사의 입장을 미리 정해서 한 쪽으로 여론을 몰고 가기보다는 가능한 한 중립적으로 열려 있는 태도를 보여주고 있다. 대표적인 게 다음 사설들이다.

여당 의원들은 '대통령이 항상 옳은 것은 아니다. 대통령이 잘못

됐을 때는 거역하고 직언해야 한다'는 자세로 대통령에게 국민의 소리를 전해야 한다(《조선일보》 2005.08.29, 〈사설〉 15개월 만에 대통령 만나 與黨이 해야 할 말).

대통령이 권력을 내놓고라도 추진하겠다는 선거구제 개편 문제는 국회에서 정치개혁 특위를 통해 논의하면 될 일이다. 한나라 일부 관계자들이 "대통령이 하야(下野)를 빨리 할수록 한국경제의 회생 가능성이 높아진다"든지 "대통령과 국회의원들이 동시에 사퇴하자"든지 하면서 이 틈에 끼어 목소리 한번 내보자는 식으로 나오는 것은 연정론 자체만큼이나 무책임한 태도다. 한나라당은 자신들이 주도했던 탄핵정국이 얼마나 나라를 혼란스럽게 했었는지 기억도 못 한다는 말인가(《조선일보》 2005.08.31, 〈사설〉 국민이 중심을 잡고 갈 수밖에 없다).

이번 노-박 회담은 연정에 대한 '끝장 토론'이 돼야 한다. 연정이 성사되거나 무산되거나 두 가지 중 하나로 결론을 내야 한다는 말이다. 그래서 회담 이후엔 더 이상 연정을 둘러싼 불확실성이 대한민국 국정의 발목을 잡지 못하도록 해야 한다(《조선일보》 2005.09. 05, 〈사설〉 노-박 회담에서 연정 혼란에 마침표 찍어야).

문제는 이런 회담 결과를 대통령이 어떻게 받아들이느냐이다. 이것으로 두 달 간 나라를 들쑤셔 놓았던 연정 정국을 접을 것인가, 아니면 야당을 향한 연정 공세에 불을 붙인 것으로 보고 밀고 나가느냐는 것이다. 대통령의 생각이 어느 쪽이냐에 따라 남은 2년

반의 대통령 임기 동안 나라의 모습이 좌우될 것이며 국민들은 지금 그 점을 걱정하고 있다(《조선일보》2005.09.07, 〈사설〉聯政, 이것으로 끝인가 아니면 새 시작인가).

《중앙일보》는 경제 우선주의적 사설이 많은 것이 특징이지만 노대통령과 한나라당과의 사이에서 균형을 찾으려고 노력한 점이나 냉정하게 문제점을 논박한 점, 대안을 제시하려고 노력한 사설이 몇몇 눈에 띤다. 《한겨레신문》의 사설도 냉정하고 객관적이려고 노력한 사설이나 대안을 제시한 사설이 많은 편이고 경제 우선주의를 강조하지 않은 것도 특징이다. 그럼 각 언론의 사설이나 언론인 칼럼이 필자가 지적하는 네 가지 특성에 어떻게 부합하는지 구체적인 예를 다음과 같이 직접 인용을 통해 대표적인 사례만 제시하고자 한다. 지면관계상 소수의 사례만 보여주고 있지만 각 유형에 해당하는 사설이나 칼럼의 수는 상당히 많다.

2. 유형 1- 이성적 접근보다는 감정적 반응

첫째, 이성적이고 차분한 논리적 토론보다는 격한 감정적인 반응이 상당수 눈에 띤다. 이는 각 언론사의 얼굴이라고 할 수 있는 사설에서도 마찬가지이다. 사설과 내/외부 언론인 칼럼의 내용과 논조의 방향은 대동소이하다. 다만 언론인 칼럼이 사설과 다른 점은 독자의 흥미를 끌 수 있는 다양한 사례를 고전이나 외국의 사례, 경험담에서 끌어내고 있고 필체가 수려하여 지루하지 않으며, 보다 감정적이고 독설

이 많이 들어가 있다는 점이다. 다음은 대표적으로 감정이 묻어나는 사설의 예로 필자가 꼽은 것이다.[5]

민심과 너무도 동떨어진 정치 행보에 끝없이 집착하는 노 대통령과, 대통령의 예기치 못한 발언에 우왕좌왕하다가 허겁지겁 뒤치다꺼리에 나서는 여당의 행보에는 한숨만 나올 뿐이다(《국민일보》 2005.08.22. 26면, 〈사설〉 여당까지 '聯政'에 매달릴 때인가).

국정파탄은 어설픈 아마추어리즘과 포퓰리즘이 만들어낸 잘못된 국정운영의 결과이지, 제도의 탓이 아니다(《동아일보》 2005.07. 05. 31면, 〈사설〉 失政 책임 떠넘기는 盧 대통령의 聯政 발언).

노 대통령이 종잡을 수 없을 정도로 말을 바꾸어 온 것은 어제오늘의 일이 아니다. …임기가 절반이나 남은 노 대통령의 '말'을 따라가기에 많은 국민은 벌써 지친 모습이다. 옳건 그르건, 말의 일관성이나마 있으면 좋겠다(《동아일보》 2005.07.16. 35면, 〈사설〉 국민을 더 지치게 하는 盧 대통령의 말).

어려운 정책 난제일수록 국민과 국회에 호소하고 설득하는 데더 노력을 기울이는 것이 성실해 보인다. 전 국민대표가 참석하는 연석회의에서 '대타협'이 이루어질 수 있다고 정말로 믿는다면 그

---

5 이에 해당하는 사설을 모두 인용하려 했으나 지면관계상 복수의 사설이 선정된 경우에는 제목만 제시하고 사설은 하나씩만 게재했다.

노무현의 민주주의

맥 빠지는 순진함에 어이가 없다. 아니라면 정권 내에 스며있는 민중주의적 발상이 걱정스럽다(《한국일보》 2005.10.13. 31면, 〈사설〉 '대통합 연석회의' 뭘 할 수 있을까).

사설이나 언론인 칼럼에 대안 제시가 전혀 없었던 것은 아니다. 다음과 같이 대안을 제시한 경우도 있었다. 그 수가 적었을 뿐이다.

선거제도 문제가 시급하면 민주노동당의 제안대로 정개특위와 정개협을 재구성해 구체적 논의 경로에 착수하고, 이를 위해 한나라당과 대화해가는 게 정도다(《경향신문》 2005.08.02. 27면, 〈사설〉 박근혜 대표가 거부한 大연정론, 이젠 거두자).

연정을 원한다면 구체적인 청사진을 내놓아야 한다. 가령 여당의 정책을 더 진보적으로 이끌기 위해 민주노동당과 연대하는 방안을 고려하고 있다는 식으로 정체성을 명확히 하고 국민 이해를 구해야 할 것이다. 청와대 측이 설명하는 소연정과 대연정 가운데 어느 쪽을 선호하는지도 밝혀야 한다(《서울신문》 2005.07.05. 31면, 〈사설〉 聯政하고 싶다면 지향점 있어야).

대안은 열린우리당의 사안별 정책공조에서 찾아야 한다. 노 대통령은 "여당에 대해 지도력을 행사할 수 있는 아무런 지렛대도 없다"라고 말했지만, 열린우리당은 대체로 그의 정책노선을 지지하고 있다. 열린우리당은 최근 민주노동당의 정부 조직법 수정 요구를 받아들이고 한나라당이 제출한 국방부 장관 해임건의안을 부결시켰다(《한겨레》 2005.07.06. 27면, 〈사설〉 연정 논의할 때 아니다).

2. 유형 2- 결과의 장단점, 현실성 토론보다는 음모론적 시각

연정론이나 대연정으로 인한 장단점, 현실적 가능성에 대한 논리적 논의보다는 일단 정치적 저의를 의심하는 음모론적 시각이 주를 이뤘다. 이러한 시각은 전문가 칼럼이라고 해서 크게 다르지 않았다. 2004년 총선에서 탄핵 역풍을 맞은 경험이 정치인뿐만 아니라 언론인, 전문가마저도 이러한 시류에 영합하게 만들었는지 모른다. 개헌론이 아니라고 분명히 말했지만 언론은 의도적으로 개헌 음모라고 썼다. 전문가들은 왜 개헌 음모를 아니라고 속이냐고 항변했다. 그들이 음모론을 제기하는 이유는 노 대통령이 생뚱맞게 연정을 제안했기 때문이라고 주장했다. 그러나 앞에서 제시했듯이 노 대통령은 연정이라는 말만 사용하지 않았을 뿐 아주 오랫동안 여소야대 정국에서 정책 입안과 실행을 위한 제도적 틀에 대해 매우 일관된 의사를 표명해왔다.

필자가 사견임을 전제로 내각제 개헌을 주장했다는 《조선일보》의 기사도, 이를 사설이나 칼럼에서 인용한 필자의 발언도 모두 사실이 아니다. 필자는 기자들에게 다음과 같이 말했다. 필자가 노 대통령과 이에 대해 한 번도 논의한 적은 없지만 이는 대통령의 생각이기도 했고 정치학도로서 필자의 생각이기도 했다. 모두가 동의하지는 않겠지만 정치에 대해 웬만한 상식과 논리를 갖춘 사람이라면 이렇게 생각하는 게 자연스럽다고 본다.

노무현의 민주주의

우리 헌법은 대통령제라고 규정했지만 운영에는 내각제적 요소를 가지고 있다. 국회의원의 각료임명이 가능한 것과 국회의 장관 해임권이 대표적이다. 미국식 대통령제에서는 둘 다 불가능하다. 또한 미국에서는 정당은 힘이 없고 여야 의원이 독립성을 가지고 사안에 따라 대통령과 협력과 견제를 한다. 이것이 우리 정치 현실에서 미국식 대통령제가 작동할 수 없는 이유이다.

많은 이들이 미국식 대통령제를 하라고 주문하는데 그렇게 하기 위해 노 대통령이 할 수 있는 일은 다했다. 핵심 지지층을 잃으면서까지 대북송금 특검법 도입, 당정분리, 4대 권력기관 중립화 등 등. 하지만 우리의 관행은 정당의 기율이 강하고 당 대표가 결정하면 국회의원이 다른 목소리를 낼 수 없다. 야당의 대표는 내각제 정당보다 힘이 센 반면 대통령은 내각제 국가의 수상이 갖는 의회 해산권이 없다. 여소야대 상황에서 대통령이 어떻게 해야 할 것인가? 정당이 미국처럼 변하는 건 하루아침에 불가능하다. 결국 해결책은 우리 헌법에 있는 내각제적 요소를 살려 연정을 하는 게 해법일 수 있다고 본다.

이런 필자의 발언 내용이 "사견임을 전제로 내각제 개헌에 찬성한다"로 보도되었고,[6] 열린우리당 의원으로부터 모든 논란의 책임자로 비난을 듣게 되었다. 노 대통령의 진정성은 대통령 퇴임 이후, 그리고 서거 후에야 다수의 국민들로부터 인정받게 되었다. 하지만 당시에는 이러한 음모론이 절대적인 대세를 이뤘다. 연정론을 폐기하고 여소야대를 극복하고 협의적 방식으로 경제적 난제를 해결하기 위해 이해찬 총리가 제안한 '국민대통합 연석회의'는 또 다른 연정의 우회라며 의심의 눈초리를 거두지 않았다. 심지어는 개헌 논의가 아니라고 대통령이 재차 밝혔음에도 불구하고 개헌 의도라고 오보를 내고 다시 이를 사설에서 논박하는 광경이 벌어지기도 했다. 다음은 사설과 언론인 칼럼에 가장 많이 등장한 음모론적 시각을 보여주는 예이다.

연정론은 차기 대선 등을 겨냥하거나 개헌을 염두에 둔 정치공학적 발상이라는 의구로부터 자유로울 수가 없다. 에두를 필요도 없다. 노 대통령이 연정 파트너로 지목한 민주노동당의 심상정 수석부대표의 진단이 핵심을 꿰뚫고 있다. "국면전환을 위해 노 대통령이 이용해 온 성동격서식 생뚱정치의 일환이다(《경향신문》 2005.07.05. 31면, 〈사설〉 노 대통령, 웬 聯政論인가).

일부의 지적처럼 지난 4·30 재보선에서 완패한 열린 우리당이 오는 10월 재보선과 내년 지방선거 등을 겨냥해 미리 정치적 포석을 하는 것이 아니었으면 좋겠다."(《국민일보》 2005.07.11. 26면, 〈사설〉 여권은 쓰나미 정치로 뭘 얻자는 것인가).

---

6   필자는 지금도 내각제 개헌에 반대한다. 개헌보다는 일상의 규범과 제도를 확립하는 게 더 중요하다고 생각한다는 게 필자가 공동 편집한 『한국민주주의 어디까지 왔나』(2012)의 주요 내용이다. 《조선일보》의 기사는 오보 대응을 통해 바로잡았다. 하지만 누가 오보임을 기억하겠는가?

노무현의 민주주의

"내각제적 요소가 강한 정당구조인데 권력구조는 대통령 중심 제여서 국정운영이 힘들다는 것이 대통령의 문제의식"이라며 내각 제로의 개헌 추진 가능성을 내비쳤다(《동아일보》 2005.07.05. 31면, 〈사설〉 失政 책임 떠넘기는 盧 대통령의 聯政 발언).

물론 음모론적 시각이 모두 잘못된 것은 아니다. 대통령의 진의를 오해할만한 행동이나 발언을 지적하며 그 원인이 대통령에게 있음을 명쾌하게 지적하는 사설도 있었다.

정부와 여당은 현재 서울대 및 '강남 투기꾼'들과의 전쟁을 宣布 (선포)해 놓고 있는데, 한편에선 이렇게 一戰不辭(일전불사)를 외치고 또 한편에선 권력을 모두 내놓겠다고 하니 도대체 어느 쪽이 정권의 진심인지도 헷갈린다. 대통령과 여당이 연일 국민과 야당을 향해 내놓는 제안들이 이처럼 그 자체로 모순되거나 불투명하고 현실성이 없으니, 국민들로서는 "도대체 무슨 속셈으로 저러는 것이냐"는 의구심만 커지는 것이다(《조선일보》 2005.07.10, 〈사설〉 '전면전' 외치면서 권력은 내놓겠다?).

3. 유형 3 - 정치 · 경제 분리론 혹은 경제/민생 제일주의

언론이 대연정 혹은 연정에 반대하는 가장 큰 이유는 경제가 어려운데 무슨 정치싸움이냐는 논리이다. 이러한 주장은 언론인 칼럼에서는 물론이고 경제학자들의 칼럼에서도 가장 많이 등장했다. 다음은 경제 제일주의, 민생·정치 분리론 사설의 예이다.

아울러 국회의 입법 절차가 남아 있는 부동산 관련 대책을 비롯, 서민대중의 민생과 나라 경제에 직결된 각종 정책·입법 사안에 대해서 대통령과 제1야당의 대표가 심도 있는 토론을 거쳐 희망을 부추겨 세울 수 있다면 더없이 소중할 것이다(《경향신문》 2005.09. 02. 27면, 〈사설〉 대통령·박대표 회담서 연정론 정리돼야).

4. 유형 4 - 대안 없는 상생정치의 주문

담론 시장에 나타난 또 한 가지의 특징은 여소야대를 야당과의 대화를 통해 극복하라 혹은 상생정치를 하라는 주문이었다.

설사 지역구도 타파가 노 대통령의 최고 과제라고 해도, 정권을 내놓는 흥정보다 대화정치를 통해 실현해 나가야 한다(《경향신문》 2005.07.29. 27면, 〈사설〉 大연정할 때 아니다).

노 대통령은 '선의'를 말하지만 선의만을 강조할 만큼 대통령의 책임은 한가하지 않다. 대통령이 나서 주창하는 정치변동은 갈등과 정쟁을 격화시키기가 더 쉽다. 여소야대 구조에서 대통령이 할 일은 야당과의 대화와 협력에 진력하고 타협을 도출하는 생산 정치라야 한다. (《한국일보》 2005.07.07, 〈사설〉 정치의제에 몰입할 일은

노무현의 민주주의

아니다).

5. 사설과 언론인 칼럼의 차이-외국의 사례를 활용한 부정적 조언

사설과 언론인 칼럼이 위의 네 가지 특징을 지녔다는 점에서는 차이가 없다. 그러나 언론인 칼럼이 사설과 두드러지게 차이가 나는 점은 외국 사례를 인용하고 이에 빗대 한국 정치에 조언하는 경우가 많다는 점이다. 하지만 한결같이 노 대통령의 제언에 대해 부정적인 평가를 내렸다는 점에서 이미 결론을 내리고 외국 사례를 활용했음을 알 수 있다. 한국 연정에 대한 부정적인 평가 때문에 독일의 대연정에 대해서도 부정적인 전망을 하고 있는데 아이러니하게도 이들의 전망은 모두 틀린 것으로 드러났다. 독일은 대연정을 통해 전후 유럽에서 가장 튼튼한 경제를 이끌고 있으며 또 한 번의 대연정 성립으로 현재 메르켈 총리는 세계적 지도자로 우뚝 섰다. 특히 1968년의 사태로 전후 독일의 대연정을 실패로 진단하고 2005년도의 독일 대연정도 실패할 것이라고 내다본 예측은 과거와 현재의 시간 간극을 고려하지 않았다는 점에서 예견된 판단의 오류라고 생각된다.

메르켈과 슈뢰더는 모두 자신이 승리했다고 목소리를 높이고 있다. 어떤 연정이 구성되든 서로 다른 이념을 가진 정당들이 힘을 합칠 수밖에 없어 경제 문제 해결을 위한 최선의 방안이 무엇인지를 놓고 대립을 빚게 될 것이고, 결국 얼마 가지 못해 제 기능을 발휘하지 못하는 연정이 될 게 확실하다.

새로 구성되는 의회가 차기 독일 정부를 구성할 때 유리 돔은 더 이상 희망과 꿈을 의미하지 못할 것이다. 독일 사람들이 유리 돔을 통해 바라보는 것은 어두운 앞날이 될 것이다(《세계일보》 2005. 09.26.26면, 〔해외논단〕 "연정 독일"의 어두운 미래 (수전 필즈 워싱턴 타임스)).

이제는 기민당(CDU)과 사민당(SPD)이 공동으로 무엇을 이루어 낼지 보여주어야 한다. 현재로선 회의적인 시각이 지배적이다(《조선일보》 2005.10.20, 〔해외칼럼〕 '실패'가 예약된 독일 大聯政 (칼 펠트 마이어·전 프랑크푸르터 알게마이네 차이퉁 대기자).

노무현 대통령은 당선 직후에도 프랑스식 이원집정부제에 대한 애정을 피력한 바 있다. 대연정 구상도 그것을 바탕으로 한 것이다. 남들이 실패를 인정하고 버린 것에 미련을 접지 못하는 속내를 알 수가 없다(《중앙일보》 2005.07.31, 〔분수대〕 코아비타시옹 (이훈범 주말 팀장)).

독일의 대연정이 출발부터 삐거덕거리고 있음은 주지의 사실이다. 그나마 기민당과 사민당이 '어젠다 2010'이라는 경제개혁 정책에 공조를 한 경험이 있다는 게 낙관론의 유일한 근거이지만, 앞으로 나올 정책적 '콘텐츠'는 취약하기 짝이 없으리라는 게 서방 언론들의 일치된 관측이다. 그런 점에서 노 대통령의 독일 대연정 부러움증은 다른 각도에서 보면 콘텐츠에 대한 대통령의 관심이 멀

노무현의 민주주의

어진 증거로도 읽힌다(《한겨레》 2005.10.14. 26면, [아침햇발] 비빔밥
보다 잘 차린 밥상을 (김종구 논설위원)).

대연정은 적대 정치 완화와 경제회복에 도움 됐으나, 바이마르
공화국의 실패를 재현했다. 정치적 타협과 반대세력 부재가 의회정
치를 훼손하고 사회 갈등을 은폐, 국민 통합과 사회 안정을 해쳤다
는 역사학자들의 결론이다(《한국일보》 2005.08.16. 26면, [강병태 칼
럼] 대통령은 아무나 하나 (강병태 논설위원)).

이렇게 볼 때 독일의 연정 포커를 마냥 혼미한 이기적 정권 다툼
으로 보거나, 연정 또는 대연정의 미덕을 상징하는 듯이 인용하는
것은 모두 잘못이다. 오히려 다양하고 엇갈리는 국민의 뜻과 이해
를 정치과정에 충실하게 반영하는 것이 정치집단의 본분임을 일깨
우는 것으로 봐야 할 것이다(《한국일보》 2005.09.27 30면, [강병태 칼
럼] 국민 뜻 받드는 독일의 연정 포커 (강병태 논설위원)).

대연정은 엇갈리는 계층적 이해 사이에서 균형을 이루기 위한
불가피한 선택이다. 이렇게 독일 정치가 실패한 결과인 대연정에
우리 대통령은 크게 감명 받았다니 시비하기도 지친다(《한국일보》
2005.10.11. 30면, [강병태 칼럼] 독일 대연정의 교훈 (강병태 논설위
원)).

독일 총선 결과 대연정이 불가피해지자 경제 전문가들에게선
"정책 처방이 다른 기민·기사 연합과 사민당의 연정 아래선 독일

병 치유를 위한 과감한 개혁을 할 수 없게 되는 것 아니냐"라는 우려도 나오고 있다. 독일에선 달갑지 않은 또는 어쩔 수 없이 시도되고 있는 대연정이 한국의 대통령에게 이런 감명을 주는 대상이 되고 있는 것이다(《조선일보》 2005.10.07, 〈사설〉 15일 만에 다시 시작된 대통령의 연정 얘기).

그나마 언론인 칼럼 중에 막연한 상생정치 주문이 아니라 긍정적인 대안이 있었다면 한종태의 독일 연정에서 얻은 교훈을 제안한 글과 안경업의 연정보다 당 정체성을 확립하라는 조언이라고 할 수 있다. 물론 그것도 장기적으로 시간이 걸리는 일이므로 당장 여소야대의 국면을 어떻게 극복할지에 대한 해답은 아니지만 무조건적인 반대와 비판보다는 낫다고 할 수 있다.

정치권의 대응방식은 아직도 우리 정치권이 후진적임을 말해준다. 서로 상대방을 존중하는 가운데 양보하고 타협하고 협상하는 민주주의의 기본과는 동떨어져 있는 것이다. 생각이 조금만 달라도 일방적인 비난을 퍼붓기 일쑤다. 그러나 독일을 보라. 이념이나 정책이 완전히 다른 기민련과 녹색당도 연정을 위한 회동에 합의하지 않았는가(《서울신문》 2005.09.23. 30면, 〔데스크 시각〕 독일, 그리고 한국 (한종태 국제부장)).

인위적으로 정치의 틀을 바꾸기보다는 각 정당이 정체성을 확립하고, 정책과 리더십을 통해 지지층을 넓혀나가야 한다. 이러한 토대 위에서 지역주의도 점차 극복해나갈 수 있을 것이다(《세계일보》

노무현의 민주주의

2005.08.03. 34면, [세계타워] 연정보다 당 정체성 확립을 (안경업 여론
독자부장)).

III. 정치학 이론으로 검토한 양쪽의 입장

1. 지역주의 투표는 제도와 무관하다?

이 장의 목적은 필자가 알고 있는 정치학적 지식과 논리에 비추어
노무현 대통령의 선거제도 개혁과 연결된 대연정 제안과 이에 대한 담
론 시장의 반응을 객관적으로 평가해보려는 것이다. 물론 특정 정부에
가담했던 참모에게 객관성을 기대할 수 없다는 의견도 있을 수 있고 이
도 일리 있는 주장이라고 생각한다. 하지만 이 세상에 완벽한 객관성이
존재하겠는가. 이 장의 객관성 여부는 사람에 대한 선입견이 아니라 논
리나 증거에 의해 판단할 만큼의 소양을 가진 이 책 독자들에 의해 판
단되리라 기대한다. 오히려 노 대통령의 속내를 더 잘 알고 있고 당시
언론의 왜곡보도 등도 정확히 기억하기에 필자의 해석이 객관성을 담보
할 수도 있다고 생각한다.

앞에서 이 논제와 관련한 담론 시장의 반응을 네 가지로 정리했는
데 일부 언론의 감정적 반응은 역대는 물론이고 최근까지도 어떤 대통
령에게서도 찾아보기 어려운 독특한 현상이라고 생각된다. 이에 대한
논의는 논문을 한 편 쓸 만한 새로운 주제가 될 수 있으므로 생략한다.
다만 담론에 가장 많이 나타난 합리적 주장은 선거제도 개혁으로는

지역주의를 깰 수 없다거나 선거제도와 지역주의는 무관하다는 주장이기에 이 주장을 평가해보고자 한다.

지역주의는 선거법 때문에 생겨난 게 아니다. 오히려 정치 리더들의 개인적 집단적 이기주의와 우리의 정치문화 탓이라고 봐야 한다. 문화와 정서의 문제를 제도로 풀겠다는 것은 적절한 해법이라 할 수 없다(《국민일보》 2005.07.29. 22면, 〈사설〉 정국 혼란 키우는 노 대통령의 聯政論).

특히 강준만 교수가 《한국일보》에 필자에 대한 인신공격성 칼럼을 게재해 필자가 《한국일보》에 반론권을 요청했으나 거절당했기에 이 자리를 빌어서 반론과 함께 지역주의와 선거제도에 대한 관계에 대해 정치학도로서의 생각을 밝히고자 한다.

조 수석님은 교수 시절 지역주의에 대해 대단히 낙관적인 견해를 역설하셨습니다. 어느 방송 토론회에선 보건복지부 장관인 김근태 의원이 조 수석님의 그런 낙관론을 위험한 생각이라고 비판한 적도 있었지요. 저 역시 조 수석님의 낙관론을 비판한 글을 쓴 적이 있습니다. … 제가 우려하는 건 이미 여러 권의 책을 통해 '지역주의 낙관론'을 역설한 지역주의 전문가인 조 수석님이 청와대 경력 때문에 자신의 학문적 소신을 뒤집어야 하는 사태입니다(《한국일보》 2005.09.28. 30면, 〔강준만 칼럼〕 조기숙 청와대 홍보수석께).

많은 전문가의 주장처럼 지역주의는 선거제도와 무관하게 탄생했다. 그리고 선거제도의 변경이 지역주의 투표 자체를 완화시키지는 않는다. 권역별 비례대표제를 도입하면 오히려 지역주의 투표를 강화시킬 위험 요소도 있다. 여기까지는 담론 시장의 주장에 동의한다. 그러나 지역주의 투표가 완화되고 있다는 필자의 주장도 여러 가지 경험적 자료로 뒷받침되고 있기에 여전히 진실이고 이 주장을 필자는 일관되게 견지해왔다. 참여정부 임기 말인 2007년 12월의 설문조사 자료를 분석한 결과에 따르면 적어도 영남에서는 지역주의 투표가 사라진 것으로 나온다(조기숙 2011, 187~218). 마지막인 줄도 모르고 서거 한 달 전에 만났을 때 노 대통령은 "열심히 지역주의와 싸워왔는데 뒤를 돌아보니 물을 가르고 온 것 같다. 나는 이룬 것이 없다"고 비통한 심정을 토로한 적이 있다. 완고한 지역주의가 살아남아 있다는 하소연이었다. 하지만 노 대통령은 지역주의 해체라는 본인의 임무를 완성했다고 평가할 수 있다. 적어도 경남 유권자 사이에서는 순수한 지역주의 투표행태가 사라졌기 때문이다. 그러면 왜 사람들의 눈에는 지역주의 투표가 존재하는 것처럼 보이는가. 이것이 바로 소선거구 다수제가 가져오는 제도 효과이다.

2008년 영남지역주의가 사라졌을 뿐만 아니라 2012년 총선자료 분석에 따르면 다른 조건을 모두 통제하면 오히려 영남유권자가 민주당을 더 지지하는 것으로 나타난다(조기숙 2013, 71~92). 그러면 왜 2012년 총선에서도 극소수를 제외한 영남 의석을 새누리당이 싹쓸이했을까? 이게 지역주의 투표가 아니고 뭐냐는 의문이 제기될 수 있을 것이다. 영남 지역주의 투표는 사라졌지만 두 가지 이유로 새누리당 싹쓸이 현상이 계속된다고 필자는 분석한다.

첫째, 노령인구의 새누리당 투표 성향 때문이다. 우리 선거에서도 오랜 심리적 일체감을 갖는 정당을 지지하는 현상이 나타났는데 이는 순수한 지역주의 투표와는 구분해야 한다. 호남에는 '정당지지' 변수를 통제해도 순수한 지역주의 투표가 지속되는 것으로 나온다. 반면, 정당 지지 변수를 통제하면 영남이라는 지역변수가 투표에 독립적 영향을 미치지 못한다. 영남 유권자의 새누리당 투표에 결정적인 영향을 미치는 건 고령인구와 그로 인한 이념적 보수성이다. 즉, 영남 유권자의 새누리당에 대한 투표는 정당일체감 때문이므로 지역주의 투표 성향이라고 보기 어렵다. 과거 미국 남부의 보수적인 유권자가 일방적으로 민주당에 투표했던 건 지역주의 투표라고 할 수 있다. 그러나 현재 미국 남부가 압도적으로 공화당에 투표하는 건 지역주의가 아니라 보수정당에 대한 이념 투표라고 할 수 있다. 정치학자들은 이념 투표를 가장 세련된 형태의 투표라고 간주한다. 표면적으로는 유사해 보이는 투표 행태도 그 배후의 동인은 전혀 다를 수 있다.

둘째, 바로 소선거구 다수제라는 선거제도가 득표율을 의석수로 전혀 전환시키지 못하기 때문에 영남과 호남의 싹쓸이 현상을 만들어 내는 주범이다. 즉, 지역주의 투표가 사라져도 소선거구 다수제라는 선거제도가 존재하는 한, 영호남에서 일당 지배를 종식시키는 게 불가능하기에 제도 변경이 필요한 것이다. 선거제도 변경이 지역주의 투표를 완화시키기 때문이 아니라 이미 완화된 지역주의 투표 현상이 의석으로 정당하게 반영되도록 하기 위해 선거제도 변경이 필요한 것이다. 이 점을 담론 시장의 전문가들은 간과하고 있다.

이 때문에 1998년부터 필자를 선두로 많은 연구자들이 지역주의 변경이 가져올 의석수 변화에 대한 시뮬레이션 결과를 발표한 바 있다 (조기숙 1998). 뿐만 아니라 김대중 대통령 시절 권역별 비례대표와 소선거제도를 결합하는 선거제도로의 변경에 대한 시민사회의 합의가 이루어진 바 있다. 그러나 김대중 정부의 미숙한 전략이 한나라당에 시민사회안을 받아들이지 않을 빌미를 주면서 실패하고 말았다(조기숙 2000). 필자는 시종일관 지역주의 투표는 완화되어가고 있다며 유권자의 투표행태에 대해선 낙관적인 전망을 펼쳤고 필자의 주장이 맞는다는 걸 수많은 경험적 자료로 증명해왔다. 그러나 선거제도가 완화되는 지역주의 투표 행태의 정치적 결과를 억압해왔기에 비례대표와 소선거구제를 결합하는 선거제도로의 개혁을 초지일관 주장해온 것이다(조기숙 2002).

미약하나마 영호남에서 득표율이 정직하게 의석으로 전환된다면 그건 몇 석의 의미가 아니라 정당 발전에 있어서 질적이고 획기적인 변화를 가져오게 될 것이다. 우리나라가 경제발전이나 교육수준에 비해 정치적 경쟁력이 하위에 머무는 가장 큰 이유는 정당의 미발달과 그로 인한 적대적인 정치문화와 관련되어 있다. 정당의 미발달과 적대적 정치의 가장 큰 이유는 영호남에 지역주의로 인해 정당의 경쟁이 존재하지 않기 때문이다. 민주당이 영남에서, 한나라당이 호남에서 단 몇 석이라도 얻을 가능성이 있다면 19대 총선과 같이 성추행자, 논문 표절자, 비리 전력자들이 당선되는 일은 없을 것이다. 정당의 경쟁이 살아나면 정당은 표를 얻기 위해 정체성을 강화하고 국민의 삶을 개선하기 위해 정책역량을 높이는 등 노력을 기울이게 될 것이다. 이 문제는 경제와 정치를 분리시키는 민생 올인 주장과 밀접히 관련되어 있으므로 뒤에서 다시 다루기로 하겠다.

2. 대연정에 담긴 노 대통령의 정치적 의도?

대연정 관련 담론 시장에서 가장 많이 제기된 시각은 음모론이었다. 음모론적 시각이 나오는 가장 큰 이유는 노무현 대통령이 대연정을 제안하는 방식과 과정에서 비롯되었다고 생각한다. 사람은 대체로 자신을 비춰보는 거울로 타인을 재단하는 경향이 있으므로 음모론을 제기하는 사람은 스스로 정치를 순수하게 보지 않을 가능성이 높다. 하지만 많은 사람이 이런 시각을 갖는다면 절반의 책임은 문제를 제기한 노 대통령에게 있다고 생각한다. 사실 노 대통령의 연정에 대한 생각은 하루 이틀에 다듬어진 것이 아니고 앞에서 밝혔듯이 아주 오래된 것이고 매우 일관된다. 하지만 아무리 오래된 생각이라 해도 언론에 흘러들어간 것을 즉각적으로 공론화하는 방법은 전략적이라고 평가하기 어렵다. 그렇기에 다음과 같은 칼럼이 공감을 얻는다고 생각한다.

가장 이해하기 힘든 부분은 폭탄선언 내지 돌출 발언이다. 대통령은 그 말이 한평생의 신념에서 나왔고, 오래 심사숙고한 것이며, 다른 정치적 계산이 없다고 강변하지만 국민은 황당할 때가 많다 (《한국일보》 2005.08.22. 03면, 〔장명수 칼럼〕 "대통령 힘내세요. 그러나 …" (장명수 한국일보 이사)).

필자는 이처럼 전문성이 필요하면서 정치적으로 민감한 주제는 학자들이 먼저 학계에서 세미나 등에서 공론화 과정을 거치고, 사회적 합의를 이뤄가는 과정에서 대통령이 이 논제를 더 촉진할 수 있다고 생각했다. 하지만 필자가 이런 의견을 제시하자 노 대통령은 왜 그렇게 할

노무현의 민주주의

수 없는지를 필자에게 다음과 같이 설명했다.

일단 우리 사회에 이런 문제의식을 가진 학자가 별로 없습니다. 따라서 이를 공론화하기 위해서는 청와대가 누군가에게 부탁을 해야 하는데 만일 공론화의 배후에 청와대가 있음이 밝혀진다면 더 의심을 받을 것이라 조심스럽습니다. 정공법만이 음모론을 불식시킬 수 있는 유일한 길이라고 생각합니다.

노 대통령이 이 논제를 정면에서 제기할 수밖에 없는 데에는 사람의 문제보다는 우리 사회에 뿌리 박혀 있는 독재의 그늘과 불신의 문화라는 구조적 문제가 있다. 아무리 투명하게 설명해도 믿지 않고 음모론을 제기함으로써 발생한 사건이 한나라당과 언론이 참여정부의 권력형 비리요 게이트라고 주장했던 행담도 사건과 유전 사건이다. 이들은 모두 나중에 무혐의로 밝혀진 바 있다.

대통령의 독선적 사고는 그 측근들조차 대통령의 입맛과 비위에 맞는 말을 하게 하고 때론 엄청난 정치적 파문을 초래한다. 이를테면 "대통령은 21세기에 계시는데 국민들은 독재시대에 빠져있다"는 조기숙 홍보수석의 발언이 이를 입증해 주고 있다(《국민일보》 2005.08.27. 19면, 〈사설〉 멈추지 않는 노 대통령의 충격 발언).

위의 사설과 여러 칼럼에서 비판한 필자의 발언도 이런 맥락에서 나온 것이다. 노 대통령은 뭐든지 투명하게 하고 보여 달라고 하면 다 보여주는 과거와는 다른 정치를 하는데, 어떤 이야기를 해도 언론이나 정치인이 이를 믿지 않는다. 오히려 정보공개를 역공의 소재로 이용해 청와대가 무슨 비리를 저지른 것처럼 공격하고 끊임없이 야당은 특검을 실시해 천문학적인 비용을 낭비했다. 과거 독재시대에 헛소문이라고 하면 반드시 진실로 드러나곤 했던 불신 문화가 아직도 잔존하고 있기 때문이다. 대통령은 정치를 21세기 식으로 투명하게 하려고 하는데 정치인과 언론인은 여전히 독재시대의 문화를 부추기고 있다. 다른 정보가 없는 국민으로서는 정치인과 언론의 말을 믿을 수밖에 없지 않은가. 국민들이 독재시대의 문화에 빠져 있으니 대통령과의 소통이 어려울 수밖에 없다는 게 필자의 인터뷰 내용이었다. 앞뒤 거두절미하고 20세기 21세기를 대비시키거나, 21세기 대통령, 독재시대의 국민을 대비시키면 마치 필자가 국민을 폄훼한 것으로 비칠 수 있다. 이는 필자의 의도와는 정반대이다. 오히려 필자는 인터뷰 첫 머리에 노무현 대통령을 뽑아주고 탄핵에서 구해준 것은 국민이라고 분명히 밝혔기 때문이다. 그러나 요즘 대통령이 국민과 소통이 어려워지게 된 것은 언론과 정치인의 독재시대 문화 때문이라는 게 필자의 설명이었다.

선거 때에는 국민이 정보를 직접 챙겨보고, 양 정당과 후보가 생방송 토론이나 연설 등에서 자신의 생각을 국민에게 균형 있게 전달할 수 있다. 이 때문에 선거 결과는 가장 준엄한 민심의 심판이고 집합적으로는 합리적인 결과가 반영된다. 이 점에서는 한 치의 의심도 없기에 필자는『합리적 선택: 한국의 선거와 유권자』,『지역주의선거와 합리적선택』이라는 책을 썼다. 유권자는 주어진 대안과 구조 속에서 합리적 선택을 하므로 유권자의 지역주의 투표를 비난해서는 아무 소용이 없고 제도를 바꿔주면 자연스럽게 유권자의 합리적 선택이 지역주의 투표를 무너뜨릴 것이라고 주장했던 것이다. 그러나 평상시 유권자는 정치에 관심도 없고 언론의 제목만 보고 상황을 파악하며 한국의 언론시장은 세계 유례없이 불균형적이다. 따라서 평상시 여론은 언론의 반영 그 이상도 이하도 아니라는 게 필자의 생각이다.

선거 결과인 민심과 평상시 여론이 다르다는 건 언론홍보 학자에게는 기본에 속한다. 게다가 여론조사는 의견에 대해서 실시해야지 사실에 대해서 해선 안 된다는 게 여론조사 교과서 제1장 제1절의 내용이다. 일부 언론이 사실을 여론조사해서 마녀사냥도 서슴지 않는 행태를 보며 "국민이 학이 검다는 데에 70% 동의하면 학이 검어지냐"라는 필자의 반론을 강준만 교수는 국민을 비이성적이라고 무시했다고 비판했다. 여론 선도가는 물론이고 국민도 깨어나야(enlightened) 민주주의가 가능한데 우리 담론 시장은 최소한의 논리나 합리도 통하지 않는 것 같아 안타깝다.

필자는 청와대 근무 시 노 대통령과 가장 많이 부딪치고 갈등을 많이 빚었는데 그 이유는 국민과의 소통 방법과 관련돼 있다. 아무리 진정성을 가지고 이야기를 해도 국민이 그걸 오해하고 의심한다면 의미가 없다는 게 필자의 생각이었다. 따라서 필자는 대통령이 오해할만한 말은 하지 말고 국민의 수준에 맞춰서 대화해야 한다고 주장했고, 노 대통령은 그렇게 하면 과거의 정치를 답습하는 것이므로 노무현 방식의 정치를 할 것이라고 고집했다. 대연정도 노무현 방식의 일환으로 해석될 수 있다. 당시에 노 대통령은 대연정이 성사되면 좋지만 성사되지 않아도 좋다는 생각으로 이를 제안했다고 생각한다. 그래서 필자의 제안대로 대연정 공론화의 과정 관리를 하다 오해받는 일을 하고 싶지 않았을 것이라고 해석한다.

우선 노 대통령이 대연정을 정말 바랐다면 그에게 투표한 많은 이들은 배신감을 느낄 것이다. 하지만 노 대통령은 연정이 성립될 가능성은 없지만 만일 성립된다면 한국 정치를 급격히 발전시킬 것이라고 확신했다. 그 이유는 사회경제적 문제를 풀기 위해 여야가 하나가 되어 토론을 하다 보면 의원 개인의 이념, 정체성과 가치관이 드러날 것이라고 믿었기 때문이다. 그렇게 되면 민주당의 보수적 의원과 한나라당의 보수적 의원이 하나가 되고, 한나라당의 진보적 의원과 열린우리당의 진보적 의원이 하나가 되는 등, 지역주의를 뛰어넘어 의원의 이념적 재정렬이 일어날 것이고 기대했다.

이것이야말로 정치의 본질을 살리는 대격변이 아니고 무엇이겠는가. 미국 대통령제가 성공하는 비결은 정당을 뛰어넘는 의원들의 정책 협력에 있다고 할 수 있다. 우리 의회가 대연정에 합의한다면 비로소 미국식 대통령제처럼 우리도 정당이 유연해지고 의원이 제대로 의정활동을 하게 될 것이라고 기대했던 것이다. 미국식 대통령제의 성공을 위해 역설적으로 의원내각제식 대연정을 제안한 것은 헌법정신을 살리자는 것이지 헌법을 무시한 것이 아니다.

또 한 가지 이유는 이번에 대연정이 성공하지 못해도 우리 사회에 장기적으로 풀어야 할 의제를 던져 놓는 것만으로도 노 대통령은 자신의 소임은 달성하는 것이라 생각했다고 추측한다. 노 대통령은 퇴임 직전 오마이뉴스와의 인터뷰에서 대연정 제안이 실패였다고 스스로 인정했다. 하지만 필자는 꼭 그렇게 생각지 않는다. 노 대통령의 목적은 연정을 할 수 있으리라 생각했던 게 아니라 연정을 의제화함으로써 언젠가는 한국 정치에서 이를 실현하는 것이 목적이었다고 보기 때문이다. 우리 사회에서 민주진보진영에서 다시 대통령에 당선되는 일이 있다면 여소야대가 재연될 가능성이 높다. 그렇게 되면 소수 대통령으로서 많

노무현의 민주주의

은 어려움을 겪게 될 것이다. 반대로 보수진영에서 대통령에 당선되어도 야당이 거의 과반 의석을 확보하고 선명성 투쟁을 한다면 국정이 표류할 가능성이 매우 높다. 과거에는 민주진보진영이 소수였기에 무시하고 억압할 수 있었지만 양진영의 세력이 거의 비슷해져가면서 극단적인 갈등과 마찰이 일어날 가능성이 점점 높아졌기 때문이다. 노 대통령이 성공적인 대통령이 되고 싶다면 지지도에 신경을 써야 한다며 노 대통령과 의사결정에 있어서 사사건건 충돌을 빚었던 내게 노 대통령은 다음과 같은 취지의 이야기를 했다.

나에게 자꾸 성공한 대통령이 되기 위해 이렇게 하라 저렇게 하라 조언하지 마십시오. 그건 나의 목표가 아닙니다. 내가 만일 조 수석의 조언대로 해서 성공할 수 있다면 얼마든지 따르겠습니다. 하지만 어차피 우리는 다음에 정권 재창출할 수 없을 겁니다. 국민은 민주정부 10년에 대한 피로가 있고 내가 본 선진 민주국가 어디에도 한 정당이 8-10년 이상 집권한 경우는 없었습니다.

이것이 바로 그 유명한 10년 주기설이다.

그리고 저쪽은 후보군이 많고 그들이 경선을 통해 체구를 불리면 우리는 매우 힘든 선거를 하게 될 겁니다. 내가 할 수 있는 일은 정권이 넘어갔다가 다시 올 수 있도록 기본 시스템을 만드는 것이고, 정권이 다시 왔을 때 필요한 일을 준비하고 싶습니다. 그렇게 하려면 무엇보다 국민이 깨어있어야 하고 국민들이 어떤 게 올바른 정치인지 학습할 필요가 있습니다. 만일 내가 대통령으로서 실패한다면 국민은 그 교훈을 토대로 새로운 학습을 할 것입니다. 나는 실패하더라도 국민이 성공하도록 하는 게 나의 역할이라고 생각합니다.

결과적으로 국민이 연정이 무엇이고 연정의 필요성에 대해 학습을 했다면 언젠가는 우리 사회도 연정을 통해 한 단계 도약할 수 있다고 본다. 선진국은 대공황이나 전쟁 이후 절박한 상황에서 대연정을 통해 복지제도를 도입했다. 보편적 복지를 선거공약으로 내걸고 승리할 수 있다고 생각하는 진보 지식인이 어리석어 보이는 이유이다. 노 대통령은 연정으로 인해 많은 비난을 감수해야 했고 지지도 하락을 경험했지만 연정의 의제화라는 소기의 목적은 달성했다고 생각한다. 물론 당시에는 거의 모든 언론인/지식인이 반대했지만 지금 와서 그 때의 발언을 되돌아보면 부끄러움을 느끼는 이들도 많을 것이다. 특히 독일의 대연정을 비관적으로 전망하며 노 대통령의 연정 제안에 쐐기를 박으려고 했던 이들은 메르켈의 성공한 대연정과 장기집권을 보며 자신의 성급한 예측과 어리석음을 반성하게 될 것이다.

3. 정치와 경제는 무관하다?

음모론 못지않게 많이 나온 주장이 대통령에게 경제에 올인 하라는 주문이다. 노 대통령도 이를 예상이나 했다는 듯이 7월 6일 서신에서 이렇게 밝히고 있다.

야대정치(野大政治)에 관한 논의를 제기하면서 "경제도 어려운데 또 무슨 정치 이야기인가?" 하는 비판이 나오지 않을까 걱정을 했습니다. 아니나 다를까. "경제에 올인 한다 해놓고 웬 정치 이야기냐?"는 기사가 나왔습니다.

그런 비판은 지나친 단순논리입니다. 경제가 어렵다고 할 일을 모두 멈추어야 한다는 논리입니다. "밥 짓기 바쁜데 무슨 부엌 고치기냐?" 시어머니가 이렇게 묻는다면 며느리는 "부엌 설비가 잘 되어 있어야 밥 짓기가 잘 되지요"라고 대답할 것입니다. 길게 보면 정치가 잘못된 나라가 경제에 성공한 사례는 없습니다. 정치가 잘 되어야 경제도 잘 될 수 있습니다.

역대 매 선거마다 한 번도 경제가 가장 중요한 쟁점이 아닌 적이 없었다. 2002년 대선과 2004년 총선에서만 유이하게 정치개혁에 대한 열망이 경제 쟁점을 압도했을 뿐이다. 미국이나 다른 나라의 선거에서도 마찬가지이다. 먹고사는 것만큼 중요한 게 없다는 말이 틀린 말은 아니다. 하지만 지나고 보면 지금과 비교할 때 노 대통령 집권 시기가 경제적으로 훨씬 좋았던 시기였음은 누구도 부인할 수 없을 것이다.

노 대통령 임기 중에 경제가 어려웠던 것은 우리의 성장률이 둔화되었고 무엇보다 1997년 금융위기 이후 심각해지기 시작한 빈부격차 때문이었다. 이게 노무현 때문인가? 7~10년이 지난 오늘 그때를 돌이켜보면 다음 사설의 필자는 아직도 자신의 생각이 맞는다고 생각할까?

노 대통령의 지지도는 역대 군인출신 대통령과 비교해 봐도 최악의 수준이다. 집권당 지지도 10% 대는 1987년 6·10항쟁 당시 집권당이던 민정당의 지지율과 비슷하다. 집권 2년 반 동안 정치·경제·외교·안보, 심지어 노동·교육에 이르기까지 총체적으로 실패하고 있다는 게 민심의 평가다(《문화일보》 2005.07.15. 31면, 〈사설〉 '人의 장막' 속 盧 대통령 민심 모른다).

낮은 성장, 나빠진 고용 구조, 풀리지 않는 내수(內需) 등에 대해서는 자책(自責)하는 모습이 아니었다(《동아일보》 2005.08.26. 35면, 〈사설〉 임기 후반 첫날, 盧 대통령 발언 不吉하다).

이보다 무책임한 보도나 사설이 우리와 개발도상국인 중국이나 인도의 경제성장률을 비교하는 것이라고 생각한다.

정부는 1분기 2.7%의 저(低)성장을 '담배 생산 감소' 때문이라고 해명하더니 이번에는 '유가 급등'을 이유로 들었다. 그렇다면 같은 상황인 중국(9.5%) 인도(8%) 등의 고성장 추세는 어떻게 설명해야 하는가(《동아일보》 2005.07.07. 31면, 〈사설〉 盧 대통령 '고장난 국정운영' 修理 어렵나).

보수언론이 이런 보도를 하면 며칠 지나지 않아 KBS까지 같은 뉴스를 보도해 국민들의 원망이 대통령을 향하도록 만들었다.

개발도상국, 중진국, 선진국은 평균 성장률에서 현저한 차이를 보

노무현의 민주주의

인다. 당연하지 않은가. 사람도 신생아 때에는 하루가 다르게 크는 것이 눈에 보이지만, 청소년이 되면 성장이 둔화되면서 체형이 변하기 시작한다. 성인이 되면 더 이상 성장하지도 변하지도 않고 정체되면서 점점 노화하고 퇴화되어 간다. 국가의 흥망성쇠도 마찬가지이다. 인도와 중국과 같은 개발도상국은 10% 이상 성장률을 보이는 게 정상이다. 우리도 개발도상국 시절에는 성장률 13%를 기록하기도 했다. 선진국은 0% 혹은 마이너스 성장률을 보이는 나라도 많다. 중진국 2-3% 성장률에 비하면 노무현 정부 시절 우리의 성장률은 4-5%로 오히려 높은 편이었다. 이렇게 무리하게 높은 성장률을 가져올 수 있었던 것은 분배를 희생시켰기 때문이다. 사회경제적 불만에 대한 목소리가 나오는 게 당연했다고 본다.

특히 우리는 내부적으로 금융위기로 인해 IMF가 제시한 시장원리를 따르느라 빈부격차가 심해지기도 했지만, 외부적인 미소 냉전의 종식과 기술혁신이 더 큰 이유였다고 생각한다. 사회주의 몰락 이후 양극화는 한국만의 문제가 아니라 전 세계적인 문제가 되었다. 민주화 이후 시장의 자유화로 인해 사회경제적 불평등이 강화되는 건 어느 나라나 공통적인 현상이다. 냉전이 끝나면서 세계가 브레이크 없이 미국 중심의 하나의 시장으로 재편되면서 무한 경쟁이 가속화되었기 때문이다. 신기술이 개발되면서 1등만이 살아남는 하나의 시장에서 다른 모든 것은 희생당하고 기업 임원의 임금은 수백 배로 뻥튀기 되었다. 참여정부 시절 빈부격차의 가장 큰 이유는 저소득층 소득엔 큰 변화가 없었지만 상위 10%의 소득이 급증한 데 있다.

참여정부 때 지니계수가 악화되었다는 주장은 모두 거짓말이다. 심지어 진보언론조차도 참여정부 때 지니계수가 악화되었다고 보도를 했는데 이는 사실이 아니다.[7] 참여정부 사회수석실에서 복지 전의 빈부격차지수를 언론에 배포한 건 그만큼 빈부격차가 심하니 2차 분배를 해야 한다는 호소를 하기 위해서였다고 한다.[8] 성장이 높은 나라일수록 복지를 하지 않으면 빈부격차가 심할 수밖에 없다. 북유럽의 복지국가도 복지 실시 이후 지니계수가 양호한 것이지 복지 전의 빈부격차는 다른 나라보다 오히려 심하다. 지니계수는 복지 이후 국민의 가처분소득으로 계산한다. 하지만 진보언론은 지니계수를 보도하지 않고 복지 전 빈부격차지수를 지니계수인양 보도하면서 이를 참여정부 실패 프레임으로 활용했다.[9]

특히 보수·진보언론은 최장집 교수의 저서 『민주화 이후의 민주주의』를 인용해 노 대통령의 대연정 제안을 다음과 같이 비판하는 데에서도 뜻을 같이 했다.

최 교수는 노 대통령이 이러는 까닭은 "우리 사회의 중심 갈등인 사회경제적인 문제들에 대면하지 않으려는 것"이라고 했다. 민

---

7 언론보도가 참 무섭다는 생각을 하는 게 거짓이라도 자꾸 듣다보면 인간은 세뇌를 당하게 되어있고 어느새 거짓이 진실이 된다. 참여정부 국정홍보처장을 지낸 김창호도 참여정부에서 빈부격차가 심해졌다며 언론보도를 그대로 인용한 바 있다(김창호 2009).

8 언론을 믿고 이런 자료를 배포한 순진한 청와대에 잘못의 1차적인 책임이 있다고 생각한다. 하지만 아무리 상업주의가 중요해노 양심을 팔아서 허위보도를 한 언론도 비난을 피할 수는 없을 것이다.

9 피아를 구분하시 않고 왜곡보도까지 하면서 총질을 해댄 진보언론의 처절한 반성 없이 민주진보진영의 집권은 불가능하다고 본다. 문재인 후보는 그들의 주문대로 좌파 전략을 세웠다가 2012년 대선에서 실패했다. 그런데 반성해야 할 진보언론들은 문재인과 참여정부를 또다시 원망했다.

노무현의 민주주의

주화 이후 사상 최악으로 악화된 분배구조, 그로 인한 '사회 양극화' 문제를 완화·해결하려는 의지와 능력 없음을 호도하는 '정치적 알리바이'로써 지역문제를 내세워 정권의 운명을 걸고 있다는 통찰이다(《경향신문》 2005.09.05. 31면, 〈사설〉 최장집 교수의 고언 경청할만하다).

최장집 고려대 교수가 최근 출간한 『민주화 이후의 민주주의』 개정판에서 노무현 대통령의 국정 운영 방식을 비판했다. 최 교수는 양극화(兩極化)를 비롯한 경제·사회적 중심 이슈를 제대로 풀지 못하는 '정부의 무능'과 '정당정치의 저(低)발전'이 위기의 원인이라고 진단했다. 독재정권 시대의 잔여물인 지역감정이 상당히 줄어들었는데도 노 대통령이 이를 과대 포장해 청산해야 할 최우선 과제로 내세우는 것은 "다른 의도를 가진 정치적 알리바이일 가능성이 크다"라는 지적이다. 최 교수는 노 대통령의 이런 태도에 대해 "현실로 존재하는 사회 갈등과 균열 요인에 제대로 대면하지 않으려는 것"이라고 짚었다. 그는 또 노 대통령이 정당정치를 부정하는 인식을 공공연히 드러내거나 이를 초월한 지도자의 역사적 결단을 강조하는 것은 "민주주의를 약화시키는 데 일조할 것"이라고 경고했다(《동아일보》 2005.09.05. 31면, 〈사설〉 청와대와 崔장집 교수, 누가 설득력 있나).

노 대통령이 대연정을 제안한 가장 큰 이유는 사회경제적 문제를 해결하려는 데에 있었다. 노 대통령은 46석 꼬마 여당 시절 야당의 압력에 굴복해 기업의 법인세 2%를 감세한 것에 대해 두고두고 불만을 표시했다. 여소야대 국면에서 종합부동산세법은 2번이나 입법부 통과에 실패했다. 물론 야당의 반대뿐만 아니라 보수적인 여당 의원이 합세해서 이를 막은 것이다. 공론조사를 벌이고 오랜 여론전을 펼친 끝에 겨우 6억 이상 1가구 1주택에 대해 종부세를 부과하게 되었다. 노 대통령의 부동산 과표 현실화, 전산화, 종부세 등은 사실상 부자뿐만 아니라 중산층에 대해서도 실질적인 세금 인상의 효과를 가져왔다. 이것이 2006년 지방선거의 결정적인 패인이었던 건 누구나 기억할 것이다.

그런데 진보언론은 법인세 감세는 물론이고 부동산 정책 실패에 대해서도 노 대통령을 비난했다. 민주국가에서 대통령과 국회가 충돌하고 국회의 찬성 혹은 반대로 실패한 정책에 대해서도 대통령만 비판한다면 얼마나 언론 노릇하기가 쉽겠는가. 소식을 알 필요도, 다른 나라의 사례를 공부할 필요도 없이 대통령만 비판하면 된다. 그렇게 하면 대통령이 유능해지는가? 오죽 답답했으면 노 대통령이 대연정을 통해 의원들의 이념적 재배열을 통해 사회경제적 문제를 해결하고자 했겠는가. 정치와 경제가 무관하니 정치 이야기하지 말고 경제에 올인 하라는 주장은 독재국가에서나 통하는 논리이다. "언론과 정치인이 독재시대의 문화에 빠져있고 그런 소리만 듣는 국민도 그것이 전부인줄 알 수밖에 없다"는 필자의 지적이 뭐가 잘못되었는지 정치적 공세 말고 차분한 논리로 대응해주기 바란다. 우리 언론이 진보 보수 가리지 않고 제왕적 대통령상을 바람직하게 생각하고 있고 이에 기초해 노 대통령을 비판했다는 차동욱 교수의 발표 논문(2009)도 있었다.

노 대통령이 2006년 신년사에서 양극화가 심각한 문제이다. 복지를 확충해야 하는데 세금을 올리자니 여론의 반대가 걱정되고 여소야대에서 대통령이 쓸 수 있는 재원이 한정되니 사회적 논의를 통해 이

노무현의 민주주의

문제를 어떻게 해결할지 논의해보자고 제안했다. 그때 최장집 교수는 일체의 발언을 하지 않았다. 사회경제적 문제가 그리 시급하다면 그 때 대안을 제시하는 게 지식인의 책무 아니겠는가. 정치인이 하기 어려운 "세금을 올려서라도 복지를 하자"라는 주장을 학자가 대신했어야 진정한 지식인이라고 할 수 있지 않겠는가. 최장집 교수는 비판만 했지 구체적으로 대안을 제시한 적이 없다.

선거와 정치는 기본적으로 경제와 직결되어 있다. 선거는 한 마디로 경제정책을 바꾸기 위해 하는 것이다. 경제가 어려운 건 크게 두 가지 경우이다. 성장이 둔화되거나 복지가 실패해 양극화가 심화될 때이다. 선진국에서는 전자의 경우 국민들은 보수정당에 표를 주고 후자의 경우 진보정당에 표를 줌으로써 문제를 해결해왔다. 하지만 한국 선거에서는 지역주의나 집권당 심판에 경제적 상황이 고려가 되기는 했지만 분배와 성장을 둘러싼 논의는 전무했다. 노무현 정부도 정치개혁의 임무를 받고 탄생했지 경제 의제와는 무관했다.

분배와 성장의 문제를 전면에 제기해 정당의 균열구조를 유도한 게 노무현 대통령이다. 2007년 말에 유권자 투표 행태에 성장·복지를 둘러싼 균열이 최초로 등장한 게 그 증거이다(강원택, 2010). 이는 최장집 교수의 주장에 대한 확실한 반증이다. 노무현이 사회경제적 이슈를 외면했다면 어떻게 이런 현상이 생겼겠는가. 2002년 대선의 민의는 경제 쟁점과 무관했기에 노무현은 정치개혁으로 승자 연합을 이뤘다. 그러나 정치개혁을 완수한 후 양극화 의제를 제기하면서 성장·복지 균열이 등장하자 소수파로 전락하게 된 것이다. 성장·복지의 균열에서 국민들이 성장의 손을 들어주었기에 노무현에 대한 지지가 낮았던 것이다. 2012년 총선과 재보궐선거에서 민주당이 소수정당을 면치 못했던 이유는 경제적 균열에서 여전히 복지는 성장에 비해 소수이기 때문이다.

안철수의 신당이 탄생하고 새누리당을 따라 우클릭하는 것도 성장주의자가 다수인 한국의 정치풍토에서 살아남기 위한 전략이며 지역주의 유산과 관련이 깊다. 호남의 기득권은 새누리당에 가도 될 만큼 보수적이다. 하지만 지역주의로 인해 새누리당에 가서는 정치생명이 연장되지 않으니 민주당에 남아 있는 것이다. 그러나 민주진보진영의 지지자들은 새누리당과 비슷한 민주당 기득권보다는 노무현 정치세력을 더 선호한다. 비교적 진보적인 친노에게 권력을 뺏긴 민주당 기득권들이 안철수라는 대중적 인물을 영입해 영남 보수정당에 이어 호남 보수정당을 설계한 게 바로 안철수 신당의 본질이라고 본다. 새정치민주연합은 성장·복지 균열에서 진보적인 미래세대의 지지를 얻지 못해 성공하지 못할 것이다. 어차피 성장주의자들은 이미 새누리를 지지하고 있고 복지주의자들은 우클릭한 새정치민주연합을 지지하지 않을 것이기 때문이다. 2014년 3월 20일 여론조사에서 민주당 수준으로 추락한 새정치민주연합의 지지도가 이를 증명한다.[10] 노무현이 대연정을 해서라도 선거제도를 바꾸려고 했던 이유는 비례대표제 선거제도가 단지 영호남에서 의석 몇 개를 얻기 때문이 아니다. 정책정당화를 가능하게 하기 때문이다. 만일 그때 선거제도가 개혁되었다면 진보적인 친노 중심의 민주당과 중도의 안철수 신당은 모두 살아남았을 것이고 이념적으로 재편되어 선거를 치르고 신거 후 연정을 한다면 서로 윈윈 하는 관계가

---

10 이 원고는 2014년에 완성된 것이라 새정연에 대한 예측을 담고 있다. 이 예측은 2016년 현재 〈더민주〉와 〈국민의당〉의 관계에도 그대로 적용된다.

노무현의 민주주의

되었을 것이다.

이처럼 양당제는 한 정당 내에 서로 다른 정치세력이 억지로 공존하도록 만든다. 이 점에서 여당이 과반수일 때는 뭐하다가 대연정을 제안하느냐는 다음 사설도 비논리적이다.

"법안 통과가 안 된다"고 했지만, 그러면 17대 총선 이후 과반의 석을 확보한 열린우리당은 뭐하나 내세울 만한 법안을 통과시킨 적이 있는가. 과반의석을 갖고도 이렇다 할 입법이나 정책이 없었기에 4.30 재·보선에서 과반을 상실한 것이다. 지금 비정규직법이나 국민연금법, 검찰과 경찰의 수사권 조정이 달린 형사소송법 등 거개의 쟁점 법안 처리가 지지부진한 것은 야당의 강력한 반대 때문이 아니다. 여권 내부의 지리멸렬과 이해충돌 탓이다"(《경향신문》 2005.07.05. 31면, 〈사설〉 노 대통령, 웬 聯政論인가).

한쪽으로는 미국 대통령제처럼 의원에게 자율성을 주라고 하면서 다른 한쪽으로는 겨우 과반수인 열린우리당으로 노 대통령이 뭐든지 할 수 있다는 주장은 비논리적이다. 실제로 4대 개혁입법, 부동산법의 실패는 열린우리당 일부와 한나라당 의원의 합작으로 만들어냈다. 노 대통령의 의제에 반기를 드는 열린우리당 의원은 반개혁적이라고 비난을 듣는 대신 대통령에 맞선 용기 있는 의원으로 보수언론의 칭송을 받았다. 미국 언론은 여당이 압도적 과반수로 이기지 않으면 정국이 불안해 대통령이 아무것도 할 수 없으리라고 전망한다. 여당이라고 모두 대통령의 의제에 찬성해주지 않기 때문이다. 그런데 우리 언론은 일관성이 없다. 미국의 대통령제를 칭찬하며 의원에게 자율권을 주라고 하면서, 여당이 과반수인데 법안 통과도 못 시키는 건 대통령의 무능 때문이라고 비난한다. 어느 쪽이 진심인지 언론은 한 편만 들면 좋겠다.

노 대통령은 대연정을 통해 지역정당의 당론 뒤에 숨어 편하게 정치하던 의원들이 자유투표에서 가치와 이념이 국민 앞에 투명하게 드러난다면 양 정당 모두 정책정당이 되리라 기대했다. 특히나 사회경제적 정책에 반대하는 의원이 유권자에게 공개된다면 이를 두려워한 다수 의원이 진보적인 대안에 찬성하고 책임 있는 정치가 가능하리라 기대했던 것이다. 따라서 아래 최장집 교수를 인용한 사설은 사실에 어긋난다. 현재 지역주의 정당의 보수 독점적 양당체제를 가능하게 하는 게 바로 소선거구 다수대표제라는 선거제도인데 어떻게 선거제도의 변경이 보수 양당제를 가져올 수 있겠는가. 소선거구 다수대표제를 도입한 미국이 보수 양당제라서 승자독식의 다수정부를 택하는 반면, 비례대표제를 도입한 유럽에선 정책이 강화되고 다양한 이념적 정당이 탄생하기에 대화와 타협의 정치라고 할 수 있는 협의 민주주의가 발달한다.

이렇게 해서 선거제도를 바꾼들 결과는 보수독점적 양당체제를 강화하고, 오히려 약화되고 있는 지역갈등구조를 다시 불러올 수 있다는 것도 탁견이다(《경향신문》 2005.09.05. 31면, 〈사설〉 최장집 교수의 고언 경청할만하다).

4. 양당 차이를 확인했으니 연정 못한다?

앞의 세 가지 주제 다음으로 많이 나온 주장이 노무현 대통령과

　　　　　　　　　　　　노무현의 민주주의

박근혜 대표 사이에 혹은 여야 간 인식의 차이를 확인했으니 연정할 수 없다는 주장이다. 이 또한 앞의 의원 자율권과 정면으로 위배되는 주장이다. 양당제 하의 정당은 이념적 스펙트럼이 매우 넓다. 노 대통령과 박 대표 인식의 차이는 당 대표 혹은 한 개인의 차이일 뿐 연정 자체가 불가능한 건 아니다. DJP 내각처럼 서로 잘 하는 부서를 나눠서 맡으면 각자의 특기를 살려 최선을 다할 수 있기 때문이다. 당내 얼마든지 다양한 의견을 가진 의원들이 있는데 당 대표 의견이 정당의 의견이라는 주장은 바로 의원내각제적 발상이기 때문이다. 물론 박 대표가 반대하기 때문에 연정을 할 수 없다는 건 현실적으로나 논리적으로 맞는 말이다. 하지만 두 대표자의 인식 차이로 못한다는 건 비논리적이다.

> 대통령과 제1당 대표가 연정 문제는 물론 경제 상황, 조세, 교육 정책 등에 대한 인식에서 얼마나 다른지를 안 게 어쩌면 회담의 유일한 성과라고 해야 할 것 같다. 노 대통령과 박 대표는 회담 곳곳에서 민생을 얘기했지만, 그것에 대한 진단과 처방은 크게 달랐다. 결국 민생·경제 분야에서조차 초보적 합의도 이뤄내지 못한 회담 결과를 국민들이 어떻게 바라볼지 답답할 따름이다(《경향신문》 2005.09.08. 27면, 〈사설〉 연정에 간극만 확인한 '노·박' 회담).

> 여권(與圈)과 한나라당이 사사건건 정책 대립을 보여 왔음은 대통령 스스로 잘 알 것이다. 증세(增稅)와 감세(減稅), 국가보안법 폐지 대(對) 유지, 교육정책 등은 물론이고 한국 근현대사를 보는 시각에 이르기까지 정책 연대의 공통분모를 찾기 어렵다(《동아일

보》2005.10.08. 31면, 〈사설〉 몸에 안 맞는 '독일 聯政' 끌어대는 盧 대통령).

노 대통령은 "열린우리당과 한나라당의 실제 노선 차이는 그리 크지 않다"고 했는데, 실제로 양당 의원들의 이념 스펙트럼은 상당한 격차가 있는 게 현실이다(《중앙일보》 2005.07.28, 〈사설〉 위헌적 연정구상 왜 자꾸 거론하는가).

5. 합당과 연정은 같다?

새누리당과 열린우리당의 합당은 이념과 지향이 서로 다른 집단이 함께 당을 하는 것이라 정치학 상식에 어긋나지만, 연정은 합당을 할 수 없는 정당끼리 손을 잡는 것이라 상식적이며 또 민주주의를 위해 필요한 정치행위이다. 그런데 많은 담론이 이를 헷갈리고 있다. 정당이 다르기 때문에 연정을 제안하는 것이다. 게다가 대연정은 완전히 다르기 때문에 제안하는 것이다. 정당이 같다면 왜 연정이 필요하겠는가? 연정과 합당도 구분하지 못하고 과거 합당에 대한 비판 논리로 연정을 비판하는 것은 설득력이 없다.

대연정 제안의 도박성이랄까 허구성은 뻔히 드러난다. 한나라당을 앞세운 연정이 실제로 이루어진다면 이는 국회 의석의 90%가 넘는 공룡(恐龍) 정권의 탄생을 의미한다. 세계 정당 정치사에 유례없는 연정 방식일 뿐 아니라, 한국 정치에서도 십수 년 전 민정—

노무현의 민주주의

민주- 공화 3당이 합당해 민자당을 만들 때와도 비교할 수 없는 정치 지형의 인위적인 형질 변경이다(《동아일보》 2005.07.29. 27면,〈사설〉 국민은 聯政 안돼 힘든 게 아니다).

노 대통령은 자신이 1990년 당시 노태우 대통령의 민정당, 김영삼·김종필 총재의 민주·공화당간 3당 통합에 어떤 말들을 쏟아내며 저항했는지 되돌아봐야 한다(《문화일보》 2005.07.05 31면, 〈사설〉 盧 대통령, 聯政으로 국정난맥 호도 말아야).

노태우 대통령 때에는 정파 세력 간의 정략과 편의주의에 따라 3당 합당의 대연정을 했었고 YS, DJ 집권 시절에도 난국 타개책으로 걸핏하면 연정을 들먹이곤 했다(《경향신문》 2005.08.29 26면, 〔아침을 열며〕 '29% 대통령'도 하기 나름이다 (전남식 편집국 부국장)).

노 대통령은 심지어 대통령에겐 국회해산권이 없기 때문에 정부가 일방적으로 몰리고 있다는 주장도 하고 있다. 국정최고책임자가 제대로 국정을 펼치려면 집권당이 의회를 완전 장악해야 하고, 그것도 모자라 국회해산권까지 갖고 있어야 한다는 발상이야말로 권위주의의 극치다(《문화일보》 2005.07.06. 31면, 〈사설〉 盧 대통령의 聯政論 공감할 수 없다).

그러면 대연정이 아니라면 대안은 무엇인가? 우리의 담론 시장은 이에 대해서는 거의 침묵한다. 기껏해야 상생과 타협의 정치를 하라는 원론적인 주장이다. 오히려 연정은 야당을 극단대결을 하게 만들어 정국이 더 경직될 거라는 협박을 한다.

상생과 타협은 초당내각, 연정, 합당으로 이뤄지지 않는다. 정책이 다른 한나라당이 내각에 들어와 사사건건 대립한다면 나라가 더 어지러워진다. 여야가 상대를 존중하고, 대화로써 합리적 절충안을 찾아나가는 정치문화를 만드는 편이 현실적이다(《서울신문》 2005.09.08. 27면, 〈사설〉 연정·초당내각 뭐가 다른가).

여당이 群小군소 야당과 손잡아 인위적으로 만든 與大野小여대야소로 밀어붙이다 보면 여야 관계는 더욱 가팔라 질 게 뻔하다. 문제는 대통령과 장관들이 얼마나 일을 잘 하고, 어떻게 국민의 공감을 살 수 있는 정책을 펼치느냐에 있지 여소야대에 핑계를 댈 일은 못 된다(《조선일보》 2005.07.04, 〈사설〉 연정 편다고 국정 불안 가라앉지 않는다).

이러한 주장이 공허해 보이는 이유는 대화와 타협의 민주정치 문화는 단 시일 내에 만들어지지 않기 때문이다. 이 책의 저자인 민주주의·리더십연구회 회원들이 『한국 민주주의 어디까지 왔나?』(2012)라는 책에서 한국 민주주의의 좌절은 대부분 민주주의 문화의 부재에 기인한다고 진단을 내렸다. 제도보다 더 어려운 것이 문화의 정착이다. 새로운 문화가 만들어지는 데 보통 한 세대(30년)가 걸린다고 하지만 제노와 그로 인해 구축된 규범은 이러한 문화의 정착을 앞당길 수 있다.

그런데 지역 구도만 해결되면 민주주의가 완성되는가. 연정에 대

한 조바심으로 개혁 정당의 초심만 잃지 않을까 우려된다. 정책정
당으로서 새 비전도 담은 연정론이라면 다시 조심스레 읽어보고
싶다(《한국일보》 2005.08.05. 22면, [지평선] 연정론 단상 (박래부 수석
논설위원)).

위 칼럼은 연정과 개혁을 걱정하는 것인데 실제 노 대통령의 연정
제안은 개혁을 실현하기 위한 수단으로서 제안하게 된 것이다. 기득권
의 반발로 개혁이 난파당하지 않으려면 그들이 원하는 권력을 주면서
라도 하겠다는 의도였다.

IV. 선거제도 개혁의 정치적 결과

이 장의 목적은 왜 노무현 대통령이 정권을 통째로 주는 대연정을
통해서까지 선거제도를 바꾸려고 했는지 그의 육성을 통해 이유를 살
펴보고 이에 대한 언론과 지식인의 담론을 통해 한국 시장에 여론 형
성 기능과 논의, 합의의 과정이 얼마나 건강하게 이루어지는지를 살펴
보는 것이었다. 담론은 민주주의에서 정책을 결정하고 이끄는 매우 중
요한 역할을 한다. 담론 시장이 경제에서의 시장과 마찬가지로 다양한
의견이 개진됨으로써 유권자들이 자신의 생각을 가다듬고 새로운 생
각을 받아들이는 데 도움을 주는지, 토론을 통해 서로 상충되었던 여
론이 시간이 지남에 따라 합리적인 안으로 수렴되는 심의 기능을 하는
지, 얼마나 논리적이고 일관된 논의가 이루어지는지 살펴보았다.

노무현 대통령의 선거제도나 연정에 대한 생각은 아주 오랫동안 일관되게 한국 정치에 대한 깊은 고민과 대안 마련에서부터 시작되었다. 노 대통령이 선거제도 개혁을 원했던 이유는 단지 영남에서 의석 몇 석을 확보하겠다는 정치적인 의도가 아니었다. 선거제도의 개혁만이 현재 지역주의로 인해 미발달한 우리의 정당을 사회경제적 문제를 해결하는 정책정당으로 변화시키리라고 믿었기 때문이다. 우리는 친일과 독재의 역사 속에서 여야가 대립하고 반목하는 정치를 지속해 왔다. 여기에 소선거구 다수제의 선거제도는 보수 지역주의 양당을 탄생시켰고 이는 적대적인 대결과 갈등을 더욱 악화시켰다. 이러한 역사를 일단락 짓고 대화와 타협의 민주주의 토대를 만들기 위해 대연정을 제안한 것이다. 과거 불행했던 독재 시대의 역사로 인해 불의와 몰상식에 맞서 싸워왔던 분이 대통령이 되어 대화와 타협을 말하니 정치적 의도가 있는 게 아닌가 하는 의심을 받는 게 당연하다고 노 대통령은 생각했다. 그래서 야당이 원하면 자신의 진정성을 증명하기 위해 권력을 통째로 내놓을 수도 있다고 말했던 것이다. 자신을 희생양으로 삼아 갈등의 역사를 종식하고 한국 정치를 한 단계 도약시키겠다는 순교자의 마음이었다고 생각한다.

　　이러한 노 대통령의 진정성이 담론 시장에 순수하게 받아들여지지 않았던 가장 큰 이유는 탄핵과 그로 인한 역풍의 경험, 그리고 대연정 의제 과정관리의 미숙함에 있었다고 생각한다. 하지만 그 미숙함마저도 오랜 불신의 문화와 역사에 뿌리가 있으니 노 대통령을 탓하기도 어렵다고 본다. 비록 선거제도 개혁과 대연정 모두 여론의 냉담한 반응을 받았고 실패했지만 그 제안 자체가 의미가 없었다고 생각지는 않는다. 우리가 선진국에 진입하기 위해서는 언젠가 한 번은 넘어야 할 산이라고 생각하기 때문이다. 대연정과 선거제도 개혁 의제에 대해 언젠가 정치인과 국민이 한 번쯤 생각해 볼 수 있게 된다면 의제화만으로도 절반의 성공이라고 생각했기에 이 주제를 되짚어보게 된 것이다.

선거제도 개혁과 대연정 관련 담론 시장을 한 마디로 표현하면 불건전성이라고 할 수 있다. 민주 정치의 발전은 담론의 발전과 함께 간다는 노 대통령의 말이 사실임을 절감했다. 보수·진보를 막론하고 우리 언론은 언론사의 강한 정치적 입장을 미리 정하고 여론몰이를 하는 행태를 보였다. 어떤 민주국가에서 담론 시장이 이렇게 일방적이고 폐쇄적일 수 있는지 깊은 좌절감을 느꼈다. 물론 그들이 모두 틀리고 나만 맞는다고 생각지는 않는다. 민주주의 담론 시장의 생명은 다양성에 있음에도 불구하고 다양한 의견이 실종되어 있었다는 점이 치명적인 결함이라고 생각한다. 필자는 필자의 주장에 대해 경험적 증거, 논리적 전개, 논문과 책 등 학술적 자료로 뒷받침했지만 대부분 언론인과 상당수 전문가의 주장은 논리 비약, 사실 왜곡, 예측 실패로 점철되어 있었다.

우리 언론이 이념적으로 양분되어 같은 현상에 대해서도 당파적 해석을 한다는 것이 기존의 연구결과였는데 노무현에 대해서는 보수·진보 언론 할 것 없이 반대하는 데에 합의를 이뤘다. 독재시대의 문화에서 벗어나지 못했다는 평가도 여전히 유효하다. 필자의 선입견과 다른 점을 발견했다면 《조선일보》와 다른 언론의 차이점이었다.[11] 필자가

---

11 조선일보의 기사가 여전히 의도적 왜곡을 지속하는데 비해 사설이나 칼럼이 수준급이었던 이유가 궁금해 알아봤더니 강천석 당시 논설실장이 사설을 직접 수정하고 개입했다는 답변을 얻었다.

아래에 정리한 당시 담론 시장에 나타난 특징에서 《조선일보》는 한 발비켜서 있었다. 노 대통령의 의제를 좇아가며 무조건 반대만 하지도 않았고 독자적인 의제를 생산했으며 논리는 날카로웠고 논조는 차분했다. 이 점에서 《중앙일보》와 《한겨레신문》이 그 뒤를 이었다. 전문가 칼럼은 비교적 다양하고 합리적인 의견이 개진된 편인데 경향신문은 고정 칼럼에서 다양한 의견이 개진된 데 비해 《조선일보》와 《중앙일보》는 섭외된 외부 필진이 다른 견해를 보여주었다. 이들 칼럼은 사막의 오아시스나 마찬가지였기에 칭찬을 아끼고 싶지 않다.

이 주제에 대한 여타 언론의 반응을 정리하면 첫째, 노 대통령의 주장에 대해 합리적인 찬반 토론은 거의 찾기 힘들었고 일방적으로 반대 입장을 정해놓고 이유를 만들어 붙이는 모습을 볼 수 있었다. 이 때문에 합리적 토론보다는 감정적 대응, 선거제도가 지역주의와 무관하다는 주장이 주를 이뤘다. 노 대통령이 선거제도 개혁을 원했던 건 선거제도가 지역주의 투표를 완화시켜주기 때문이 아니라 완화된 지역주의 투표가 의석으로 연결되는 게 국민의 정당한 권리이고 민주주의에 부합하다고 생각했기 때문이다. 담론 시장의 논점은 번지수가 틀렸다.

둘째, 너무 투명하게 속을 보여줘 권위마저 상실했던 노 대통령에게 음모론으로 대응한 담론 시장만큼 불건강한 것도 없을 것이다. 이러니 국민들이 독재시대의 문화에 빠지지 않을 수 있겠는가. 현재 벌어지고 있는 간첩조작 사건, 시민들의 표현의 자유를 억압하는 무차별 구속과 유죄판결 등에 대해 과연 언론은 어떤 반응을 보이고 있는지 연구하는 것도 흥미로울 것 같다.

셋째, 경제와 정치를 분리하는 경제 우선주의는 독재국가에서나 찾을 수 있는 논리이다. 어떻게 민주국가에서 정치와 경제가 분리될 수

노무현의 민주주의

있겠는가. 민주국가에서 선거의 중심은 늘 경제다. 노 대통령 집권 5년이 가져온 결과는 놀랍다. 영남지역주의 투표의 종식, 그리고 성장과 복지를 둘러싼 경제적 균열의 등장이다. 우리 정당도 지역에서 벗어나 경제정책을 중심으로 재연합된 것이다. 대연정 제안이 사회경제적 문제를 회피하기 위한 알리바이라는 최장집 교수의 주장을 인용한 언론 사설은 증거도 논리도 없는 무면허 운전에 비유될 수 있다.

넷째, 막연히 상생과 대화의 정치를 하라는 언론의 주문은 무책임에 가깝다. 노 대통령 취임 직후 거야인 한나라당은 대북송금특검법을 통과시켜 노 대통령이 거부권을 행사하기 어렵게 만들어 지지자 분열로 이어졌다. "선거에 이기기 위해 내가 할 수 있는 일을 다 하고 싶다"라는 발언을 빌미로 탄핵을 하는 야당과 어떻게 상생의 정치가 가능한지 묻고 싶다. 야당은 행정수도 이전을 비롯하여 사사건건 반대를 했으며, 사학법에 반대해 2005년 12월 9일부터 2006년 1월 30일까지 무려 두 달여(53일간) 장외투쟁으로 자신들이 원하는 바를 얻고서야 국회로 돌아왔다. 이런 상황에서 상생과 대화의 정치를 하라는 주문이 얼마나 공허한 담론인가.

다섯째, 노 대통령의 연정 제안의 부당함을 주장하기 위해 독일의 대연정에 대해 부정적인 전망을 했던 언론인/지식인들은 언론에 대한 신뢰를 스스로 추락시켰다. 수십 년 전 독일의 대연정에 대한 경험으로 2000년대 대연정을 평가한 것도 성급했지만 한국과 독일의 상황이 다르다며 무조건 연정을 부정적으로 전망한 것도 사려 깊지 못하다. 연정을 하지 않으면 대화와 타협의 문화는 더 자리 잡을 기회가 없기 때문이다. 연정과 합당을 구분하지 못한 것도 심각한 오류라고 할 수 있다. 합당을 할 수 없기에 연정을 하는 것인데 합당을 반대했으면서 왜 연정을 주장하느냐는 질책은 최소한의 논리도 갖추지 못 했다. 정책에 대한 여야 간의 인식 차이를 발견했으니 연정할 수 없다는 논리도 빈약하기는 마찬가지이다. 정책에 차이가 있으니 다른 정당을 하는 것이고 그렇기에 연정을 하자는 것이다. 너무 갑작스러워 생각해본 적이 없고 못 믿겠기에 연정을 할 수 없다면 충분히 이해할 수 있다. 하지만 위의 주장들은 반대를 위한 논리라고밖에 할 수 없다.

노 대통령이 연정을 제안한 이유는 제도적으로 대화와 타협의 문화를 만들어나가기 위한 전제조건이었다. 문화의 변화는 수십 년이 걸리지만 제도의 변화는 문화의 변화를 촉진하기 때문이다. 현재 남경필 경기도지사는 독일의 대연정으로부터 영감을 받아 여러 차례 독일을 방문하며 이를 연구했고 실천하고 있다. 지금 남 지사의 대연정을 나무라는 언론은 없다. 노무현은 가고 없지만 한국의 정치를 고민하는 이들은 향후 누가 집권을 하던 여야 대타협을 통해 한국 정치의 구조적 문제를 한 번쯤 수리하고 넘어갈 수 있도록 이 분야에 대한 깊이 있는 논의와 연구가 있기를 기대한다.

노무현의 민주주의

참고문헌

강원택. 2010.『한국 선거정치의 변화와 지속』. 파주: 나남.

김정아·채백. 2008. "언론의 정치 성향과 프레임: '이해찬 골프'와 '최연희 성추행' 사건의 보도를 중심으로."『한국언론정보학회』통권 41호.

김창호. 2009.『다시 진보를 생각한다』. 파주: 동녘.

박기수. 2011. "4대강 사업 뉴스에 대한 보도 프레임 연구."『한국언론학보』 55권 4호.

이소영. 2014. "정당 미디어 그리고 정치적 선호: 6·4 서울시장 선거 유권자의 선택적 미디어노출과 정치적 태도."『21세기 정치학회보』24집 3호.

이현숙. 2013. "세종시 뉴스보도에 나타나는 프레임분석."『정치정보연구』16권 1호.

임미영·안창현·감규식·유홍식. 2010. "박근혜에 대한 보도 프레임 분석."『언론과학연구』10권 3호.

임순미. 2010a. "정치리더의 레토릭에 나타난 가치프레임: 노무현 전 대통령과 이명박 대통령의 신년국정연설 비교."『21세기정치학회보』제20집 1호.

임순미. 2010b. "'집단지성'(Collective Intelligence)에 대한 언론프레임 연구."『정치정보연구』13권 2호.

임순미. 2011. "무상급식논쟁을 통해본 보수의 담론·진보의 담론."『한국 정치학회보』45권 2호.

임순미. 2012. "정치인의 이미지 프레이밍: 안철수에 대한 보도 양태 분석."『현대정치연구』5권 2호.

임양준. 2009. "미국산 수입 쇠고기와 촛불시위 보도에 나타난 뉴스프레임 비교연구."『한국언론정보학보』통권 46호.

임양준. 2013. "한국 신문의 천안함 사태에 대한 프레임 비교분석."『사회과학연구』 52권 1호.

조기숙. 1998. "새로운 선거구제도 선택을 위한 시뮬레이션 결과."『의정연구』제6호.

조기숙. 2000. "한국 선거제도의 개선논의."『비례대표 선거제도』(박찬욱 편). 서울: 박영사.

조기숙. 2002. "국회의 위상강화를 위한 정당 및 선거제도의 개혁."『정당학회보』.

조기숙. 2011. "정당재편성론으로 분석한 2007 대선."『한국과 국제정치』제27권 제4호.

조기숙. 2013. "'정당지지'에 기초한 선거예측 종합모형: 19대 총선의 구조를 중심으로."『한국 정치학회보』제47집 제4호.

조기숙. 2015. "안철수현상에 대한 진영언론의 담론 평가: 변혁의 리더십 혹은 포퓰리즘?"『의정논총』제10권 제2호.

주영기. 2013. "한국 신문의 정치적 성향에 따른 기후 변화 뉴스 프레이밍 파이."『언론과학연구』13권 3호.

차동욱. 2009. "언론에 남아 있는 독재시대의 담론에 대한 비판적 연구: 대통령의 리더십 이미지 설정을 중심으로." 민주주의연구회 월례세미나 발표 논문.

저자 소개

김종철

서울대학교 법과대학을 졸업하고 영국 런던정경대학(LSE)에서 "Constitu-
tionalising Political Parties in Britain"을 주제로 법학 박사학위를 받았다. 입
헌주의(constitutionalism) 이념을 기초로 인권과 민주주의의 이념적 기초와
현실적 제도화 방안을 모색하여 자유로운 시민들이 공화적 공존을 이루는
공동체를 실현하는데 기여하는 것을 학문적 과제로 삼고 있다. 주요 논문으
로 "헌법재판소는 주권적 수임기관인가?: 대한민국의 헌법적 정체성과 통진
당 해산결정"(2015), "Upgrading Constitutionalism: The ups and downs of
Constitutional Developments in South Korea since 2000"(2014), "공화적 공
존을 위한 정치개혁의 필요성과 조건: 정부형태 개헌론을 넘어서"(공저,
2014), "공화적 공존의 전제로서의 평등"(2013) 등이 있다.

박용수

고려대학교 일반대학원에서 "민주화 이후 한국의 규제개혁의 정치"라는 논문
으로 정치학 박사학위를 받았다. 주요 관심분야는 대통령제, 대통령 리더십,
행정부-입법부 관계, 대외정책결정과정, 발전국가 등이다. 주요 논문으로 "제1
차 북핵위기 대응과정에서 나타난 김영삼 대통령의 정책관리유형"(2015), "이
원집정제의 권력모델 분석 연구: 프랑스, 오스트리아 사례를 중심으로"
(2015), "제2차 북핵위기 전개과정과 노무현 대통령의 리더십"(2013) 등이 있
으며, 공동 인터뷰 및 편집한『한국대통령 통치구술사료집 5: 노무현 대통령』
(2014) 등이 있다.

정태호

1983년 고려대학교 법과대학을 졸업하고 1994년 독일 Regensburg 대학교

법과대학에서 독일 헌법소원법제에 관한 연구로 박사학위를 취득한 후 전남대학교 법과대학 조교수를 거쳐 현재 경희대학교 법학전문대학원 교수로 헌법학 및 헌법소송법학을 강의하고 있다. "지구당의 강제적 폐지의 위헌성", "대통령의 선거중립의무의 부조리성"등 현 정치관계법의 부조리성 내지 위헌성을 논증하는 논문 등 다수의 논문, 『주석 헌법재판소법』(공저), 『독일헌법재판론』, 『정치적인 것의 개념』(공역) 등의 역서가 있다. 최근 시민의 활발한 정치참여를 가로막는 선거법제, 정당법제 등 우리 민주주의 성숙을 가로막는 위헌적인 법제 개선에 관심을 기울이고 있다.

이송평

2008년~2009년에 노무현 전 대통령의 연구담당 비서로 일하다 노 전 대통령이 서거한 후 2010년 영남대학교에서 "노무현의 민주주의 혁신전략"을 주제로 정치학 박사학위를 받았다. 주된 연구 분야는 노무현 연구이며 연관된 민주주의, 리더십과 팔로워십 분야도 주요 관심 분야다. 현재 영남대학교 통일문제연구소에서 남북관계 연구도 병행하고 있으며 대표 저서로는 『노무현의 길』(2012)이 있다.

채진원

경희대학교 일반대학원에서 "민주노동당의 변화와 정당모델의 적실성"이란 논문으로 정치학 박사학위를 받았다. 주요 관심분야는 지구화와 글로벌 거버넌스가 심화되는 시대상황에 부합하는 정당·정치모델과 숙의·공화민주주의 모델의 개발이다. 주요 논문으로 "원내정당모델의 명료화: 대안적 정당모델과의 비교논의"(2010), "무당파·SNS 유권자의 등장배경과 특성에 대한 이론적 함의와 시사점"(2012), "오픈 프라이머리 정당약화론의 재검토"(2013), "진영논리의 극복과 중도징치에 대한 탐색적 논의"(2014), "북한 참주정의 변혁·보존·개선에 관한 '엄밀한 인식'과 한국정체의 대응"(2014) 등이 있다.

조기숙

이화여자대학교 정치외교학과를 졸업하고 Univ. of Iowa에서 정치학석사, Indiana University에서 정치학 박사학위를 받았다. 시립인천대학교 조교수를 거쳐 1997년 이후 이화여자대학교 국제대학원 교수로 재직 중이며 한국과 미국의 선거, 정치과정, 정치신뢰와 불신, 정치냉소주의와 정치행동, 리더십과 공공외교 등의 주제에 대해 국내외 저널에 수많은 논문 및 저서를 출간한 바 있다. 최근 출간논문으로는 "A Model on the Rise and Decline of South Korean Anti-Americanism", "Two Component Model of General Trust"(공저), "Why Does Trust Mediate the Effects of Ethical and Authentic Leadership in Korean Firms?"(공저), "안철수현상의 동인: 정치불신 혹은 정치냉소주의", "안철수현상에 대한 진영언론의 담론 평가: 변혁의 리더십 혹은 포퓰리즘?" 등이 있으며, 출간 저서로『포퓰리즘의 정치학: 안철수와 로스 페로의 부상과 추락』,『한국형 공공외교 평가모델』이 있다.

노무현의 민주주의

발행일 1쇄 2016년 5월 23일

지은이 김종철 · 조기숙 외

펴낸이 여국동

펴낸곳 도서출판 인간사랑

출판등록 1983. 1. 26. 제일-3호

주소 경기도 고양시 일산동구 백석로 108번길 60-5 2층

물류센타 경기도 고양시 일산동구 문원길 13-34(문봉동)

전화 031)901-8144(대표) | 031)907-2003(영업부)

팩스 031)905-5815

전자우편 igsr@naver.com

페이스북 http://www.facebook.com/igsrpub

블로그 http://blog.naver.com/igsr

인쇄 인성인쇄 **출력** 현대미디어 **종이** 세원지업사

ISBN 978-89-7418-349-3 93340

이 도서의 국립중앙도서관 출판시도서목록(CIP)은 서지정보유통지원시스템 홈페이지(http://seoji.nl.go.kr)와 국가자료공동목록시스템(http://www.nl.go.kr/kolisnet)에서 이용하실 수 있습니다.(CIP제어번호: CIP2016011399)